창의력으로 자신을 차별화하라

창의력으로 자신을 차별화하라

자신을

한국능률협회

EFFECTIVE INNOVATION

새 치료법을 적용하지 않으려는 사람은
새로운 재앙을 받아 들여야 한다.
왜냐하면 시간이란 가장 위대한 혁신가이기 때문이다.

프랜시스 베이컨

EFFECTIVE CONTENTS
Innovation

제1부 목적을 갖고 생각하기

EFFECTIVE
Innovation

제 2 부 성공하는 창의적 사고자의 일곱 가지 습관

EFFECTIVE
Innovation

제 3 부 혁신을 위한 경영

CONTENTS

이 책의 목적

    이 책의 목적은 오로지 당신이 보다 효율적인 혁신가가 되도록 돕는 것이다. 필자가 그 일을 대신해 줄 수는 없다. 당신 혼자 혁신하는 법을 배워야 한다. 그런데 그것이 그렇게 나쁜 것만은 아니다. 윈스턴 처칠이 한 번은 친구에게 이런 말을 했다. "나는 배우기를 싫어하지 않는다네. 하지만 가르침 받는 건 아주 질색이지."

    당신은 지금, 새 아이디어를 상품화하여 판매하는 문제를 놓고 고심할 수도 있고, 변혁의 진통을 겪고 있는 회사에 근무하고 있을 수도 있으며, 아니면 참신한 사고와 혁신적 대책이 필요한 자영업자일 수도 있다.

    아무튼,

당신에게 중요한 것은
창의적 사고와 혁신이다.

이 책의 구성

　본서는 전체 목적을 중심으로 네 가지 세부적인 목표가 있고, 각 목표
는 세 부분으로 나뉘어 집중적으로 설명되고 있다. 보다 효율적인 혁신가
가 되기 위해 필요한 것은 무엇인가?

- 새 아이디어를 구할 때 정신이 어떤 식으로 움직이는지를 이해하기 위한
  개념적 틀이 필요하다.
  1부에서는 그 개념을 명확히 설명하면서, 아울러 몇 가지 예비 지식과
  업무에 임하는 정신 자세를 제시한다.
- 창의적이고 혁신적으로 생각하는 사람으로서 나만의 기술을 발전시켜야
  한다.
  2부에서는 창의적으로 생각하는 성공한 사람들의 일곱 가지 습관을 설
  명하고, 그 습관들을 당신의 습관으로 만드는 방법을 제시하고 있다.
  각 장마다 습관이 하나씩 소개된다.
- 혁신을 관리할 수 있어야 한다.
  3부에는 팀의 새 아이디어 계발을 돕기 위해 해야 할 일과 혁신적인 조
  직을 만드는 방법, 그리고 창의적 아이디어를 상품화하는 방법 등이 담
  겨 있다.

이 책의 활용방법

이 책을 통해 무언가를 얻고자 한다면, 우선 한번 통독하라고 권하고 싶다. 한두 시간에 걸쳐 빠르게 읽어 책 전체를 개괄해보라. 여행 계획이 있다면 기차나 비행기 안에서 읽는 것도 괜찮다. 그 다음에는 한동안 이 책을 접어두라. 시간이 지난 후에 새로운 마음으로 책을 들고 점검항목과 연습문제까지 착실하게 작성하며, 특히 중요하다고 생각되는 부분에 밑줄을 그어가면서 정독한다.

당신의 관심을 불러일으킬 일곱 가지 습관을 훈련하기 위해 따로 시간을 내도록 하라.

덧붙이자면, 처음부터 끝까지 순서대로 읽을 필요는 없다. 취향에 따라 앞뒤로 왔다갔다 해도 좋다. 얽매일 필요는 없다. 각각의 장은 독립적으로 구성되어 있기 때문에 시간이 날 때마다 장별로 읽을 수도 있다. 각 장을 사다리의 단으로 생각하지 말고 자전거의 바퀴 살이라고 생각하라. 이 책을 제대로 읽기 위해 순서에 따라 읽을 필요는 없다!

본 시리즈의 다른 책과 마찬가지로 이 책도 학습과정을 매우 중요시한다. 따라서 이 책의 요점들을 실생활과 연결시키려는 의식적인 노력이 없다면, 창의성이나 혁신에 관해 얻는 것은 거의 없을 것이다. 인간은 다음 요소들의 상호작용에 의해 학습한다는 점을 명심하자.

원리	→	경험
또는	그리고	또는
이론	←	실천

보편과 실제라는 두 양극 사이에서 불꽃이 점화될 때 비로소 학습이 일어난다. 따라서 두 가지 다 필요하다. 이 책의 여러 가지 사례 연구와 보기는 이해에 디딤돌이 되었으면 하는 마음으로 제시한 것이다.

원리 ⇨ 제삼자의 사례들 ⇨ 당신의 경험

위 과정은 역으로도 똑같이 일어나야 한다. 당신이 갖고 있는 실용적 지식이란, 창의적으로 생각하는 사람이나 혁신가를 관찰했거나 또는 자신의 실제 경험을 통해 모여진 것들이다. 따라서 그런 지식은 본서가 제시하는 것에 의해 건설적인 비판을 거치도록 해야 한다.

이 책에는 점검항목이 포함되어 있다. 그것은 휴가를 떠나기 앞서 준비물을 제대로 챙겼는지 확인하는 그런 류의 점검표가 아니다. 본서의 점검항목은 필자가 주장하는 바를 개인의 특정한 바람이나 문제, 기회 등과 연결해 볼 수 있도록 준비한 것이다. 많은 시간 심사숙고하면서 이 점검에 응한다면 이 책에서 보다 많은 것을 얻게 될 것이다.

상자 이용하기

책의 골격을 보완하기 위해 창의적 사고나 혁신에 관한 시구, 격언과 같은 자료를 상자에 넣어 따로 제시하였다. 상자를 사용한 것은 그 내용을 좀더 깊이 생각하도록 자극하고, 아울러 몇몇 부분을 건너뛰더라도 핵심 내용만은 놓치지 않도록 하기 위함이다. 책을 두세 번 읽을 경우라도, 상자를 읽으면 자신이 설정한 수준을 강도 높게 훈련할 수 있다.

이 책은 교과서라기보다는 실용적 안내서에 더 가깝다. 독자들이 흥미를 느끼도록 다양한 문제들을 첨가했다. 모쪼록 이 책을 통해 교훈뿐 아니라 자극과 즐거움도 느꼈으면 한다.

이 책에서 얻을 수 있는 이점

마지막으로, 시간과 정신적 노력을 기울여 이 책을 읽고 실천할 경우 다음과 같은 이익을 얻을 수 있다.

창의적 과정을 좀더 깊이 이해할 수 있다.
새 아이디어의 창출을 가로막는 장애물을 극복할 수 있다.
정신의 시야를 넓힐 수 있다.
아이디어를 비평하는 방법뿐 아니라 아이디어를 제안하는 방법도 배울 수 있다.
불확실하고 회의적인 것들을 참아내는 인내력이 증진된다.
창의적인 태도로 듣고 보고 읽을 수 있다.
생각하는 시간을 갖게 된다.
창의적인 사람으로서 더 큰 자신감을 갖게 된다.
혁신을 도모하는 팀에서 보다 효율적인 리더나 구성원이 될 수 있다.
조직 속에서 혁신을 관리하는 방법을 알게 된다.

서 론

수십 년 전에 한 기업가가 이런 말을 했다.

"인간의 두뇌란 참으로 놀랍다. 아침에 일어나면 활발하게 움직이다가 사무실에 도착하자마자 굳어버리니……."

오늘날에도 여기서 크게 나아진 것은 없을 것이다.

최근 노동에 대한 개념은 크게 바뀌고 있다. 고용주가 근로자의 정신은 무시한 채 육체적 에너지만을 고용하던 시대는 지나갔다. 업무를 잘 처리하고 직장에 오래 다니려면 정신 에너지를 잘 사용할 줄 알아야 한다. 지금 우리들 대부분은 지식 노동자이다. 따라서 업무를 시작하는 순간부터 하루 종일, 두뇌를 완전히 가동하지 않는다면 출세 가능성은 희박하다고 보아야 한다.

창의적으로 생각하고 새 아이디어를 갖는 일은 과거 어느 때보다 더 중요한 업무가 되었다. 그러나 개인의 창의성보다 더 중요한 것은 혁신이다. **혁신이란 새 아이디어에서 고객만족에 이르는 과정이다.** 이 과정은 직종에 상관없이 각 단계마다 이루어진다. 어떤 경우에는 부서 전체가 이 과정에 매달릴 수도 있다. 혁신은 모든 사업전략에 필수적인 부분이 되어야 한다.

따라서 효율적인 혁신에는 아래 도표에서 보는 바와 같이 세 개의 겹치는 영역이 있다. 조개 껍데기를 연상하면 쉽게 이해될 것이다.

여기서 '당신'이란 물론 한 개인으로서의 당신을 가리킨다. 이 책에는 당신이나 당신의 기술이라는 말이 먼저 등장한다. 그 이유가 무엇일까? 새 아이디어는 회사라는 조개 껍데기 속에서 빛나는 진주로 자라날 모래알이기 때문이다. 회사라는 조직체는 새 아이디어를 가질 수 없다. 부서도 마찬가지이다. 오직 개인만이 새 아이디어를 가질 수 있다. 이 책에서 '당신'이라는 말이 먼저 등장하는 것은 바로 이런 이유 때문이다.

그런데 영업과 관련된 아이디어를 얻고자 할 때는 협동작업이 필요하다. 한 사람이 혼자서 이 일을 할 수 없기 때문이다. 혁신을 하려면 팀이 있어야 한다. 위 도표에서 팀이 여럿임을 주목하라. 당신은 한 가지 이상의 부서에 소속되어 있을 수도 있다. 이를테면 기획부, 품질관리부, 실무감독팀, 이사회 등에 소속된 상태에서 핵심 부서나 기능 팀에 배치될 수도 있다.

일반적으로 회사에는 당신과 당신이 속한 부서를 포함해서 여러 부서들이 있다. 그러나 회사는 개별적인 부서들의 총집합 그 이상이다. 그 자체의 생명을 지닌 것이다. 필자는 〈효율적인 리더십 Effective Leadership〉(1989)이라는 책에서 모든 기업은 아래의 세 가지 중첩된 필

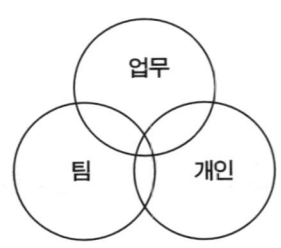

수 영역을 포괄하고 있을 뿐만 아니라 집단 인격도 발전시킨다고 언급한 바 있다.

흔히 문화라고도 부르는 집단 인격은 혁신에서 매우 중요한 역할을 한다. 그런데 문화 중에는 혁신을 촉진하는 문화가 있는 반면 혁신을 저해하는 문화도 있다. 따라서 상위 부서가 새 아이디어를 배척하는 분위기라면, 개개인이 창의적으로 된다거나 문제를 창의적으로 해결하기 위해 팀을 조직하는 따위의 일은 아무런 의미가 없다. 그렇기 때문에 이 책은 앞서 얘기한 조개 껍데기의 세 영역을 함께 다루려고 하는 것이다.

제 1 부
목적을 갖고 생각하기

창의성과 혁신은 개념상 여러 부분에서 중복된다. 그렇다고 두 개념이 서로 같은 것은 아니다. 창의성과 혁신이라는 말 속에는 **새롭다**는 의미가 공통적으로 들어 있다. 창의적 아이디어란 새로운 아이디어다. 최소한 그 아이디어를 낸 사람에게는 그렇다. 창의적 아이디어는 두 개 이상의 서로 다른 생각이나 사물을 연결지어 종합하려는 행위와 연관이 있다.

우리 두뇌 속에 '창의적 사고 영역' 이라는 이름을 지닌 특별한 상자가 있는 것은 아니다. 창의적 사고와 혁신은 두뇌 전체와 연관이 있다. 특정 단계에서는 두뇌의 일부분만 사용될 수도 있지만 사고, 특히 창의적인 생각은 언제나 두뇌 전체를 통해 이루어진다.

1부를 읽고 공부하고 나면 다음과 같은 것들을 얻게 될 것이다.

1. 창의성과 혁신의 의미를 분명하게 이해할 수 있다. 아울러 창의성에 대한 유명한 현대 이론들, 이를테면 수평적 사고에 관한 것들을 폭넓게 살펴보게 될 것이다.
2. 어떤 목적을 갖고 생각할 때 정신이 어떻게 움직이는지에 관해 간단하지만 포괄적인 밑그림을 얻을 수 있다.
3. 자신이 어느 분야에서 창의적이며 혁신적으로 생각하는 사람이 될 수 있는지 이해할 수 있다.
4. 창의적 사고가 갖고 있는 주요 역설, 즉 가장 고독한 동시에 강력한 사회성을 띠고 있는 속성을 접할 수 있다. 오랫동안 혼자 힘으로만 생각할 수는 없는 법이다.

1.1

창의성과 혁신

포드 자동차 회사를 방문한 한 저명 인사가 공장을 자세히 돌아본 다음 창업주인 헨리 포드를 만났다. 그 방문객은 엄청난 공장 시설에 넋을 잃고 있었다. 그는 대기업가 포드에게 이렇게 털어놓았다. "포드 씨, 정말 믿을 수 없군요. 25년 전, 혼자 거의 빈손으로 시작해 이렇게 엄청난 것을 이루어 내다니요."

그러자 포드가 대답했다. "내가 아무 것도 없이 빈손으로 시작했다고 하셨습니까? 그건 틀린 말씀입니다. 사람은 누구나 모든 것을 갖고 시작합니다. 만물의 본질과 재료는 어디에나 존재합니다."

잠재적인 물질(어떤 제품을 이루고 있는 성분, 구성요소, 재료)은 우리가 살고 있는 이 우주 안에 모두 주어져 있다. 인류는 무에서 유를 창조해 낼 수 없다. 토마스 아퀴나스가 정의한 대로 창조를 '아무 재료 없이 사물을 만들어내는 것'이라고 좁게 규정한다면, '창조는 오직 신만이 하고 인간은 그것을 재배치할 뿐이다.'

진정한 의미의 창조란 무엇인가?

분명히 말하지만 인간에게는 무에서 유를 창조하는 신과 같은 능력이 없다. 그럼에도 불구하고 어떤 사람들은 창의성이라는 개념을 그런 초자연적인 능력에 근접한 '창조적 예술'에 국한시키려 한다. 우리는 원료로 쓰인 재료와 만들어진 제품이 전혀 다를 경우에만 '창조적'이라는 단어를 붙이려는 경향이 있다.

화가 루벤스의 걸작도 한때는 팔레트 위에 벌레처럼 짜놓은 파랑, 빨강, 노랑, 초록색 물감들이었다. 결국 그런 창조적 작품에 사용된 물리적 재료 — 화가의 경우 물감과 캔버스, 작가의 경우 펜과 종이 — 는 전적으로 이차적인 것이다. 여기서 창조는 보다 정신적 의미를 지니고 있다. 지각, 사상, 감정 등은 한 개념이나 상상력 속에서 결합된다. 물론 화가나 작가, 작곡가에게는 마음 속에 떠오른 것을 캔버스나 종이에 옮기는 기술이나 기법이 필요하다. 그런데도 우리는 그런 예술들은 신이나 어떤 영적인 존재, 또는 외부의 비범한 존재로부터 영감을 얻는다고 생각한다. 그런 존재들의 도움을 받아 예술가들은 평범을 초월하여 진리나 미를 다룬 작품을 창조한다고 믿는 것이다.

다른 관점에서 볼 때, 창조라는 개념은 때로는 모든 의미를 다 비우는 것으로까지 확대 해석되기도 한다. 그래서 새 아이디어를 갖는 것을 독창적이라고도 한다. 그렇다면, 이제 출발점에 섰다고 할 수 있다.

셰필드의 오랜 칼 제조회사 스펜서 펜나이프가 어려움을 겪고 있었다. 대표이사인 헨리 파커는 어느 날 아침 회사에 출근해서 임원들을 소집했다. "나는 어젯밤 목욕을 하면서 몇 가지 창의적인 생각을 하던 중 기발한 생각이 하나 떠올랐습니다." 그러자 모두들 잔뜩 기대에 부풀었다. "고객을 만나 요즘 왜 우리 회사 제품을 사지 않는지 물어봐야겠다는 생각이 들었다오." 모두들 기가 막혀 아무 말도 하지 않았다. 회의가 끝나고 밖으로 나오면서 영업담당 이사가 동료 이사에게 한마디했다. "창의적인 생각이라고?! 우리가 지난 2년 동안 줄기차게 말했던 얘기 아닌가."

새 아이디어가 떠오른다는 것은 분명 바른 길로 가는 첫걸음이다. 그러나 다른 사람에게도 새로운 것일까? 이미 시장에 나와 있는 것은 아닐까?

오늘날, 완전히 새로운 아이디어란 좀처럼 찾아보기 힘들다. '호모 사피엔스'는 지구에 오랫동안 살고 있다. 우리가 생각해낼 수 있는 거의 모든 것이 어쩌면 이미 오래 전에 다른 누군가가 생각했거나 발명한 것일지도 모른다.

퀴즈

다음 사실을 알고 있었는가.

- 솔로몬의 궁전에 피뢰침이 있었다.
- 네로는 동전을 이용하는 슬롯 머신을 고안했다.
- 로마 황제의 궁전에 세 대의 엘리베이터가 있었다.
- 힌두교도들은 제너보다 수백 년 앞서 종두 바이러스를 이용했다.
- 자동 수확기는 16세기에 이미 '프랑스의 구식 발명품'으로 불리고 있었다.
- BC 1000년경 중국인들은 심장병을 치료하기 위해 살아있는 두꺼비에서 강심제를 추출해냈고, 인간의 감각으로 감지되지 않는 지진을 기록했으며, 언제나 북쪽을 가리키는 기구를 사용했다.

구약성서의 전도서 저자가 '해 아래 새로운 것이 없다'고 불평했을 때 무슨 뜻으로 그런 말을 했는지 이해가 갈 것이다. 그 이전에도 아이디어는 무수히 생겨났을 것이다.

예를 들어, 로마 황제들이 엘리베이터를 설치했을 수도 있지만 당시 기술 수준으로는 지금과 같은 일정 규모의 엘리베이터를 제작할 수는 없었을 것이다. 레오나르도 다 빈치가 헬리콥터와 잠수함을 그렸다고는 하나 그것을 만들고 움직이는 기술은 갖고 있지 않았다.

그렇다면 문제가 되는 것은 독창성 자체가 아니다. '수많은 자료를 알맞게 적용하는 사람이 독창적인 사람인 것이다.' 중요한 것은 아이디어가 새로워야 함은 물론, **주어진 여건과 상황**에 적용 가능해야 한다는 점이다. 예컨대 헬리콥터를 발명해 부자가 되려 한다면, 그것이 다 빈치에게 너무 시기상조였던 것처럼 지금은 너무 때늦은 일이다. 그런 아이디어나 기술은 더 이상 새로운 것이 아니기 때문이다.

덧붙여 말하자면, 기술의 진보가 이루어질 때마다(특히 비약적으로 발전할 때마다) 인류의 집단 기억 속에 들어 있는 낡고/새로운 아이디어의 모든 영역이 갑자기 실용화된다는 점에 주목하라.

정의

사람들은 무엇을 **새로운** 것으로 인식하는가? 이미 잘 알려진 것을 새롭다고 하지 않는다. 여기서 우리는 혁신이라는 단어의 개념에 어떤 실마리를 얻을 수 있다. 다음 질문들은 아이디어, 개념, 제품, 서비스 등이 얼마나 '새로운' 지를 알려주는 척도이다.

- 최근에 등장한 것인가?
- 잠시라도 만들어졌거나 쓰인 적이 있는가?
- 새로 만들어진 것이며 쓰인 적이 없는가?
- 이미 시중에 유통되는 유사 제품과 차별성이 있는가?
- 품질이 뛰어난가?
- 최근에 발명되어 만들어졌거나 개발된 것인가?

이제 새로운(NEW) 것이 독창적(ORIGINAL)인 것과 같지 않음을 알

앙을 것이다. '독창적'이라 함은 기존의 것 가운데 처음 것에만 엄격히 적용하는 말이다. 우리 지식에는 한계가 있기 때문에 독창성을 인정받기란 그리 쉬운 일이 아니다. 그래서 어떤 것을 조사하고 연구하다 보면 전에 이미 그것을 생각한 사람이 있음을 발견할 것이다. 또한 새로운 (NEW) 것이 언제나 색다르다(NOVEL)라는 특별한 뉘앙스를 갖는 것은 아니다. '색다르다'는 것은 새로움에다 이상하고 신기하다는 뉘앙스

역할	특징
창의적으로 생각하는 사람	새로운 아이디어, 특히 아무도 생각해 본 적이 없는 아이디어를 고안하는 능력과 자질을 가진다.
혁신가	새로운 것 또는 새롭게 보이는 상품이나 서비스를 시장에 내놓거나 소개할 수 있다. 또한 기존 상품이나 서비스를 변경하고 고칠 수도 있다.
발명가	새로우면서도 상업성이 있는 아이디어를 제시한다. 가끔씩은 창의적으로 생각하는 사람과 혁신가를 겸하기도 한다.
기업가	아이디어를 흡수하고 받아들여 상품화시킨다. 판매 촉진을 위해 종종 '다른 사람의 두뇌'(Other People's Brains)와 '다른 사람의 자금'(Other People's Money)를 이용한다.
사내기업가	'어느 조직에서건 혁신을 일으키는 실제적 책임을 진다. 고안자나 발명가일 수도 있지만, 아이디어를 수익성 있는 상품으로 만들고자 궁리하는 몽상가여야 한다.' 기포드 핀체트, 〈사내기업가 되기: 기업주가 되기 위해 회사를 떠날 필요가 없는 이유 Intrapreneuring: Why You Don't Have to Leave the Corporation to Become an Entrepreneur〉(1985)
지지자	아이디어를 발굴한다. 그 아이디어가 반드시 자신의 것일 필요는 없다. 아이디어에 따라 업무를 진행시키며, 그 아이디어가 제대로 발전하여 성공적으로 진행되는 과정을 열심과 투지를 다해 지켜본다.
후원자	아이디어의 가치를 인정해준다. 주로 최고 경영자가 그 역할을 맡는데, 아이디어에 대한 확신을 갖고 임원들에게 아이디어를 실현시킬 방법을 찾고 장애물을 극복하도록 도우라고 지시한다.

도표 1 · 혁신의 주역들

를 첨가한 것이다.

성공적 혁신을 여러 사람이 관련된 연극 연출이나 영화 제작에 비교해 보면 쉽게 이해할 수 있을 것이다. 연극이나 영화에 관련된 주요 인물만 꼽아도 감독, 연출자, 원작자, 각색자 등이 있는데, 이처럼 성공적 혁신을 이루기 위해서는 여기 제시된 사람들 중 한 사람 이상이 활동해야 한다.

사례 연구 • 클라이브 싱클레어

클라이브 싱클레어 경은 영국의 대표적인 발명가로, 보기 드물게 혁신가와 기업가로 변신해야 했던 사람이다. 1970년대 초반 그는 '이그제큐티브'라는 휴대용 계산기와 '블랙 워치'라는 디지털 시계를 통해 발명가로서 명성을 쌓기 시작했다. 10년 후 그의 명성은 개인용 컴퓨터 제작으로 절정에 이르렀으며, 영국은 개인용 컴퓨터업계의 선두주자가 되었다. 싱클레어가 크게 성공한 제품 중 일부는 기존의 제품을 소형화한 것들로서, 성냥곽만한 라디오와 호주머니 크기의 텔레비전부터 매우 얇은 실리콘 칩 등이었다. 또한 그는 휴대용 전화기의 가능성을 처음 예견하기도 했다.

성공적인 발명가가 되려면 반드시 혁신가가 되어야 한다고 싱클레어는 굳게 믿었다. '발명가가 직접 발벗고 나서서 회사를 세우고 자신이 발명한 제품을 시장에 내놓으라. 발명가는 기업가가 되어야 한다. 왜냐하면 아이디어란 사방에 널려 있는데 그런 아이디어들이 항상 훌륭한 것은 아니기 때문이다. 남에게 폐를 끼치는 발명가를 필요로 하지는 않는다.'

발명가이자 기업가 겸 경영자인 싱클레어는 계속해서 성공하지는 못했다. 하지만 돈은 많이 벌어서 자신이 가장 원하던 일을 할 수 있었는데, 그것은 바로 다른 것에 얽매이지 않고 오직 발명에 몰두하는 것이었다.

어쨌든 우리는 그를 통해 창의성과 혁신의 분명한 차이점을 알게 되었고, 이 둘 사이의 간격을 좁히려고 과감한 노력을 기울여 성공한 예를 보았다.

사례 연구·에드워드 드 보노

에드워드 드 보노는 효율적인 혁신가의 대표적인 예이다. 그는 자신의 저서인 〈수평적 사고의 활용 The Use of Lateral Thinking〉(1967)에서 수평적 사고라는 개념을 소개한 바 있다. 사실 그는, 창의적 사고라는 낡은 개념을 새롭게 윤색해서 시장에 내놓아 대단한 성공을 거두었던 것이다. 어떻게 그런 일을 할 수 있었을까?

1933년 몰타에서 태어난 에드워드 드 보노는 로즈 장학금을 받고 옥스퍼드 대학에 갔다. 그는 의학, 심리학, 생리학 분야에서 학위를 받은 후 대학 교수가 되었고 이어 40여 권의 책을 썼다. 그는 자신을 '생각에 관해 생각하는 사람'으로 묘사했다. 우리가 그에게 배워야 할 것은 무엇일까?

드 보노의 가장 유명한 책은 그가 최초로 쓴 책이다. 그 책에서 드 보노는 논리, 즉 수직적 사고와 그 반대인 수평적 사고의 기본적인 차이점을 아주 생생하게 설명하고 있다.

> 논리란 여러 구덩이를 깊고 크게 파서 그 구덩이들을 합쳐 더 좋은 구덩이로 만드는 데 쓰이는 도구이다. 그러나 그 구덩이가 잘못된 곳에 있을 경우 그것을 올바른 장소로 옮길 방법이란 전혀 없다. 땅을 파는 사람들 모두가 이 사실을 분명히 알았다 하더라도, 새로운 곳에 다시 구덩이를 파기보다는 파던 곳을 계속 파 내려가는 것이 훨씬 쉽다고 생각한다. 이 경우, 기존의 구덩이를 계속 파 내려가는 것을 수직적 사고라 하고, 다른 곳을 새롭게 파는 것을 수평적 사고라 한다.

논리 즉 수직적 사고에서는 '정보가 한번 배열되면 곧바로 다음 배열로 발전' 해간다. 다시 말해 정보의 배열이 단계적으로 진행된다. 예를 들어 수학 문제를 풀거나 논리적인 가정을 추론할 때는 수직적 사고를 이용한다. 우리가 평상시 하는 대부분의 추론은 일련의 정보가 사슬의 한 고리에서 다음 고리로 움직이는(혹은 움직이려는) 방식으로 이루어진다.

이와는 대조적으로 수평적 사고는 그런 단계적 절차를 무시한다. '수평적'(lateral)이라는 말은 측면이라는 뜻을 가진 라틴어 '라테루스'(laterus)에서 왔다. 따라서 수평적으로 생각한다는 것은 한 측면 혹은 다른 측면을 생각하는 것이다. 에드워드 드 보노가 이 용어를 처음 소개할 당시만 해도 이것은 전혀 새로운 개념이었다. 하지만 그 후 자주 쓰인 관계로 지금은 그다지 새롭다는 느낌이 들지 않는다. 예전에 수리앙이라는 프랑스 사상가가 '발명을 하려면 측면에서 생각하라'(pour inventer il faut penser à côté)고 쓴 글이 기억난다. 그러나 어느 책에서 읽었는지 확인해 보지는 못했다.

내가 처음 산 승용차의 어딘가에 틈이 생겼는지, 가끔 차 안에 물이 차곤 했다. 많은 돈을 들이며 정비 공장을 몇 번씩 들락거렸으나 문제를 해결하지 못했다. 그런데 강연을 갔다가 만난 경영자 한 사람이 내 차를 보더니 이런 제안을 했다. "차 바닥에 구멍을 내서 물이 빠지도록 하면 어떻겠습니까?" 그것은 수평적 사고의 멋진 예였다. 나는 그때까지 물을 막는 쪽으로만 문제를 본 것이다. 그 순간 나는 물이 나가게 하는 것도 해결책(부분적으로나마)이라는 것을 깨달았다. 비록 완전한 해결책은 아니었지만 당장의 골칫거리를 풀어주었던 것이다.

위 이야기에서 보듯이 수평적 사고는 문제를 재배열하거나 재구성하도록 이끌어준다. 위의 경우는 문제를 거꾸로 본 것이다. '어떻게 하면 물이 들어오지 않게 할까?'에서 '어떻게 하면 물을 내보낼까?'로 바뀐 것이다. 어느 속담처럼, '문제란 변장한 해답'이다.

조립 라인에서 포드 사가 이룩한 혁신 또한 수평적 사고의 한 예이다. 전통적으로 자동차 생산방식은 차를 세워 놓고 사람들이 지나가며 작업하는 것이었다. 그런데 사람은 가만히 있고 차를 움직이게 하면 어떨까? 그것은 단순하지만 혁명적인 아이디어였다.

효과가 없는 행동이나 해결책을 추구하기보다는 옆으로 눈을 돌려, 숨어서 기다리는 대안은 없는지 살펴보라. 이것이 바로 수평적인 접근이다. 우선 논리적인 방법을 시도해보고 어떤 결과가 나오지 않으면 수평적 사고로 방향을 전환하라.

'수평적 사고'라는 용어는 널리 쓰인 나머지 옥스퍼드 사전에까지 실리게 되었는데, 사전에는 '비정통적인 혹은 비정통적으로 보이는 방식으로 문제를 해결하려는 것'이라고 풀이되어 있다.

따라서 사전적 의미로 볼 때 수평적 사고란 논리적이고 합리적인 생각으로는 해결할 수 없을 것 같은 문제를 다루는 기술이라 할 수 있다. 특히 모든 정보를 다 입수하고도 해결책이 보이지 않아 문제를 재구성, 재조직할 필요가 있을 때 수평적 사고는 요긴하게 이용된다. 군대식으로 비유하면, 문제의 옆 혹은 뒤로 이동하여 포위한다면 전투를 하지 않아도 문제가 항복한다는 것이다.

사물에 초점을 맞추고 바라보라. 그럴 경우 그 사물의 배경은 다소 흐릿하게 보일 것이다. 에드워드 드 보노가 주장한 것이 바로 이것이다. 즉, 당신이 어떤 대상만 보고 있다면, 그 대상의 배경으로 초점을 이동시키라는 것이다. 그러면 해결책이 나올 수도 있다. 수평적 사고란 관심 대상과 그 배경에 대한 인식을 뒤집어 보는 것이다.

드 보노는 창의적 사고를 각색해 수평적 사고라는 이름으로 소개하면

얼어붙는 올리엄

한 회사가 소규모 공장에서 니트로 글리세린을 만들면서 무수 황산에 이산화유황을 부식시키는 강력한 용해제로 무겁고 기름기 많은 올리엄을 20% 가량 사용했다. 불행히도 올리엄은 온도가 낮지 않아도 쉽게 얼어버린다. 40갤런짜리 드럼통을 따뜻한 창고에 보관하는 소규모 제조 공정에서는 별 문제가 되지 않았다. 그러나 공장이 커지고 3,000갤런 규모의 탱크를 사용하면서 별도의 난방 시스템이 필요했다. 어느날 이 난방 시스템이 제대로 작동되지 않아 난방 기술자를 불러와야 했다. 기술자들은, 올리엄을 따뜻하게 유지하려면 보다 효율적인 난방 시스템이 필요하며 더 좋은 보온재를 사용해야 한다고 말했다. 그것은 비용이 너무 많이 드는 일이었다.

그때 회사 직원인 로버트 라우스가 다른 생각을 내놓았다. 니트로 글리세린의 제조 공정상 다음 단계는 질소산화물을 첨가하는 것인데 이 물질을 3%만 첨가해도 즉시 냉각점이 낮아진다. 라우스는 당장 이 방법을 써보자고 제안했고, 많은 비용이 소요되는 난방 시스템 문제를 일시에 해결할 수 있었다.

올리엄을 따뜻하게 유지하는 것을 문제로 보면, 난방 시스템을 갖추는 것이 필수적이라고 생각할 수밖에 없었다. 그러나 라우스는 올리엄을 '고온으로 유지하는 방법'보다는 올리엄의 '결빙을 막는 방법'을 생각했던 것이다. 이러한 관점의 변화는 매우 실질적인 차이를 만들어냈다. 그는 수평적으로 생각했던 것이다.

서 '수평적 사고'라는 말이 자기가 말하려는 내용에 '보다 만족스러운 용어'라고 했다. 앞에서 말한 것처럼 수평적 사고와 창의적 사고는 서로 같은 것이 아니다. 창의적 사고는 보다 넓은 개념인데 반해 수평적 사고란 문제를 해결하는 기술 혹은 그에 사용되는 정신의 습관이다. 그러나 두 개념 사이에 중복되는 부분도 있다. 수평적 사고는 고정관념에서 벗어나 새로운 아이디어를 만들어내도록 도울 수 있기 때문이다.

그렇다면 수평적 사고는 어째서 그토록 효과적인 혁신을 이룰 수 있었을까? 시기적으로 잘 맞아 떨어졌다는 점도 있지만, 수평적 사고는 시장에서 '팔릴 만한' 두 가지 특성을 갖고 있었다. 기억해 둘 것은, 혁신가는 아이디어를 갖는 것은 물론 그 아이디어를 팔아야 한다는 사실이다.

- 인간의 눈과 두뇌는 서로 대비되는 것을 더 선명하게 인지한다. 따라서 당신이 검고 흰 물건, 뚜렷하게 대비되는 제품을 만들 수 있다면 쉽게 이목을 끌 수 있다. 이 원리는 뛰어난 교습 방법이기도 하다. 경영 이론 가운데 맥그리거의 'X이론과 Y이론', 헐츠버그의 '위생과 인자' 등을 그 예로 들 수 있다. 수평적 사고와 수직적 사고도 그 한 예가 된다.
- 수평적 사고는 창의적 사고라는 말에서 풍기는 비범함 따위와는 어떤 관계도 없다. 그것은 유명한 발명가 같은 엘리트와 상관 있는 것이 아니다. 그것은 골프처럼 누구나 습득할 수 있는 기술이나 요령과 같다. 태어날 때부터 창의적이지 않아도 된다. 이것은 일종의 게임에 더 가깝다. 드 보노는 이렇게 쓰고 있다. '수평적 사고는 골프와 마찬가지로 기본 훈련만 하면 사용할 수 있는 기술이다.'

그 후 수많은 저작을 통해 에드워드 드 보노는 수평적 사고라는 브랜드와 수평적 사고에 담겨 있는 즉각적인 창의성으로 많은 돈을 벌었다. 그는 수평적 사고를 확대하여 창의적 사고까지도 포함시켰고, 결국 수평적 사고는 '새 아이디어를 만들어내고 낡은 아이디어에서 벗어나는 것'이라는 의미를 갖게 되었다.

여러분 회사는 '전사적 품질 관리(TQM)' 프로그램을 이제 막 도입했다. 그 프로그램 안에는 전 직원을 위한 훈련 프로그램이 있는데, 당신은 그 훈련 가운데 하나로, 15분에 걸쳐 '창의적인 문제 해결 기술' 회의를 소집하라는 요청을 받았다. 회의 참석자들 중 일부는 아는 사람이다. 그들은 당신이 책에서 읽은 원리나 원칙에 귀를 기울이지 않을 사람들이다. 그렇다면 다른 대안을 제시하기 위해 수평적 사고를 적용해보도록 하라.

수평적 사고를 혁신에 도입하기

문제의 틀을 다시 짜는 수평적 사고는 여러 영역에 널리 적용할 수 있다. 리더십을 이해하기 위한 연구를 예로 들면 가장 중요한 단계는 리더에 대한 조사(개인적 특성이나 성격)에서 그룹에 대한 조사로 눈을 돌리는 것이다. 현재 일하고 있는 집단이나 회사 내에서 세 가지 중첩된 영역, 즉 업무, 팀, 개인에 관해 생각해보면 응당 다음과 같은 아이디어를 얻게 된다. 즉 리더십이란, 필요한 역할(목표를 정하고 계획을 수립하며, 그룹의 규모를 정해서 관리, 격려하고, 동기를 유발하고 각 개인을 계발시키는 역할)을 감당함으로써 이들 세 영역과 만나는 것이다. 이렇듯 강조점을 리더의 자질에서 리더의 역할로 옮기면 사람을 선발하고 훈련시키는 데 엄청난 효과를 기대할 수 있다.

창의성과 창의적 사고 영역에서도 수평적 사고의 경우와 비슷한 것이 생겨날 수 있다. 리더의 자질에 관한 조사와 마찬가지로 '개인을 창의적으로 만드는 것은 무엇인가'라는 질문에서 '개인이 창의적, 혁신적으로 되는 데 장애는 무엇인가'라는 질문으로 관점을 바꾸는 것이다. 이렇듯 수평적 사고를 적용해 문제를 거꾸로 보면 개인이든 단체든 회사든 방해물, 장벽, 장애가 빠짐없이 드러나게 된다.

'사람은 본래 창의적이다'라는 가정에 주목해보자. 서문에서 밝힌 것처럼 나는 이 말의 사실 여부를 확인할 방법이 없다. 그러나 최소한 잠재적으로는 많은 사람들이 혁신의 과정에 효율적으로 공헌할 수 있다는 것은 전적으로 인정한다. 제조와 판매에서, 적어도 전사적 품질 관리(TQM)라는 측면에서 이런 관점을 지지해주는 정황 증거는 많다.

결론적으로, 창의성과 혁신을 저해하는 부정적인 요소를 제거할 수 있는 방책이 있다면 반드시 그 방법을 채택해야 할 것이다. 당신 자신을 실험의 대상으로 삼아보라. 다음 도표를 보자.

부정적인 태도	어떤 상황에 담겨진 기회를 찾아보려 하지 않고, 문제의 부정적인 측면에 치중하며 걱정하는 것에 모든 에너지를 소모하는 경향이 있다.
실패에 대한 두려움	남들에게 바보처럼 보이거나 웃음거리가 될까봐 두려워한다. IBM의 창설자 톰 왓슨은 이렇게 말했다. "성공을 앞당기는 방법은 실패율을 두 배로 늘리는 것이다." 실패는 성공의 필수조건이다.
업무 실행의 스트레스	창의적으로 생각할 시간이 없다. 과도한 스트레스에 시달리는 사람은 모든 일을 객관적으로 생각하기가 어렵다. 원치 않는 스트레스는 모든 정신 과정의 질을 떨어뜨린다.
규칙을 따르기	규칙이 필요한 경우도 있다. 그러나 어떤 규칙은 정신을 나태하게 만든다. 공인된 신념이나 사고 체계(현재의 규칙이나 제약)를 곧이곧대로 따르려는 경향은 창의적 비약에 족쇄가 된다.
가정(假定) 만들기	자신이 만들고 있는 가정들이 새로운 아이디어를 포함하고 있는지 확인하고 검토할 수 없다. 특히 많은 무의식적 가정들은 생각을 제한한다.
논리에 대한 과신	자신의 모든 지적 자산을 논리적이고 분석적으로 생각(순차적인 추론)하는 데 투자한다. 상상력, 직관, 감정, 유머 등을 전혀 도외시한 채.

도표 2 · 창의적 사고를 방해하는 장애물들

그러나 창의적인 사람이 되는 데 최대의 걸림돌은 자기 스스로 '나는 창의적이지 않다'고 믿는 것이다. 가끔은 학교에서 배운 보잘것없는 지식이 장애물이 되어, 경기장에 들어선 사람으로 하여금 달리지 못하게 만들기도 한다. 실제 그런 장애물들은 자신이 스스로에게 부과한 제약이나 가정에 불과하다. 과거 자신이 어떤 사람이었든 미래와 관련시켜 볼 때 그것은 모두 증명되지 않은 가설일 뿐이다.

창의적으로 생각하는 것이 호모 사피엔스에게는 당연한 것임을 명심하라. 지금 이 책을 읽고 있는 실내나 기차 안, 비행기 안을 한번 둘러보라. 어디서든 인간의 창의성과 혁신에 관련된 증거들을 발견하게 될 것이다. 그럴진대 그런 창의성이 당신에게 왜 없겠는가? 따라서 창의적인 능력을 개발하려 애쓰지 말고 새로운 아이디어나 새로운 업무 처리 방식을 생각지 못하게 막는 방해 요소나 장벽, 장애 등을 제거하는 데 집중하도록 하라.

수평적 사고를 이용한 접근방식은 창의적 사고와 혁신을 저해하는 세력이나 요인들을 찾아내는 데 매우 유용하다. 그러다 보면 얼마 안 있어 회복에 접어든 환자처럼 좀더 단단한 음식(창의적 여정의 다음 단계로 이끌어 줄 적극적인 원리나 기술)을 먹고 싶어할 것이다. 그것에 관해서는 2부에서 자세히 설명하고 논의할 것이다. 여기서는 우선 정신이 어떻게 움직이는지 보아야 한다. 왜냐하면 어떤 형태의 정신이든 거스르지 않고 북돋아 주어야만 잘 움직이기 때문이다. 따라서 그렇게 하려면 자기 마음을 이해할 필요가 있다. 그런 식으로 하다 보면, 다른 사람의 정신이 작동하는 방법을 이해하는 데 도움을 얻게 된다. 사람은 서로 비슷하기 때문이다. 그런 후 당신은 어떤 문제를 해결하고 기회를 이용함에 있어 다른 직원들과 한마음이 되어 조화롭게 일할 수 있다.

- 인간은 무에서 유를 창조하지 못한다. 그런데도 우리는 재료와 전혀 다른 생산물에 대해서만 **창조적**이라는 단어를 붙이는 경향이 있다. 창조적이라는 말에는 가치판단이 내포되어 있다.
- **새로움**이란 개념은 상대적이다. 어떤 상황에서 새로운 것이 다른 상황에서는 낡은 것일 수 있다.
- 혁신가는 새롭거나 새롭게 보이는 상품과 서비스를 시장에 소개하는 사람이다. **기존의 제품이나 서비스를 개선하는 것도 포함된다.**
- 그 자체만으로도 혁신의 좋은 본보기인 수평적 사고는, 논리적이고 '수직적'인 사고와 보다 창의적인 정신 운동과의 차이점을 강조하는 데 좋은 실마리를 제공한다.
- 그렇게 접근할 경우, '어떻게 하면 창의적이 될 수 있나'에서 '무엇이 창의적이 되는 것을 **방해하나**'로 관심을 이동하는 것도 좋은 방법이다. 창의적이 되는 데 방해가 되는 것으로는 부정적인 태도, 실패에 대한 두려움, 업무 실행의 스트레스, 규칙에 대한 맹종, 가정 설정 및 논리에 대한 과신 등이 있다.
- 끝으로, 당신의 창의성을 가로막는 치명적인 장애물을 제거하라. 자신을 창의적이지 않다고 믿는 것이 바로 그 장애물이다. 사실 **창의성은 과거 우리가 생각해왔던 것보다 훨씬 넓은 영역에서 활용된다.** 이 책을 다 읽을 때까지 이 믿음에 대한 판단을 잠시 덮어두고 단지 하나의 가정 정도로만 생각하라.

	예	아니오
수평적 사고방법을 채택한 적이 있었다면 어떤 경우였는지 그 예를 한 가지만이라도 들 수 있는가?	☐	☐
문제를 적극적으로 생각하고 문제가 만들어 놓은 기회를 보려 하는가?	☐	☐
비웃음을 당할지 모른다는 두려움 때문에 어떤 아이디어나 제안을 내놓지 못한 적이 있는가?	☐	☐
자신을 심하게 비판하는 편인가?	☐	☐
너무 바빠 생각할 시간이 없는가?	☐	☐
자신의 스트레스 수준이 자신이 속한 부서에서 평균 이상이라고 생각하는가?	☐	☐
배우자나 친한 친구가 당신을 체제 순응자— 어떤 가치보다 집단에게 인정받는 것을 우선시하는 타인 중심의 인간 — 라고 부르는가?	☐	☐
새로운 아이디어가 갑자기 떠올라 그 얘기를 하기 위해 친구에게 전화를 걸었던 경험이 있는가?	☐	☐
'인생의 모든 문제는 논리적으로 풀 수 있다.' 이 말에 동의하는가?	☐	☐
'보다 많은 사람들이 창의적으로 생각할 수 있다. 오늘날 대부분의 조직 속에는 아직까지도 사용되지 않은 엄청난 지적 잠재력이 존재한다.' 이 말이 정확하다고 생각하는가?	☐	☐

정신의 활동 방식

두뇌와 정신은 구별이 가능하다. 그것은 마치 TV 수상기의 경우와 같다. 수상기 화면에 나타나는 여러 장면은 활동중인 정신이다. 수상기 뒷면을 들여다보면 복잡하게 얽힌 전선 덩어리가 보이는데, 그것이 뇌에 해당한다. 누구나 알고 있듯 정신은 분명 뇌와 연결되어 있다. 몇 가지 정신적 기능은 뇌의 특정 부분에서 이루어진다. 그러나 정신과 뇌와의 총체적인 관계는 — 특히 의식 현상은 — 아직도 많은 부분이 신비에 쌓여 있다. 신경과학자는 뇌를 연구하는 반면, 철학자나 심리학자는 정신을 연구한다.

분할뇌 이론

1981년 로저 스페리는 분할뇌 이론을 발전시킨 공로로 노벨상을 받았다. 스페리에 따르면, 뇌의 두 반구는 각기 다르면서도 서로 중복된 기능을 갖고 있다. 뇌의 좌, 우반구는 각각 특정 분야의 사고 과정을 맡고 있다는 것이다.

일반적으로 오른손을 사용하는 사람들 가운데 95%의 경우, 왼쪽 뇌가 몸의 오른편을 대칭적으로 제어할 뿐만 아니라 분석적, 직선적, 언어적, 논리적 사고를 관장하고 있다(왼손을 사용하는 사람들의 경우, 우뇌가 이와 반대되는 기능을 담당한다). 숫자를 계산하거나 물건 이름을 생각해내고, 날짜를 헤아리고 논리적인 문제 등을 풀 때 우리가 주로 의존하는 것은 좌뇌의 기능이다.

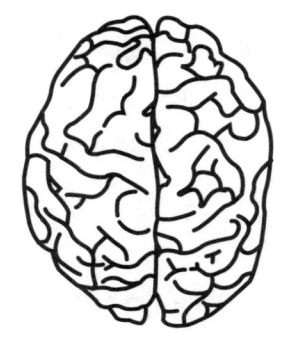

좌반구
논리
연속적 사고
언어 능력
직선적 사고
분석적 사고
추론적 사고
구도 인식
계산

우반구
직관
이미지 연상
시각 능력
공간적 사고
창조적 사고
심신 상관적 사고
색채 인식
감정

도표 3 · 분할뇌 이론

뇌 우반구는 몸 왼편의 움직임을 관장하며 상상력이 요구되는 예술적 사고의 원천이 된다. 즉 어떤 장소를 생각하거나 그림과 조각에 몰입하고 공상이나 몽상을 할때, 늘 우뇌가 개입하는 것이다. 논리적이고 분석적 사고가 주류를 이루는 학교 교육에서는 종종 우뇌의 활동이 별 대접을 받지 못한다.

이 책에서는 실용적인 측면에서 뇌의 활동에 관한 것보다는 정신이 움직이는 법에 더 관심을 두고자 한다. 뇌에 관한 연구는 분명 여러 사람의 관심을 끄는 주제이다. 그러나 뇌에 관한 정보를 통해 우리가 지적으로 나아졌다는 증거는 없다. 하지만 우리 뇌 속에 엄청나게 많은 자원이 사장되어 있다는 것 정도는 알게 되었다. 사람은 100억 개 가량의 뇌세포를 갖고 있다. 이것은 현재 지구 위에 살고 있는 사람보다 더 많은 수이며, 남미 열대밀림의 잎사귀들 수보다 많다. 각각의 뇌세포는 10,000개 정도의 주변 뇌세포와 연결될 수 있는데, 이것을 조합할 경우 뇌세포의 숫자는 100억에다 800개의 영(0)을 더 추가해야 한다.

물론 완벽하게 구성된 정신의 모형은 아직 없다. 단지 DNA 모형에 나타난 벽돌처럼 정신의 움직임을 모형이나 그림으로 만들어볼 수 있을 뿐이다. 그러나 그것을 정신적 활동이나 상태에 대한 보편적인 모형으로 여길 수는 없다. 우리가 할 수 있는 것은 고작해야 어떤 관점으로 목적에 걸맞게 선택하느냐 하는 것이다. 우리는 뇌에 관한 보편적인 이론을 알 수 없다.

효율적인 사고 이론

내가 만든 정신의 모형이 〈의사 결정 훈련 Training for Decisions〉(1969)에 소개된 뒤, 〈효율적인 의사 결정 Effective Decision Making〉(1985)에서 더욱 발전되었다. 그 모형은 퍼즐 게임처럼 정신의 세 가지 영역이 서로 맞물려 있는 모양이다.

도표 4 · 정신의 변환 기능

이 모형이 제시하려는 주된 내용은, 신중하고 심오한 의미를 지닌 언어의 일종인 사고가 기본적으로 세 가지 형태를 띤다는 점이다. 그 세 형태는 분석, 종합, 평가로서 인간이 환경에 적응하기 위해 진화하는 과정에서 생겨난 것이다.

- 분석

  분석(analysing)은 '풀어놓다'(to loosen)를 뜻하는 그리스어 동사에서 나온 말이다. 이 말의 원뜻은 단순한 개체로 하나하나 분해한다는 뜻이 담겨 있다. 다시 말해서 내가 시계를 모두 분해할 때 나는 시계를 분석하고 있다고 말할 수 있다. 그러나 분석이란 말에는 단순히 사물을 분리하는 물리적 행위 이상의 의미가 담겨 있다. 사실 '풀어놓는다'는 개념은 구성 요소를 완전하게 분리한다는 뜻이 아니다. 밧줄의 양쪽 끝을 묶은 매듭은, 그 매듭의 본질을 이해하기 위해 풀거나 느슨하게 할 수 있다. 분석이란 사물을 그 근원까지 추적하고, 구체적인 현상 이면에 놓인 보편적인 원리를 발견해내는 것이다.

- 종합

  종합(synthesizing)이라는 말 역시 그리스어에서 왔다. 분석과 반대되는 개념으로서 '하나의 복합적인 구성물을 만들기 위해서 각 부분이나 요소를 통합하다'라는 의미가 담겨 있다. 사실 라틴어 동사 cogito(나는 생각한다)도 '한데 섞다'라는 뜻을 지닌 어근에서 비롯된 것이다. 종합의 결과가 본질적으로 전혀 새롭다면, 특히 그 결과가 독창적인 것이라면 우리는 종합의 과정을 창의적이라고 부를 수 있다.

- 평가

  평가(valuing)는 정신의 세 번째 변환 기능이다. 평가란 분석이나 종합, 또는 그 둘의 결합에 의해 마지막에 만들어지는 것은 아니다. 가치 또는 기준들과 관련지어 평가하거나 생각하는 것은, 그 자체가 사고의 주요 형태인 만큼 분석, 종합과 나란히 위치해야 한다. 평가는 판단의 핵심이며, 취사 선택을 해야 하는 상황에서 반드시 주목받는 위치를 차지한다.

생각하고 있는 사람은, 징검다리로 계곡의 강을 건너는 사람과 같다. 강을 건넌다는 것은 생각의 변환 기능을 모두 사용하는 것이며 어수선하면서도 질서정연한 과정이다.

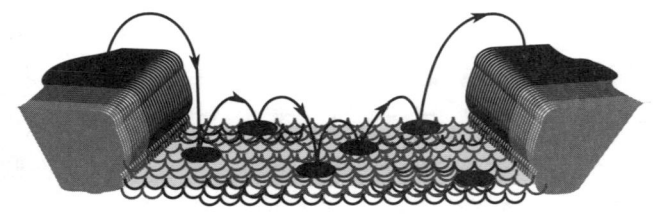

집단으로 강을 건너려면 기둥이 세 개 있는 다리를 세워야만 한다. 다음에 나오겠지만, 이 세 기둥은 주로 변환 기능 가운데 하나를 담당한다. 그로 인해 변환 기능들이 각각 분리될 수 있도록 도움을 준다.

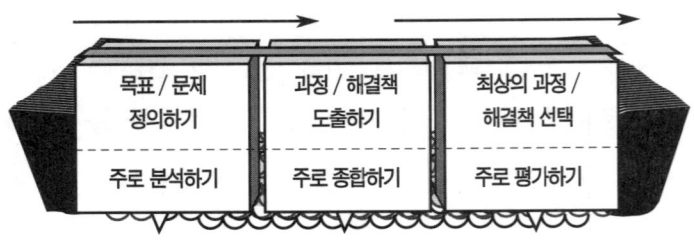

창의적인 비약을 통해 따로 떨어져 있던 두 언덕이 연결될 것이다. 그러면 당신은 우아하고 가뿐하게 다리를 건널 수 있다.

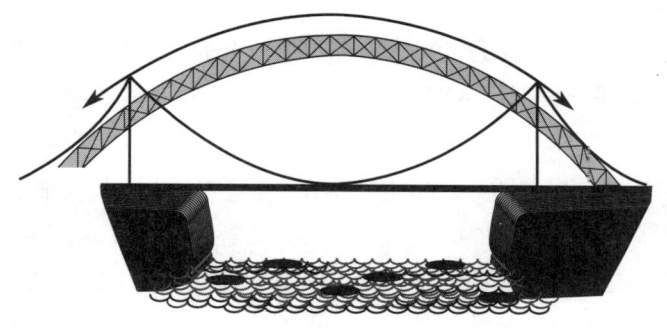

도표 5 · 강 건너기

이러한 변환 기능들은 우리 생각 속에서 동시에 작동된다. 대부분의 경우 우리는 정신의 기어 변속을 눈치채지 못한다. 그러나 이 기능들 사이의 균형은 순간순간 변한다. 1분 동안 분석한 후, 평가 단계로 넘어갈 수 있다. 분석과 평가는 상호 보완적이다. 실제로 한 개인이나 그룹에서 하나의 생각이 다른 생각을 희생시키며 군림하는 경우가 있는데, 이런 왜곡된 현상을 볼 때 생각의 변환 기능이 상호 보완적이어야 함을 보다 분명히 인식하게 된다. 예를 들어 학문적인 모임의 경우, 회원들이 지나치게 분석적이거나 부정적인 비판에 경도되어 있다. 모든 효율적인 사고(창의적 사고라는 연극을 포함해서) 속에는 생각의 세 가지 변환 기능이 역동적으로 얽혀 있다. 비록 한 배우가 무대 위에 서 있는 동안 다른 두 배우는 무대 뒤편에서 기다리고 있다 할지라도 말이다.

심층의식 원리

'심층의식'이라는 말은 바다의 이미지에서 은유적으로 따온 것이다. 정신을 '의식과 무의식' 두 부분으로 나누는 확연한 이분법과는 달리, 이용어는 표면의식과 심층의식의 연속성을 암시하고 있다. 바다를 이용한 이 묘사는 의식의 빛을 이해하는 데 도움을 준다. 여기서 말하는 의식의 빛이란, 의식 표면으로부터 '정신의 동굴' 속을 관통하여 '아무도 측량할수 없는' 깊이로 들어가면 희미해지는 것을 말한다. 심층의식은 생각의 세 가지 유형(분석, 종합, 평가) 모두와 관련이 있다. 따라서 다음과 같이상호 연관된 두 가지 변수가 있다.

- 분석, 종합, 평가가 서로 번갈아가며 상호작용을 함.
- 표면에서 심층에 이르기까지 정신의 각기 다른 수준 사이에서 끊임없이 일어나는 기어의 자동 변속은 각각의 변환 기능이 움직임에 따라 생겨남.

그렇다면 세 가지 변환 기능은 두뇌 안에 있는 의식의 다른 수준에서 동시에 작용하는 셈이 된다. 예컨대 당신이 전기 플러그를 조립하거나 장난감을 만들 때, 의식의 수준에서는 종합적인 사고가 발휘될 수 있다. 그러나 전의식(前意識)이나 반의식(半意識) 혹은 무의식 수준 역시, 복합적인 구성물을 만들기 위해 부품이나 구성 요소들을 한데 모으는 과정이 일어날 수도 있다.

> 우리가 먼지라 할지라도, 불멸의 영혼은
> 음악의 화성처럼 일어나리. 어둡고도

그 깊이를 알 수 없는 솜씨로
불협의 화음들을 조화시켜
하나의 세계로
불러모으는 자 있으니.

윌리엄 워즈워드

워즈워드 같은 수많은 창의적 인물들은 겉보기에 매우 이질적인 '요소'들이 무의식 영역에서 하나의 새로운(합성된 전체가 그때까지는 알려지지 않았다는 의미에서) 패턴으로 융합되는 것을 간파하였다. 번뜩이는 영감, 섬광 같은 아이디어, '유레카'의 체험 등은 잠재되어 있는 정신 활동의 결과들이다.

비소시에이션(BISOCIATION)

아서 케스틀러는 〈창조 행위 The Act of Creation〉(1964)라는 책에서 'bisociation'이라는 신조어를 만들어냈다. 이 단어는 '전혀 이질적인 두 종류의 사실이나 아이디어 등을 함께 넣어 하나의 아이디어로 만드는' 창의성의 본질을 묘사하고 있다. 'bisociation'을 경험하면 대개 긴장이 풀린다. 그 경험 속에는 깨달음의 섬광, '유레카!'의 외침, 아니면 최소한 '아하!'라는 탄성이 담겨 있다. 케스틀러가 말한 것처럼, 그것은 어떤 우스갯소리를 처음 들은 뒤 터뜨리는 폭소와 같다. 즉 '하하'라는 반응을 보이는 것이다. 크리스마스 때 주고받는 우스갯소리들도 때로는 'bisociation'을 불러일으킨다.

'끓는 물을 토끼 굴에 붓는다면 어떻게 될까? 몹시 화난 토끼가 튀어나오겠지.'

프로이트 덕분에 무의식에 대한 이해가 널리 퍼지긴 했지만, 그 의미가 지나치게 획일화되고 말았다. 의식은 이성과 질서의 자리로 알려져 있고,

반면 무의식은 맹목적이고 유아기적인 충동이나 동물적인 욕구와 욕망 등이 거주하는 미지의 영역으로 여겨지고 있다. 무의식 내에 존재하는 충동이나 욕망 등은, 평소 보이지 않게 숨어 있거나 은밀히 숨어 있던 밀입국자처럼 밤이 되면 꿈에 나타난다는 것이다.

무의식이라는 단어를 듣게 되면 어떤 이미지나 도식화된 정신의 영상을 떠올리게 되는데, 그것들은 말로 설명할 수 없는 것을 짐작하는 데 도움을 준다. 다시 말해 은유나 비유를 통해서도 부분적으로밖에 드러낼 수 없는 실재를 표현해준다. 인간 내면 속에서 이루어지든 사람 사이에서 이루어지든, 무의식을 묘사하거나 무의식과의 의사 소통에 이용되는 언어는 주로 화가나 시인들이 잘 감지하는 이미지라는 이름의 언어이다. 종합 기능에 가까운 이미지라는 언어는 두 가지 의미를 지닌 상상력을 통해 그려진다. 여기서 말하는 두 가지 의미란, 감각으로 드러나지 않는 외형적인 물체의 이미지를 만들어내는 정신적 능력과 정신의 창의적 능력을 말한다.

세 가지 변환 기능이나 심층의식 원리 같은 요소에 감성이 더해지면 효율적 사고에 관한 이론이나 모형이 만들어진다. 정서나 감정을 포함시킨 것은, 정서와 심리 자극은 말과 밀접한 관계가 있기 때문이다. 감정과 심리적 에너지가 마음에 미치는 영향은 전기가 뇌에 미치는 영향과 같다. 생각하기 위해서는 자극이 필요하다. 그 자극 가운데 일부는 스스로 만들어진다. 그러나 다른 자극은 외부에서 와야 한다.

정신이 무언가를 분석하고 있을 때 무의식의 영역은 좀처럼 인식되지 않는다. 그러나 나중에 알게 되겠지만, 심층의식은 정확하게 입력하고 조건만 적절히 구비된다면 컴퓨터처럼 무의식적인 분석을 실행할 수 있다. 따라서 이런 식으로 작용하는 심층의식의 용량에 따라 사람들은 달라지게 된다.

EXE**연습**CISE

심층의식의 용량을 증가시킬 수 있는 방법을 다섯 가지 나열하라.

_____

_____

_____

_____

_____

이 연습은 2부가 끝나는 부분에서 다시 반복된다.

직관이란 의식적인 추론 과정이 전혀 개입하지 않는 분명하고도 직접적인 정신 활동으로서, 잠재의식 수준에서 생겨나는 분석이 생각의 표면 위로 순간적이고 즉각적으로 분출되는 것을 묘사하고 있다. 예를 들어, 직관은 직접적인 증거 없이도 어떤 상황이 존재한다는 것을 알려주고, 경쟁자가 파산 일보직전임을 감지하기도 한다. 이런 예측이 가능한 것은 우리의 마음이 미미한 단서, 암시, 징조 등과 같은 많은 정보를 입력했기 때문인데, 그 정보들은 눈과 귀를 통해 들어와 잠재의식 속에서 처리된 후 컴퓨터처럼 직관으로 표출되는 것이다.

경영대학원은 현실과 거의 관련이 없는 준(準)수학적 모형의 지배를 받는 곳이다. 그런데 심층의식의 발견으로 인해 경영대학원에서 지금껏 가르쳐왔던 의사 결정 방법에 관한 기존의 원리가 뿌리째 뒤흔들리고 있다.

무언가를 평가함에 있어 심층의식 혹은 뇌가 어떤 역할을 하는지에 관해 좀더 연구가 이루어져야 한다. 아이리스 머독은 최근 라디오 인터뷰에서 이와 연관된 적절한 예를 든 적이 있다. 그녀는 학창시절 친구들과 함께 옥스퍼드 대학 디너 파티에 참석했다고 한다. 그곳에는 철학자가 두 사람이 있었는데 그들은 밤이 깊어갈수록 장황한 이야기를 주고받았다. 집으로 돌아오던 아이리스는 친구에게 불쑥 이렇게 말했다. "A(그 사람 이름을 지적하면서)는 좋은 사람인데 B는 그렇지 않아." 그녀의 심층의식은 그녀를 대신해 분명 그런 결론을 내리고 있었고, 그 결론이 갑자기 의식 표면으로 떠올랐던 것이다.

당신도 어떤 상황에 대해 이와 비슷한 직관이나 통찰을 분명 갖게 될 것이다. 그런 경험을 하게 되면, 심층의식이 입수된 줄도 몰랐던 자료를 분석하고 그것을 기억 속에 저장되어 있던 정보와 비교한다는 사실을 믿게 될 것이다. 자기 행위를 도덕적으로 평가하고 판단할 때 스스로 갖는 죄의식이나 자책감을 보아도, 잠재의식의 평가 기능을 경험한 셈이다. 의도와는 전혀 상관없이 죄의식과 자책감이 생긴다는 것은 심층의식이 표면의식과는 별도로 활동하고 있음을 의미한다. 심층의식은 당신의 노예가 아니다. 헨리 소로는 한때 대담한 제안을 한 적이 있다.

'인간의 무의식은 곧 신의 의식이다.'

그렇지만 어떤 때는 의사 결정, 해결책, 직관, 아이디어 등이 마음 속에 있는 것처럼 보일 경우도 있다. 그것은 마치 진주가 될 모래알이 조개 속에 들어 있는 것과도 같다. 조개를 열어본 사람은 운좋게도 놀라움과 기쁨을 얻게 될 것이다. 무의식은 또한 전일적(全一的)인 방식으로 좋은 땅에 떨어져 뿌리를 내리고 자라는 씨앗과도 같다.

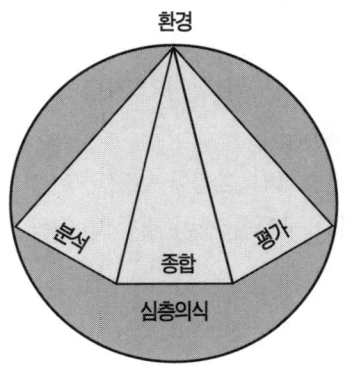

도표 6 · 정신 작용의 변환 기능

전일적(holistic)이라는 말은 '전체'를 의미하는 그리스어 '홀라스'(holas)에서 왔다. 이 말은 1926년 남아프리카의 유명한 지도자 얀 스뫼츠에 의해 처음 만들어졌다. 군인이자 정치가였던 얀 스뫼츠는 열렬한 농업학도이기도 했다. 그는 각 개체들이 질서정연하게 집단화되는 것을 통해 **전체를 이루려는 자연의 속성**을 설명하기 위해 이 말을 도입했다. 아이들은 성인(전체)으로 조립될 부품이 아니다. 그들은 이미 전체이며 단지 몸집만 더 커질 뿐이다. 그것이 바로 자연이 일하는 방식이다. 우리 정신이 그런 방식으로 활동한다고 유추할 경우, 어떤 사람들은 다른 사람보다 더 전일적이라고 할 수 있다. 여성은 남성보다 더 전일적인 경향이 있다.

　전일적인 사람들은 지나친 분석을 좋아하지 않는다. 그들은 상대방(혹은 그것)이 말하는 처음부터 지금까지의 발전과정을 듣고 이로써 사람과 상황을 이해하는 것이다. 그들은 **성장**에 대한 이야기에 관심이 있다. 예를 들어 전일적인 리더나 기업가는 기업의 성장 과정을(양적인 성장이 아니라 질적인 성장) 돈 버는 일보다 더 흥미롭게 여긴다.

　전일적인 사람에게 창의성이 주어지면 멋진 출발을 할 수 있다. 이와는 대조적으로 그 반대쪽에는 분석가들(분석 기능만을 개발시켜 그것이 의식의 전부라고 여기는 사람들)이 있다. 사물을 나누고 쪼개고 분류해서 등급을 정하는 것은 유용하긴 해도 그다지 창조적인 행위라고는 할 수 없다. 그런 일들은 창의적이거나 혁신적인 과정에서 부분적인 역할을 하는 부수적인 활동에 불과하다.

　다음 사례 연구 중 전일적인 성향을 반영하고 있거나 심층의식의 창의적 활동을 묘사한 단어와 구절을 찾아 모두 밑줄을 그어 보자.

사례 연구 · C. S. 포리스터

포리스터는 나폴레옹 전쟁 때 영국 해군장교였던 호레이쇼 혼블로워에 대한 연작 소설작가로 유명하다. 포리스터는 한때 자신의 창작 과정을 이렇게 묘사했다.

바다에 떠다니는 해파리들이 있다. 그들은 먹이를 찾기 위해 아무런 노력도 하지 않는다. 그들은 우연에 의해 떠다니며 그 우연이 그들에게 먹을 것을 공급한다. 작은 생물체들이 해파리의 촉수에 걸려들어 붙잡히고 먹히고 소화된다. 소설가인 나를 해파리라고 생각해 보자. 그러면 포획된 희생물은 플롯, 줄거리, 개요, 모티브라고 할 수 있다. 소설의 틀을 설명하는 데 가장 적합하다고 생각되는 어떤 단어를 사용해도 좋다. 바다에는 해파리보다 훨씬 더 고등한 생물이 존재한다. 그리고 인류의 바다에 떠 있는 인간 군상들은 다른 인간과 비슷한 경험을 하며 살아간다. 그런데 어떤 인간은 해파리인가 하면, 어떤 인간은 상어이기도 하다. 아주 작은 먹이들, 즉 미세한 암시적 경험들은 해파리(소설가)에 의해 발견되고 붙잡혀 작가의 용도에 따라 적절히 사용된다.

이 유추를 계속 따라가보자. 포획된 먹이가 일단 해파리의 위속에 들어가면 소화액이 흘러나오기 시작하고 그 물질은 다른 원형질로 변형된다. 이 과정은 해파리가 그와 비슷한 먹이사슬에 의해 갑작스런 변화로 존재를 마감할 때까지 해파리의 의식적인 행동의 개입없이 일어나는 과정이다.

내 경우에는 대개 첫 자극이 무엇인지 인식하는 정도에 그친다. 대화 도중 친구가 무심코 던진 엉뚱한 말, 책에서 읽은 글귀, 길에서 우연히 목격한 사건 등이 특별한 무게를 지니고 내게 다가와 독특하게 받아들여진다. 하지만 그렇게 받아들여졌다 해도 잊혀지거나 무시되기 일쑤이다. 그것들은 마치 물먹은 통나무가 항구 밑바닥 진흙뻘에 쑤셔 박히듯, 내 심층의식이라는 아득한 심연에 파묻힌다. 그것은 앞서 파묻혔던 다른 것들 옆에 나란히 자리를 잡는다. 그리고는 주기적으로(하지만 결코 조직적이지는 않게) 조사를 받기 위해 다른 것들과 함께 수면 위로 끌어올려지는데, 그 가운데는 어느새 따개비가 달라붙어 있는 것들도 있다. 어느 아침 면도하는 동안, 또는 저녁 요리에 어떤 포도주를 곁들일까 고민하는 동안, 설익은 아이디어가 다시 떠오르기도 하는데 그것은 어느새 많이 여물어 있다…….

　이따금 나는 작품 속에서 서로 다른 플롯을 동시에 전개하는데, 둘 다 어쩐지 마음에 들지 않다가 어느 순간 갑자기 그 둘이 마치 퍼즐의 조각처럼 서로 꼭 들어맞는 때가 있다. 그러면 골칫거리가 사라지고 소설이 완성되면서 특별하고도 강렬한 기쁨, 벅찬 만족감 등을 경험하게 된다. 그런 일은 전혀 생각지 않았던 것이었다. 그것은 작가인 내게 가장 값진 보상일 것이다.

C. S. 포리스터, 〈마흔이 되기 훨씬 전 Long Before Forty〉(1967)

정신에 맞는 일 찾기

　캐나다 사업가인 로이 톰슨이 소설을 쓸 수 있을까? 혹은 톰슨이 의사결정을 내릴 때 컴퓨터를 사용하는 것처럼 소설가 C. S. 포리스터가 심층의식을 이용할 수 있을까? 결코 그렇지 않다. 두 사람은 자기의 관심, 기질, 적성에 의해 그들에게 가장 맞는 일에 에너지가 자연스레 발휘되는 분야로 이끌린 것이다. 두 사람은 자신의 일에 성취감과 만족을 느꼈다. 한 사람은 대기업을 세움으로써, 또 한 사람은 소설의 세계를 창조함으로써.

한 가지 이상의 분야에서 창의성을 발휘했던 사람들이 있다. 그러나 그들은 위의 법칙과 맞아떨어지지 않는다. 따라서 당신의 선천적 자질이 최대한 발휘되는 한두 분야(몇몇 사람들은 서로 다른 두 분야의 적절한 재능을 결합하여 창의적인 성공을 거두었다)의 근황을 점검해보는 것도 괜찮을 것이다. 당신은 그 분야에서 더욱 창의적인 기여를 할 수 있다.

여기서 논하려는 분야는 회계학이나 의학과 같은 전문 직종이 아니다.

언어능력	어휘와 연관 있음. 선택된 매체를 통해 언어화될 수 있는 개념이나 아이디어도 포함. 글이나 말을 잘 기억함(작가, 시인, 철학자).
공간지각	공간적 관계를 쉽게 지각함. 3차원 안에서 상상할 수 있는 능력. 공간 배열을 기억할 수 있음(화가, 건축가, 과학자, 도시계획자).
수리능력	숫자를 쉽게 지각하는 것과 연관 있음. 복잡한 수학적 계산을 암산으로 할 수 있음. 숫자를 잘 기억함(수학자, 재무관, 회계사, 일부 과학자).
색채감각	색채의 관계를 쉽게 지각함. 색채 배합을 신속하게 인지함. 색깔을 잘 기억함(화가, 의상 디자이너, 실내장식가).
음악적 재능	소리를 쉽게 지각함. 머릿속으로 노래를 작곡할 수 있음. 선율에 대한 기억력이 좋음(작곡가, 가수, 재즈 음악가).
기계조작	엔진이나 유사 부품의 관계를 쉽게 지각함. 새로운 기계나 시스템을 발명하는 능력. 낡은 기계를 새 용도에 활용하는 능력(공학자, 수리공, 컴퓨터 제작자).
유기적 인식	식물, 동물, 사람 안에서 쉽게 지각되는 부분과 전체의 관계를 잘 파악함(의사, 생물학자, 환경보호론자).
대인관계	사람의 관계를 잘 파악함. 팀과 조직을 구성하고, 사람을 계발시킴.

도표 7 · 지성의 영역

그것은 선택의 폭을 축소시킬 것이다. 좀더 넓게 보아야 한다. 어디서 섬광이 번뜩이는지 주의깊게 살펴보라. 섬광은 언제나 창의적 가능성을 내포하고 있기 때문이다.

창의적 사고의 역설

〈생각하는 사람〉이라는 로댕의 유명한 조각품을 본 적이 있을 것이다. 대리석을 소재로 한 그 작품은, 몸을 반쯤 구부리고 한 손으로 턱을 받친 채 생각에 잠겨 있다. 그 모습은 창의적 사고가 갖고 있는 역설을 암시해 준다. 다시 말해 창의적으로 생각하는 것은 외로운 작업이다. 어떤 면에서 우리에게는 특별한 문제뿐 아니라 자기 분야의 일상적 문제를 생각할 수 있는 혼자만의 시간이 필요하다.

그러나 다른 면에서 볼 때, 창의적 사고란 대단히 사회적인 활동이다. 다른 사람의 생각 속에 들어 있는 자극이나 정보가 우리에게 유입되지 않는다면 우리는 아무 것도 생각할 수 없다. 그렇기 때문에 사람들이 마을이나 도시에 모여 사는 것이다. 우리 두뇌는 일종의 열린 시스템과도 같아서 무전기처럼 다양한 경로를 통해 다른 사람의 생각과 끊임없이 교류한다. 그런데 그것들 거의 대부분이 제대로 인식되지 않는다.

스코틀랜드에 있는 중견 의류업체의 열성적인 사장 알렉스 그레이엄은 장기 휴가를 받아 단독 세계일주 항해를 하기로 결심했다. 출발 후 2주 만에 그의 요트는 바위에 부딪쳐 산산조각이 났으며, 그는 베네수엘라 연안에서 멀리 떨어진 어느 무인도에 간신히 도착했다.

"기회가 온 거야." 그는 혼잣말을 했다.

"나는 언제나 생각할 시간을 원했지."

그는 비로소 충분한 시간을 얻었던 것이다. 그는 3주 후에 구출되었다. 그러나 새로운 아이디어를 전혀 얻지 못한 채 돌아왔다.

그가 왜 아이디어를 얻지 못했다고 생각하는가?

세상을 등지고 은둔한 사람은 고독 속에서 신과의 대화를 통해 영적으로 성장할 수 있을진 모르지만, 명확하고 창의적인 사고자가 될 가능성은 대단히 희박하다. 우리는 다른 사람과의 대화를 통해 자신의 생각을 보다 분명하게 정리할 수 있다. 다른 사람의 생각이라는 숫돌 위에 정신의 날을 가는 것이다. 창의적으로 생각하길 원한다면, 100억 개의 뇌세포를 흔들어 깨우고 활성화시킬 수 있는 사회적 자극이 계속되어야 한다. 당신은 다른 사람의 업적 위에서 성장하고 양육을 받았다. 다른 사람들 역시 당신 덕택에 살아간다.

위대한 정신들은 다른 사람(죽었든 살아 있든)과의 지적 교류에서 자신들이 얼마나 많은 혜택을 입었는지 누구보다도 잘 안다. 그래서 그들은 이렇게 말한다. 우리는 거인의 어깨 위에 서 있는 난쟁이일 뿐이라고.

그럴진대 창의적으로 생각하는 당신은, 마음속에 그런 역설을 간직하고서 혼자만의 생각에 빠질 수 있는 고독한 시간과 타인과의 사회적인 교류 사이의 균형을 잘 유지해야 한다. 사회적 교제에는 다음과 같은 여러 형태가 있다.

- 회의 참석
- 전화 연락
- 독서
- 도서관 방문
- 만찬에서의 대화
- 업무 회의
- 텔레비전 시청
- 라디오 청취

이제 필요한 것은 균형이다. 눈부시게 맑은 햇빛이라도 너무 많이 쬐어서는 안 된다. 언제까지나 비가 내리는 것은 아니다. 몸이 특정 음식을 선호하는 것처럼 정신도 특정 경험(혼자 경험한 것이든 타인과 함께 한 것이든)에 쉽게 경도될 수 있다. 경험을 해석할 수 있다면 모든 경험 속에서 지혜를 얻을 수 있다. 경험은 당신에게 필요한 것이 무엇인지 말해줄 것이다. 문제는 당신이 과연 그 희미한 신호를 알아챌 만큼 민감한가 하는 것이다.

SUMMARY 요약

문제 해결, 의사 결정, 창의적 사고와 같이 다소 구체적인 활동의 배후에는 생각을 응용하는 흐름이 자리잡고 있다. 엄밀한 의미에서 무엇을 생각한다는 것은 분석, 종합, 평가라는 세 가지 중심 주제가 담겨 있는 미완성 교향곡에 비유할 수 있다.

그런 면에서 의식적인 생각의 배후에는 변화하는 심층의식이 들어 있다. 예를 들어 의식은 무엇을 '분석' 하기만 하고 무의식은 모든 것을 '종합' 하기만 하는 것이 아니다. '평가' 와 마찬가지로 정신의 다른 두 변환 기능(분석, 종합)은 심층의식 내에서도 발휘될 수 있고 실제로 발휘되고 있다. 생각을 적용시키고자 할 경우, 당신의 정신이 가장 잘 작동하는 분야를 선택하는 것이 중요하다. 사람은 서로 다른 정신적 재능을 가지고 있다. 두 가지 이상의 분야에서 두드러지게 창의적인 사람은 드물다. 삶 전체가 창의적인 쪽으로 방향이 설정되어 있다 할지라도 말이다. 헨리 밀러가 말한 것처럼, '창의적 충동이 어떤 사람을 사로잡으면 — 최소한 내 경험으로는 — 그 사람은 곧 바로 모든 면에서 창의적이 된다.'

당신의 경우 정신의 세 가지 변환 기능 중　　　　　　　　　　예　　　아니오
어떤 것이 가장 잘 ─ 또는 가장 덜 ─ 개발되었다고 생각하는가?

　　　　가장 잘 개발됨　　　　　　　가장 저조함

분석　　_____　　　　_____

종합　　_____　　　　_____

평가　　_____　　　　_____

자신의 심층의식이 서로 전혀 다른 행위를
종합하거나 결합한 경험을 갖고 있는가?　　　　　　　□　　　□

결정해야 할 문제를 일정기간 유보해두었는데
정신 스스로 어떤 것을 결정해놓은 것을 발견한 경험이 있는가?　　　□　　　□

전체적인 것을 좋아하고 분석이나 분류를 싫어한다는
점에서 자신의 마음이 전일적이라고 생각하는가?　　　　　□　　　□

사람들에 관한 결정을 내림에 있어
직관에 입각해 다소 천천히 결정을 내리는 경향이 있는가?　　　□　　　□

의식이라는 옷을 입은 당신의 심층의식이 어떤 사건 후에
당신이 한 행동이나 말에 대해 평가를 내린 적이 있는가?　　　□　　　□

생각하는 사람인 당신의 관심이나 강점은 어느
분야(도표 7 참조)에서 두드러지는가?　　　　　　　□　　　□

	예	아니오
당신의 능력은 한 가지 분야 이상에서 발휘되는가?	☐	☐
혼자 생각하는 시간과 자극을 주고받는 타인과의 교제 시간에 대해 적절한 균형을 유지하는가?	☐	☐

제 2 부

성공하는 창의적 사고자의 일곱 가지 습관

습관이란 반복을 통해 고착되는 행동양식이다. 어떤 일을 무의식적이나 미리 생각해 보지 않고 행할 때 흔히 습관이라는 말을 갖다붙인다.

우리는 행동만 습관적으로 하는 것이 아니라 생각도 습관적으로 한다. 습관은 특정한 방식으로 문제에 접근하는 고착된 기질이나 성향을 가리킨다. 습관은 반복을 통해 제2의 천성이 되어버린다. 이런 습관들이 모여 한 사람의 성향이나 기질이라 불리는 것을 구성하는 것이다.

2부에 나오는 일곱 가지 습관은 창의적이고 혁신적으로 생각하는 사람들의 특성이라 할 수 있다. 일곱 가지 습관이 한데 모여 '창의적 사고 기술' 이라는 지도를 이루고 있다. 그러나 지도의 모든 부분이 하나도 빠짐없이 어떤 색으로 채워지는 것은 아니다. 어떤 부분은 덜 채워진 채로 남아 있게 마련이다.

2부를 다 읽고 그대로 실천하려면 다음과 같은 자세가 필요하다.

1. 창의적으로 생각하는 사람들이 새로운 아이디어를 얻는 과정에서 갖추는 일곱 가지 습관에 대해 분명히 알아두라.
2. 일곱 가지 습관과 관련해서 현재 당신의 위치를 이해하고, 그 습관을 자신의 창의적 과정에서 자연스러운 일부로 만들기 위해 단계적으로 무엇을 해야 할지 확인해두라.
3. 창의적으로 생각하는 사람들의 정신 속에는 일곱 가지 성향이 있는데, 그런 성향을 뒷받침하는 개인적 자질이나 특성들을 탐구하라.

첫 번째 습관
아홉 개의 점을 넘어서기

필자는 〈의사 결정 훈련 Training for Decisions〉(1969)이라는 책에서 '아홉 개의 점'을 지나는 수수께끼를 소개한 바 있다. 이후 그 수수께끼는 꽤 유명해졌고 다른 책에도 인용되었다. 그러나 내가 원하는 것은 이 수수께끼를 지능 테스트 이상으로 생각했으면 하는 점이다. 이 수수께끼를 정신이 움직이는 방식에 관한 탐구 자료로 여기도록 하라. 그것은 성공적인 습관으로 가는 첫 번째 관문을 여는 열쇠가 될 수 있다.

전에 이 수수께끼를 풀어보지 않았다면, 펜이나 연필을 떼지 않고 네 개의 직선을 사용하여 한번에 아홉 개의 점을 연결해 보도록 하라. 3분 안에 이 문제를 풀어야 한다. 이 문제를 풀어본 사람은 친구나 동료에게 이 문제를 보여주고 그들이 문제 푸는 것을 살펴보는 것이 좋다. 아니면 다른 해결 방법을 찾아보도록 하라. 정답은 최소한 2가지 이상이다.

아홉 개의 점 잇기

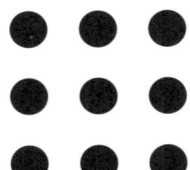

해답은 다음 쪽에 있다. 3분 동안 문제를 풀 때까지 해답을 보지 말라.

이 문제를 풀지 못했다면 왜 풀지 못했는지 자신에게 물어보라. 그것은 자신도 모르게 이 문제에 관해 가정, 제약, 규칙 등을 설정했기 때문일 것이다. 당신은 이 장(章)의 제목에 담겨 있는 실마리를 왜 놓쳤는가?

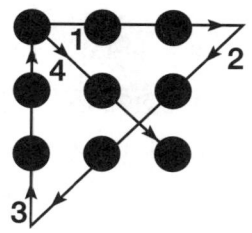

네 개의 직선을 사용해서 문제를 풀기 위해서는 스스로 정해놓은 가정, 즉 직선이 점 밖으로 벗어나면 안 된다는 '규칙'을 바꾸어야만 한다.

사실 직선 세 개만 있어도 이 문제를 풀 수 있다. 직선이 반드시 각 점의 중심을 지나야 하는 것은 아니기 때문이다. 점이 매우 작아도 결과는 마찬가지다. 점이 작을 경우, 세 직선의 길이가 더 길면 된다.

알고 나면 아주 쉬운 문제다. 그럼 좀더 어려운 문제를 풀어보기로 하자.

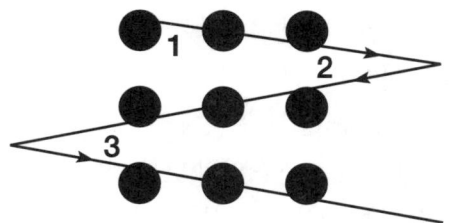

성냥개비 여섯 개를 이용한 수수께끼

성냥개비 여섯 개를 평평한 곳에 놓는다. 그런 다음 그 성냥개비로 네 개의 이등변삼각형이 한데 모인 형태를 만들어 보라. 성냥개비를 부러뜨려서는 안된다. 5분 안에 2개의 해답을 찾아야 한다(답은 2개 이상이다). 모서리가 반드시 연결된 완전한 삼각형이어야 한다.

해답은 281쪽

가정에 도전하라

'아홉 개의 점 잇기'에서 경험한 것처럼 발전을 위한 첫 번째 습관은 가정에 도전하기이다. 여기에는 당신이 만든 가정뿐 아니라 다른 사람의 가정까지도 포함된다.

이 말을 오해해서는 안 된다. 사실 가정이란 창의적으로 생각하는 데 중요한 역할을 한다.

'우리가 소매 시장으로 자리를 옮긴다면, 비용은 얼마나 들 것인가?'

다시 말해, 우리가 소매 시장에 있다고 잠시 가정해보자. 세상이 어떻게 보이겠는가?

아인슈타인은 하나의 가정을 세우고 그 가정에 담긴 내용을 생각하는 것으로 유명하다. 그는 자신에게 이렇게 말했다. '내가 빛의 속도로 우주 공간을 여행하는 태양 광선 위에 올라탔다고 가정해보자. 그럴 경우 사물이 어떻게 보일까?' 이러한 생각이 결국 그 위대한 상대성 이론을 낳았다. 그 이론을 통해 아인슈타인은 우리에게 새로운 지식을 선사했다. 즉 항성과 행성이 움직이는 것은 우주 안의 다른 천체들에서 나오는 힘의 영향 때문이 아니라, 물질을 둘러싸고 있는 시간과 공간의 특성 때문이라는 것이다. 예를 들어 빛은 광대한 우주 공간을 직선으로 여행한다. 그러나 그 빛이 별이나 다른 거대한 물체의 영향권 안에 들게 되면 비껴가거나 휘게 된다.

이와 같이 의식적으로 가정을 세우면 그 가정은 창의적 사고자의 공구 상자에 들어가 중요한 연장이 된다. 당신은 **신중하면서도** 순간적으로 어떤 것이 옳다는 가설을 세우고 있다. 그것은 마치 체스 게임에서 말을 움직인 후 손을 떼지 않다가, 그 수가 적절하지 않을 경우에 놓지 않으려는 것과 같다. 아이작 뉴턴은 이렇게 말했다.

"대담한 추측 없이 이루어진 위대한 발견이란 없다."

나는 위에서 몇 단어를 강조했다. 왜냐하면 무언가를 탐구하는 이런 류의 사고는 무의식적인 가정이나 선입견과 분명하게 구별할 필요가 있기 때문이다. 우리는 의견이나 행위의 근거를 당연시하고, 그것을 보증받지 않은 가설로 삼았던 경험을 갖고 있다. 아마 무의식 중에 그렇게 했을 것이다.

그런 선입견들을 조심하라! 그것은 항구 어귀에 감추어진 모래톱과 같다. 선입견은 당신이 사실을 알기 전에 받아들인 관념들이다. 정말 위험한 선입견은 당신이 자각하지 못하는 것들이다.

우리는 가정과 선입견들을 종종 여론이나 상식의 형태로 받아들였기 때문에, 조사를 해볼 경우 전혀 검증되지 않았거나 재론의 여지가 있는 것들이 대부분이다. 따라서 선입견은 새로운 아이디어를 고안해내는 데 있어 매우 조심해야 할 장애물이다.

어떤 것이든 통용되고 있는 의견은 의심해보아야 한다. 일단 하나의 생각이 널리 받아들여졌다면 지금 그 생각의 진위 여부를 따져봐야 한다. 그러나 그렇게 하는 것이 결코 쉽지 않다. 아인슈타인의 표현을 빌리면, 군중에 둘러싸인 사람들은 주변 공간에 영향을 주어 인간의 생각이라는 순수한 빛을 비껴가게 할 수 있기 때문이다.

아인슈타인은 다음과 같이 말했다.

"자기가 속한 사회의 선입견과 전혀 다른 견해를 침착하게 표현할 수 있는 사람은 대단히 드물다. 사람들 대부분은 그런 견해를 생각조차 못한다."

우리는 더불어 살아가며 생각하는 사람들이다. 그러나 위대한 사상가들은 고독하게 살고 있다. 그것은 아마도 공인된 여론의 강한 영향으로부터 자신을 심리적으로 격리시킬 필요가 있기 때문일 것이다.

위험하고도 무의식적인 가정을 세울 때, 다른 사람이 당신에게 특별한 도움이 될 수 있다. 당신이 자신도 모르게 가정을 세울 경우 다른 사람이 그 점을 지적해 줄 수 있다. 그들은 이렇게 묻는다.

"왜 그렇게 믿는가? 그렇게 믿는 근거가 무엇인가? 누가 당신에게 할 수 없다고 말했는가?"

가정과 추측은 다르다. 짐작하고 추정하고 추측할 때 사실 우리는 어느 정도 근거에 입각해서 그렇게 하는 것이다. 추측이란 무턱대고 하는 것이든, 불확실한 근거를 통해서 하는 것이든 어떤 결론이 우연히 떠오르는 것을 의미한다. 가정을 세우는 것은 추측보다 더 시험적인 단계에 가깝다. "우리가 이런 식으로 했다고 가정할 경우, 어떻게 될 것인가? 어떤 결과가 나올 것인가?" 이것은 대답과는 상관없다. 추측한 답도 될 수 없다. 하지만 새로운 가능성을 열어줄 수 있으며 그래서 실패한다 하더라도 받아들일 수 있는 하나의 수단이다.

무의식적으로 받아들이긴 했지만, 신중히 받아들인 생각과 고착화된 생각의 차이를 식별하는 것은 매우 중요하다. 루이 파스퇴르는 이렇게 말했다.

"선입견이란 실험자의 앞길을 비추어 자연을 탐구하도록 밝혀주는 탐조등과 같다. 실험자가 그것을 고정관념으로 전환시킬 때만 위험스러운 것이다. 내가 과학이라는 신전의 입구에 새겨진 아래의 심오한 글귀를 즐겨 바라보는 것은 바로 그런 이유 때문이다. '가장 위대한 정신착란은 그렇게 되기를 바라기 때문에 그렇게 됨을 믿는 것이다.'"

상상과 비판적인 생각 사이의 바른 균형을 유지하는 것이 창의적으로 생각하는 모든 사람들, 특히 연구자들에게는 필수적이다. 파스퇴르는 계속해서 다음과 같이 말한다.

"주어진 주제에 실험적으로 투자하는 초기 단계에는 생각에 날개를 달기 위해 상상력이 필요하다. 그러나 결론을 내리고 관찰을 통해 얻은 사실을 해석할 시기에 도달하면 상상력은 실험을 통해 얻은 결과에 승복해야 한다."

관리자를 위한 조언

어떤 일은 우리가 하고 있기 때문에 옳은 것이 아니다.
어떤 방법은 우리가 이용하고 있기 때문에 좋은 것이 아니다.
어떤 시설은 우리가 그것을 보유하고 있기 때문에 최고인 것이 아니다.

결론적으로, 생각은 우리로 하여금 다른 사람들이 자명하게 받아들인 규칙 가운데 일부를 없애거나 수정하도록 이끌 것이다. 생각을 할 때 반드시 지켜야 할 규칙은 잘못된 전제에 관한 토론을 기초로 삼아서는 안 된다는 점이다. 그러나 창의적으로 생각하기 위해서, 대담하고 상상력이 풍부한 가정의 한 형태인 '잘못된 전제'가 선입견을 깨뜨리는 데 매우 요긴하게 쓰일 수도 있다. 괴테도 이렇게 쓰지 않았던가.

"대담한 생각은 앞으로 나아가는 체스의 말과 같다. 전진하는 말은 죽을 수도 있지만 게임을 승리로 이끄는 시작이 될 수도 있다."

가정(假定)은 반드시 관리해야 한다. 가정 관리란 문제, 상황, 의사 결정, 사람들, 팀, 조직 등에 부과한 무의식적인 제약이나 규칙을 감지하고 도전할 수 있는 것을 말한다. 그런 다음 그 가정들을 검증해볼 수도 있다. 물론 그 가정이 심문을 견디어낼 수도 있으며, 그 경우 빙하 사이에 놓인 얼음 다리처럼 가정 위에 설 수 있다. '아홉 개의 점 잇기'를 상기하라!

가정을 관리하려면 가정을 정신의 정찰병이나 선발대로 간주하여 능동적으로 배치해야 한다. 그러면 가정들은 불확실한 전제처럼 움직인다. 상상력이 풍부하고 황당할수록, 그 가정들은 더욱 새로운 가능성 또는 새로운 아이디어라는 탄두를 장착하고 있는 셈이다.

관련 영역의 폭을 넓혀라

'아홉 개의 점 잇기' 모형은 고정된 틀 밖에서 문제를 바라보고 그 틀을 넘어 점들을 연결하도록 가르쳐주었다는 점에서 중요하다. 당신이 내 추론대로 틀 밖에 있는 보이지 않는 이 점들을 연결할 경우 틀 **안**에 있는 점들이 연결된다. 창의적으로 생각하는 사람들은 어떤 것을 서로 연관짓는 능력이 뛰어나다. 그들은 문제와 연관된 해답을 찾아내기 위해 아홉 개의 점 밖의 '외부 공간'에 습관적으로 초점을 맞춘다.

이 책을 가능한 한 넓게 펼쳐보라. 펼쳐진 책장 위로 한 손을 쫙 펼쳐라. 엄지손가락 끝을 한쪽의 가장자리에 대고 새끼손가락 끝으로는 다른 쪽 가장자리에 닿게 할 수 있을 것이다. 결국 펼쳐진 책은 한 뼘 크기만 한 셈이다. 한 뼘이란 뜻은 펼친 손의 엄지손가락에서 새끼손가락까지의 거리를 말한다. 당신이 보았듯이 이 책은 그다지 폭이 넓지 않다. 약 20센티미터쯤 될까.

관련 영역이란 당면한 문제와 연관있는 범위를 말한다. 따라서 관련 영역의 범위는, 자신의 관심과 연결된 아이디어나 자료를 찾는 분야라고 규정할 수 있다. 관련의 폭이 비교적 좁다면 당신은 자기 주변이나 집 근처 정도 둘러볼 것이고, 당신의 정신적 초점과 연관지을 수 있는 줄은 상대적으로 짧아질 것이다. 그럴 경우 당신은 '아홉 개의 점 잇기'의 함정에 빠질 수도 있다.

시야가 좁은 학과장의 경우

"제가 대학 학과장을 위한 차기 지도자 코스의 개선책을 하나 제안해도 될까요?"

"물론이지요. 이번 강평회가 그것 때문에 열린 것이니까요. 좋은 생각이 있습니까?" 내가 말했다.

　그러자 화학과 학과장이 말을 계속했다.

　"당신이 지도력과 관련해서 제시한 예들이 대학과는 전혀 관련없는 것이었습니다. 대학은 군대도 아니고 기업도 아니고 오케스트라도 아닙니다. 대학에서 있었던 사례 연구나 예를 제시해 주십시오. 그것도 영국 대학이 아니라 미국 대학이어야 합니다. 그리고 대학 관리의 측면에서 자세히 설명해야 합니다. 보다 관련성 있게 말입니다."

　"그러면 초점이 너무 축소되지 않을까요?"

　내가 말을 하려 하자 그녀가 가로막았다.

　"그리고 한 가지 더 있어요. 여성들이 대학지도자로서 활약한 예를 더 많이 제시해주세요. 특히 과학 분야에서요."

　위 예화 속에 어떤 모순이 담겨 있는지 알 것이다. 좁은 관점/관련성과 생각을 보다 창의적으로 하는 것 사이에는 어떤 상관 관계가 있다. 무엇과 연관이 있다는 것은 **인식**에 속하는 문제이다. 생각의 폭이 좁은 사람들은 분명하고 직접적인 것이라야 연관이 있다고 여긴다. 그들은 아래 조건에 들어맞지 않으면 전혀 **관련**이 없다고 생각한다.

- 분명히 꼭 들어맞는 것
- 근거가 명확한 것
- 쉽게 추적할 수 있는 것
- 직접적인 의미를 가진 것
- 논리적인 관련성이 있는 것

당신은 위 기준들이 자기 직업이나 기술 분야에 국한된다는 것을 알 수 있을 것이다. 따라서 이 기준을 잘 지키면 어떤 특정 분야의 문제를 잘 해결할 수 있다. 예를 들어 훌륭한 의사는 병을 진단함에 있어 당신의 증상 가운데 어떤 것을 취사 선택할지 식별할 수 있다. 그러나 새로운 아이디어는 다음 기준에 따라 생각하고 **연관지을** 때 생겨난다.

- 시간이나 공간상으로 반드시 가까워야 할 필요가 없다.
- 당신의 직업이나 기술 영역과 동떨어진 것일 수도 있다.
- 겉보기에 관련성이 없어 보인다.
- 쉽게 접근하지 못하도록 위장되어 있거나 묻혀 있을 수 있다.
- 논리나 성격적인 면에서 별다른 관련성이 없다.
- 근거가 희박하다.

이렇게 서로 '멀리 떨어져 있는' 것들이 보다 창의적일 수 있다. 왜냐하면 다른 사람은 그런 식으로 생각하지 않을 것이란 점에서 **새로운 아이디어**를 산출하기가 더욱 쉽기 때문이다.

에드거 앨런 포는 이렇게 썼다.

"다음과 같은 사실을 경험은 보여주었고 진정한 철학은 언제나 보여줄 것이다. 방대하고 수많은 분야의 진리가 겉보기에 연관없는 것으로부터 나온다는 것을."

나는 겉보기에 연관없는 것이란 구절을 강조했다. '아홉 개의 점 잇기' 문제를 처음 대하는 사람은 '틀'을 형성하고 있는 점들을 둘러싼 외부 공간이 문제와 별다른 연관이 없어 보일 것이다. 그런데 실제로는 그것이 문제 해결과 직접 연관이 있다. 왜냐하면 그 외부 공간에는 당신이 그은 직선을 꺾을 수 있는 보이지 않는 두 지점이 들어 있기 때문이다.

다시 말해, 어떤 사람에게는 겉보기에 관련없는 것이 다른 사람에게는 크게 관련될 수도 있다. 그것은 주로 인식의 문제이다. 예를 들어 대부분의 농부들에게는 악기가 자기 문제와 아무 관련이 없어 보일 것이다. 그러나 제트로 털에게는 그렇지 않았다.

19세기 초, 고향 버크셔에서 농사를 짓던 영국 농학자 제트로 털은 씨앗을 파종하는 기계를 발명했다. 그 기계는 일정한 간격을 유지하는 기능이 있어 줄을 맞춰 경작할 수 있었다. 털은 오르간을 연주할 줄 알았는데, 그에게 새로운 아이디어를 제공한 것이 바로 오르간의 원리였던 것이다. 따라서 그가 한 일이란 실용적인 목적에 이용되는 기계적인 수단을 한 분야에서 다른 분야로 이동한 것이었다.

이 이야기를 '아홉 개의 점 잇기' 모형의 관점에서 볼 경우, 털은 점에 담겨 있던 내적인 틀을 뛰어넘었던 것이다. 그는 농업을 둘러싸고 있는 정신적인 울타리 저 너머를 본 것이다. 그는 농사와 관련된 영역(다른 농기계나 생산기계) 안에 해답이 있다거나, 자기의 농사 경험 안에 해답이 있다고 가정하지 않았다. 오르간은 그가 창의적으로 연관지었던 '아홉 개의 점' 바깥에 있는 점 가운데 하나와 같다. 일단 연관을 짓게 되면 남은 문제는 연관의 결과로 얻은 새로운 생각을 강화하고 발전시키는 것이다.

고정관념에서 해방되라

영국에는 오래 전부터 방랑자를 가리킬 때 쓰던 표현이 있는데, '주거가 일정하지 않은 사람' 이 바로 그것이다. 새로운 착상을 하고 아무도 본 적이 없는 것을 보아야 하는 그런 분야에 관해 별로 아는 것이 없을 경우, 창의적으로 생각하는 데는 오히려 상대적으로 이롭다. 그 이유는 기술적이고 전문적인 지식을 얻기 위한 교육과 훈련이 수많은 가정을 주입시키기 때문이다. 주제는 기초 가정들 위에 있고, 주제의 상부구조는 한 단계 낮은 하부구조 위에 세워진다. 왜냐하면 가정들이란 통상 권위를 확보한 뒤 어느 정도 시간이 지나면 나무랄 데 없는 일련의 상품을 만들어 전해주기 때문이다. 배운 것을 고치기보다는 차라리 배우지 않는 것이 더 수월하다.

따라서 혁신은 종종 죽은 아이디어나 가설의 구속을 받지 않은 신선한 정신이 전통적인 산업 영역 속으로 들어갈 때 일어난다. 녹인 무쇠를 강철로 만드는 베세머 제강법(1856)을 발명한 영국의 민간 기술자 헨리 베세머 경은 이렇게 말했다.

"나는 문제를 탐구함에 있어 다른 사람보다 훨씬 유리한 입장에 서 있다. 왜냐하면 나는 정신을 통제하는 일도 없고, 편견을 만들어내는 오랜 관습에 입각한 고정관념을 갖고 있지 않을 뿐만 아니라, 어떤 것이 옳다고 여기는 일반적인 신념에도 매여 있지 않기 때문이다."

그러나 베세머의 경우도 다른 '아웃사이더'와 마찬가지로 어떤 분야의 고착된 사고 패턴을 무시하거나 그로부터 자유로운 정신이 다른 분야에 대한 지식과 훈련이 연결되어 있었다.

많은 질문을 제기하라. **왜** 그 문제를 다른 방식이 아닌 이런 방식으로 다루고 있는가? 성공의 기준이란 **무엇**인가? 우리가 성공을 거두고 있다는 증거로는 **어떤** 것이 있나? 이 과정을 마지막으로 살펴본 것이 **언제**였던가? 경쟁자 중에서 이 일을 다른 식으로 처리하는 사람은 **누구**이며 그 결과는 **무엇**인가? 이 분야에서 중심이 되는 조사와 개발은 **어디**에서 이루어지고 있는가?

수시로 반복되는 이런 질문은 조직화되어 경직된 진행 과정을 파헤치는 에어 드릴과 같은 역할을 한다. 아스팔트 도로 위에다 변화의 씨앗을 뿌릴 수는 없다. 조직의 관행이나 절차 등이 바로 아스팔트 도로와 같은 것들이다. 로버트 루이스 스티븐슨은 말했다.

"일단 길을 내고 나면 이상하게도 차들이 모여들고, 해가 거듭될수록 점점 더 많은 사람들이 그 길을 지나간다. 그러다 보면 다른 사람들이 나타나 길을 보수하거나 튼튼하게 만들고, 그 길은 잘 유지된다."

어떤 분야에 대한 전문적이고 숙련된 지식이 부족해도 그 분야에 창의적인 기여를 하는 데는 별 어려움이 없다. 오히려 지나치게 많은 지식이 불리할 수 있다. 벤저민 디즈레일리(영국의 정치가·소설가)의 말처럼 우리는 '잊는 법을 배워야' 한다.

퀴즈

다음 제품을 발명한 사람들의 직업을 적어보라

발명품	직업
볼펜	
안전 면도날	
코다크롬 필름	
자동 전화기	
주차시간 자동표시기	
공기 타이어	
LP판 레코드	

해답은 284쪽

제임스 다이슨은 요즘 어디서나 볼 수 있는 볼배로를 발명한 사람이다. 볼배로란 커다란 풋볼공에 매달린 덤프트럭 스타일의 비닐 가방을 말한다. 그의 두 번째 발명품은 이중 집진식 청소기로, 자루가 필요 없고 이중 집진 장치의 원심력에 의해 먼지를 걸러내는 진공청소기였다. 한 해에 수백만 달러를 벌어들이는 이 업체는 그의 품질 공학을 기초로 해서 발전되었다. 그러나 대단한 발명가인 그는 고전문학을 전공했으며 왕립미술학교에서 디자인을 공부한 사람이다. 처음에는 가구 디자인 분야를 공부했는데 공업 기술에 관심이 많아 산업디자인 쪽으로 방향을 바꾸었다.

그러나 화가 수업을 받은 사람이 어떻게 기술 혁신 분야에서 크게 도약할 수 있었을까? 그는 말한다.

"공업 기술이란 정신의 한 영역일 뿐이다. 방대한 양의 지식이 필요하지는 않다. 나는 누구든지 6개월 정도면 특정 분야에서 전문가가 될 수

· 프랜시스 크릭의 사례

분자생물학 연구소가 일궈낸 첫 번째 성공은, 1953년 제임스 왓슨과 프랜시스 크릭이 주도한 DNA 이중 나선구조의 발견이었다. 그 발견으로 유전 정보의 특성과 유전 정보가 복제되고 후손에게 전달되는 방식이 밝혀졌다. 이 발견은 생물학 전체를 뒤바꿔 놓았다. 1945년 갓 서른이 넘은 크릭은 자신의 자질을 검토해보았다.

"해군에서의 연구 업적으로 얻은 그다지 높지 않은 계급, 나를 사로잡지 못했던 자기학(磁氣學)이나 유체역학에 관한 제한된 지식, 출간되지 않은 논문들……. 더디지만 점차 깨닫게 된 사실은 이러한 자격 미달이 어쩌면 내게 이점이 될 수도 있다는 사실이었다. 대부분의 과학자들은 서른 살 정도가 되면 자기 전공 분야에 갇혀버린다. 그들은 특정 분야에만 몰두해왔기 때문에 무언가를 이룩한 상황에서 급격한 변화를 꾀한다는 것은 무척 어려운 일이다. 나의 경우는 그와 정반대이다. 물리학과 수학에 관한 기초 수준의 지식과 그런 약점으로 인해 새로운 것에 손을 뻗칠 수 있는 능력 외에 내가 가진 것은 아무것도 없었다."

〈이 얼마나 정신나간 연구인가: 과학적 발견에 대한 개인적 견해 What Mad Pursuit: A Personal View of Scientific Discovery〉(1990)

있다는 확고한 신념을 갖고 있다. 그 분야가 부력학이든, 진공청소기의 흡입 체계에 관한 분야든, 휠체어 동력기에 관한 것이든 상관없다. 나는 과도한 수학적 지식이 개입되어 있거나, 실험에 전적으로 좌우되는 에디슨식 접근이 요구되는 아이디어를 피하는 편이다."

진정 문제가 되는 것은 생각하는 법을 아는 것이다. 창의적 사고란 본래 일련의 습관이나 자질과 같다. 기술적이고 전문적인 지식이 초기 구상 단계뿐 아니라 기술적으로 이용 가능하고 상업성도 있는 아이디어를 상품화하는 단계에서도 일정 역할을 감당할지라도, 창의적 사고가 기술적이고 전문적인 지식에만 국한되는 것은 아니다.

따라서 자질이 없다거나 책을 통해 얻는 지식이 부족한 것이 실제로는 유리하게 작용할 수 있음을 명심하라.

초음속 여객기 콩코드와 가변익(可變翼) 비행기 개발에 참여했던 영국의 항공기술자 반스 월리스는 열여섯 살 때 런던 대학 입학시험에 실패한 적이 있었다. 훗날 그는 한 텔레비전 인터뷰에서 이렇게 말했다.

"나는 아무것도 아는 것이 없었다. 내가 알고 있는 것은 오직 생각하는 법, 문제를 붙들고 늘어지는 끈기, 그리고 문제를 해결할 때까지 끝까지 버티는 힘뿐이었다."

문제를 분명히 알라

수평적 사고의 개념을 통해 알아챘겠지만, '문제는 해답의 다른 모습이다.' 따라서 문제를 잘못 규정하거나 분석한다면 해답을 찾는 것은 거의 불가능하다.

그러므로 분석의 목적은 생각을 명확하게 하는 것이다. 왜냐하면 명확한 사고가 창의적 사고보다 우선되거나 동반되어야 하기 때문이다. 당신은 생각의 초점을 어디에 맞추고 있는가? 어떤 필요성에 초점을 맞추고 있는가? 일상적인 문제에 있는가? 아니면 여러 가지 다른 방식으로 이용될 수 있는 자원인가? 만약 어떤 문제에 초점을 맞추고 있다면 만족스런 해답을 얻기 위한 합당한 기준은 무엇인가?

자신 스스로 문제를 어떻게 규정하고 있는지 점검해보라. 당신은 병보다 징후를 분석하고 있지 않은가? 문제를 규정함에 있어 몇몇 비슷한 타당성(명확성에 있어서는 비슷하지 않은)을 지닌 방법들이 더러 있다. 그러나 문제에 대한 각각의 규정은 문제에 숨겨진 해결책을 설명해놓은 것이다. 따라서 문제에 관한 서로 다른 규정들은 모아둘 가치가 있다. 생각의 다른 길을 가리키는 이정표인 것이다. 당신이 문제에 관해 내린 규정들은 당신의 심층의식을 프로그래밍하는 데 큰 영향을 끼칠 수도 있다. 만약 당신이 내린 규정이 별다른 진전을 이끌어내지 못했다면 문제를 달리 규정해보라.

에드워드 제너의 종두에 대한 발견은 문제를 재규정하는 것이 얼마나 유용한지를 보여주고 있다. 18세기 후반 제너는 마침내 천연두라는 재앙을 종식시키는 첫발을 내딛었다. 당시 그는 '사람들이 왜 천연두에 걸리는가' 라는 질문에서 '목축장에서 일하는 여자들은 왜 천연두에 걸리지 않는가' 하는 질문으로 방향을 바꾸었다. 목축장 인부들은 상대적으로 무해한 천연두 균에 감염됨으로써 천연두에 면역되어 있었던 것이다.

두 남자가 아프리카의 밀림 속을 걷고 있었다. 한참을 걷던 그들은 자신들을 사납게 노려보고 있는 굶주린 치타와 마주치게 되었다. 한 남자가 자기 배낭에서 운동화를 꺼내 그것을 신기 위해 몸을 숙였다.

"뭐하는 거야? 자네는 치타란 놈이 시속 60마일 이상 달릴 수 있다는 것을 모르나?"

다른 남자가 절망적으로 외쳤다. 그러자 그 남자는 신발 끈을 다 묶고나서 이렇게 대답했다.

"그렇지만 나는 자네만 앞지르면 되지."

문제 해결을 위해 내가 줄 수 있는 최상의 충고는 문제의 한쪽 면에만 지나치게 집중하지 말라는 것이다. 당신은 실마리를 찾기 위해 문제의 전 영역을 스캐닝하는 과학자들처럼 문제를 전반적으로 생각하는 법을 배워야 한다. 헤이즐 로소티는 〈기초화학 Introductory Chemistry〉(1978)에서 이렇게 말했다.

"연구의 궁극적인 목적이 무엇이든 간에 화학 실험가의 직접적인 목표는, 연구 대상인 변화하는 물체를 향해 적절한 질문을 던지고 물체 스스로 대답하도록 놓아두는 것이다. 실험을 관찰하고 왜곡을 최소로 줄인 결과를 보고하는 것이 화학자의 직무이다. 그렇게 해야만 화학자는 문제를 해석할 수 있다."

적당한 거리를 두고 객관적으로 바라보는 태도는, 창의적으로 생각하는 사람들이 의식적 단계에서 업무를 진행시킬 때 가져야 할 바람직한 자세이다.

말썽의 소지가 있는 무의식적 가정이나 속박과 같은 주관적 요소를 검토중인 문제에 도입하는 것은 비교적 쉽다. 머릿속으로 끈질기게 분석해보거나 각 부분을 재구성하고 문제를 검토해볼 수 있는 다른 관점을 갖는 것이다. 이런 시도는 문제를 보다 깊이 이해하도록 만들어줄 것이다. 그것들이 현금인출기처럼 금세 올바른 해답이나 최소한 좀더 나은 방향을 제시하지는 않겠지만.

다음 질문은 문제를 푸는 데 도움을 주고자 고안한 것이다. 현재 직면한 문제들에 다음의 질문을 적용해보라.

문제에 대한 이해

1. 문제나 목표를 자신만의 언어로 규정했는가?
2. 문제에 관해 고려할 만한 다른 타당한 규정이 있는가? 그 규정이 제시하는 일반적인 해결책은 어떤 것인가?
3. 무엇을 할 것인지를 결정하도록 하라. 당신은 지금 어디에 있는가? 그리고 어디로 가길 원하는가?
4. 중요한 사실과 요인들을 확인하라. 더 많은 정보를 얻기 위해 시간을 투자할 필요가 있는가? 문제와 연관된 방법, 규칙, 절차 등은 어떤 것들인가?
5. 복잡한 문제를 지나치게 단순화시키지 않은 한도에서 가장 간단한 용어로 축소했는가?

문제 해결을 위하여

6. 자신이 설정한 모든 주요 가정들을 검토해보았는가?
7. 자신과 다른 사람들에게 많은 질문을 던지라. 무엇이? 왜? 어떻게? 언제? 어디서? 누가?
8. 문제 해결을 가로막는 것으로 느껴지는 장애물 목록을 적어보라.
9. 일을 거꾸로 추진하라. 상황의 마지막을 혼자서 상상해보고, 마지막에서부터 현재 위치까지 거슬러 올라오라.
10. 모든 가능한 해답, 전진 방법 혹은 행동 과정 등의 목록을 작성해보라.
11. 그것들을 평가할 기준을 정하라.
12. 실행 가능한 해결책이 나오도록 목록을 줄이라. 즉 주어진 자원을 활용할 수 있는 해결책을 모색하라.
13. 최상의 해답을 선택하되 가능하면 다른 부분과 조합하라.
14. 마감 날과 시간을 정한 뒤 철저히 프로그램을 실행하라.

결론에 대한 평가, 실행

15. 중요한 정보를 빠짐없이 이용했는가 검토하라.

16. 자신이 제시한 해결책을 다각도로 검토하라.

17. 계획이 실현 가능한지 확인하라.

18. 경험에 입각하여 해결책이나 결정을 재검토하라.

EXER연습CISE

이제 이론을 모두 이해했으면 다음 문제들을 풀어보라.

1. 누가 얼룩말을 기르나?

현관문의 색이 각각 다른 다섯 집이 있었다. 각 집에는 국적이 다르고 키우는 애완동물과 먹는 음료수도 다른 사람들이 살고 있다. 즐겨 먹는 아이스크림까지도 다르다.

영국인의 집에는 빨간색 페인트가 칠해져 있다.

스페인인은 개를 기른다.

커피는 초록색 현관문의 집에 사는 사람이 마신다.

우크라이나인은 홍차를 마신다.

초록색 현관의 집은 현관을 아이보리로 칠한 집 바로 오른쪽 옆에 있다.

초콜릿 아이스크림을 먹는 사람은 달팽이를 기른다.

바닐라 아이스크림은 노란색 현관 집에서 먹는다.

정가운데 있는 집에 사는 사람은 우유를 마신다.

노르웨이인은 왼쪽에서 첫 번째 집에 살고 있다.

딸기 아이스크림을 먹는 사람은 여우를 기르는 집 옆집에 산다.

바닐라 아이스크림을 먹는 사람의 집은 말을 기르는 집 바로 옆이다.

나무딸기 아이스크림을 먹는 사람은 오렌지 주스를 마신다.

일본인은 바나나 아이스크림을 먹는다.

노르웨이인은 파란색 현관문 집 옆에 산다.

그렇다면 물을 마시는 사람은 누구인가? 그리고 얼룩말을 기르는 사람은 누구인가?

2. 수영장

어떤 사람이 자기 정원에 있는 정사각형의 수영장을 두 배로 확장하려고 한다. 수영장에는 다음과 같이 네 귀퉁이에 나무가 한 그루씩 있다.

나무를 자르지 않고, 네모난 모양을 그대로 살리면서 수영장의 면적을 두 배로 늘리는 방법은 어떤 것일까?

3. 식당에서의 식사

각각 딸이 둘 씩 있는 부인 셋이서 딸들과 함께 식당에 갔다. 식당에는 빈자리가 일곱 개밖에 없었지만 모두 각자 자리에 앉았다. 어떻게 한 것일까?

4. 친척

런던에 사는 한 의사에게는 맨체스터에서 변호사로 일하는 동생이 있다. 그러나 맨체스터의 변호사에게는 런던에서 의사로 일하는 형이 없다. 왜 그럴까?

5. 병 속의 동전

작은 동전 하나를 빈 병에 집어넣고 코르크 마개로 막았다고 하자. 코르크 마개를 따지 않고 또 병을 깨지 않고 동전을 꺼낼 수 있는 방법은 어떤 것일까?

6. 농부의 선택

열두 마리의 양을 키우던 농부가 각각 다른 우리에 양을 한 마리씩 집어넣기로 했다. 그러나 우리를 만들려는데, 긴 가로장 열두 개와 그 반 만한 길이의 가로장 여섯 개뿐이었다. 농부는 어떻게 열두 개의 울타리를 만들었을까?

7. 죄수의 탈출

해리는 멕시코의 감옥에 갇혀 있었다. 감방 문에는 겹겹이 자물쇠가 채워져 있었고 단단한 콘크리트 벽은 지하 2층 깊이까지 뻗어 있었다. 바닥은 굳은 땅이다. 해리의 머리 위로 약 2.5미터 높이의 천장 한가운데는 해리의 몸이 간신히 통과할 만한 크기의 채광창이 있었고 감방 안에는 아무 것도 없었다.

어느 날 밤 절망에 차 있던 해리에게 문득 아이디어가 떠올랐다. 그는 바닥을 파헤치기 시작했다. 결코 터널을 만들어 나갈 수 없다는 것을 알면서도. 과연 그의 계획은 무엇이었을까?

8. 물잔

유리잔 여섯 개가 한 줄로 늘어서 있다. 처음 세 잔에는 물이 가득 차

있고 나머지 세 잔은 비어 있다. 단 한 개의 유리잔만 움직여서 여섯 개의 잔을 물이 가득한 잔과 빈 잔의 순서로 엇갈리게 배열할 수 있을까?

9. 자전거와 파리

자전거를 탄 두 소년이 20마일 떨어진 곳에서 서로를 향하여 곧장 달리기 시작했다. 그들이 출발하는 순간 한 쪽 자전거 손잡이 위에 있던 파리 한 마리가 맞은편 자전거를 향해 날아가기 시작했다. 그 파리는 맞은편 자전거에 몸이 닿자마자 방향을 돌려 원래의 자전거로 곧장 날기 시작했다. 이런 식으로 그 파리는 두 자전거가 만날 때까지 자전거 사이를 왔다 갔다 했다. 만약 각 자전거가 계속해서 시속 10마일의 속도를 유지했다면 파리가 날았던 거리는 얼마나 될까?

10. 세 개의 넥타이

브라운, 그린, 블랙이라는 이름을 가진 세 사람이 함께 점심 식사를 하고 있었다. 한 사람은 갈색 넥타이를, 또 한 사람은 초록 넥타이를, 나머지 한 사람은 검정 넥타이를 매고 있었다. 초록 넥타이를 맨 신사가 말을 꺼냈다.

"자네들도 봤겠지만, 오늘 우리가 맨 넥타이들이 세 사람 이름과 같은 색인데 한 사람도 자기 이름과 넥타이 색깔이 맞지는 않는군."

"이런, 정말 그렇군!" 브라운 씨가 소리쳤다.

세 명의 신사는 각각 어떤 색깔의 넥타이를 매고 있을까?

해답은 281쪽

점검항목	'아홉 개의 점'을 넘어서기		
		예	아니오
당신이 '아홉 개의 점 잇기' 수수께끼를 처음 대했다면 3분 내에 그것을 해결할 수 있었을까?		☐	☐
무의식적으로 받아들이는 가정과 생각하는 사람들이 반드시 시도해야 하는 시험적인 가설 ― '만약 ……라고 가정한다면?'이라고 신중하게 검토해보는 것 ― 이 서로 다르다는 것을 알고 있는가?		☐	☐
동료들이 만들어내는 검증되지 않은 가설을 전보다 더 잘 알아보게 되었는가?		☐	☐
생각이라는 상상의 날개와 사실을 토대로 한 실제적인 평가를 조화시킬 수 있는가?		☐	☐
문제 해결과 관련없는 아이디어, 사람, 사물 등을 무시하는 경향이 있는가?		☐	☐
개인적으로 아는 사람 중에 관련 영역의 폭이 당신보다 훨씬 넓은 사람을 생각해낼 수 있는가?		☐	☐
간혹 자신이 대학을 나오지 않았다거나 특정 분야의 전문 지식이 없다는 이유로 아이디어를 생각해내지 못할 거라 생각하는가?		☐	☐

KEY POINTS 요점

- 우리는 부여된 문제나 상황에 대해 보이지 않는 틀을 만드는 경향이 있다. 하지만 문제 해결의 실마리는 오히려 자신이 만든 틀과 그 범위를 벗어난 곳에 있을 수도 있다. 그러므로 아홉 개의 점의 틀을 벗어나서 생각하는 법을 배우라.

- 오해, 선입견, 무의식적으로 받아들인 가정들로 뒤엉켜 있는 당신 내면의 숲을 잘 인식하도록 하라. 자신이 세운 가정에 도전하고 그 가정을 검열하는 도구로서 다른 사람의 견해를 기꺼이 받아들이라.

- 정교한 가정을 세움으로써 문제를 진척시키는 것은 중요한 능력에 속한다. 정교하게 세워진 가정은, 마치 옷을 사기 전에 미리 입어 보는 것처럼 위험부담 없이 문제를 풀어나가는 좋은 방법이 될 수 있다.

- 오늘날 상식이 통하는 정상적인 가정은 50년 전의 가정과 많이 다르다. 그렇다면 지금부터 50년이 지난 후에 지금의 상식은 어떠하겠는가?

- 연관짓는 폭이 좁은 사람은 자신의 분야에서 얻은 경험이라는 궤도와 범위 내에서만 생각을 한다. 생각의 벽을 뛰어넘어라! 관련 영역을 폭넓게 발전시키라. 당신이 볼 수 있는, 이 세상 모든 분야의 일들은 전부 당신 업무와 연결되어 있다.

- '가장 많은 자료를 취하는 사람이 가장 독창적인 사람이다.' 다른 사람에게는 아무런 관련이 없어 보이는 아이디어들이 연관있는 것처럼 보이거나 연결되기 시작하면, 당신은 창의적이 될 수 있다. 아이디어 사이의 거리가 멀면 멀수록 높은 수준의 창의적 사고가 개입된 것이다.

모든 사람이 보았던 것을 본 뒤
그 누구도 생각하지 못했던 것을 생각하는 것, 그것이 발견이다.
무명씨

2.2

두 번째 습관
끼여드는 우연을 귀찮아하지 말라

내가 이 장(章)을 쓰려고 막 앉을 때 등 뒤에 있는 문에서 기척이 들렸다. "안녕하세요? 안에 아무도 안 계십니까?"

모든 경영자는 또다른 방해꾼인 바로 이런 순간을 두려워한다. 당신은 원치 않는 방문객을 맞으러 자리에서 일어선다. 구상중이던 생각의 고리들을 책상 위에 흐트러놓은 채.

그러나 종종 그런 우연한 사건이 창의적 사고 도중에 놓친 연결 고리를 제공하기도 한다. 이런 견해를 뒷받침하는 증거들은 수없이 많다. 창의적으로 생각하는 사람의 두 번째 습관은 문제를 푸는 과정과 그 전후에 발생하는 모든 사건에 촉각을 곤두세우고 그 의미를 특별하게 받아들이는 것이다. 물론 그런 사건은 몇 달 혹은 몇 년의 간격이 있을 수도 있다. 전파탐지기 같은 인식 능력은 주변 상황에서 만나는 우연한 사건을 기회로 만드는 것이다.

우연 – 발명가의 행운

주방 싱크대에서 앨러스테어 필킹턴 경에게 일어난 일과 같이, 수많은 발명은 흥미롭게도 전혀 뜻하지 않은 우연한 사건의 결과이다. 앨러스테어 필킹턴 경의 연구팀은 부유(浮遊)공정을 개발했는데, 이 공정을 개발하기 전에는 유리 제조에 막대한 노동력과 시간이 소모되었다. 그 이유는 투명하게 빛나도록 만드는 마지막 공정에서 유리 표면을 갈아 윤을 내야 했기 때문이었다.

필킹턴이 개발한 공정은 주석 용액이 담긴 테니스장 크기의 탱크 위에 용광로에서 꺼낸 유리를 띄움으로써 이 마지막 처리 과정을 단축할 수 있었다. 주석 용액이 들어 있는 탱크에 유리를 '헹구는' 공정이었는데, 그 아이디어는 필킹턴이 주방에서 설거지를 하던 도중 떠오른 것이었다. 이 공정을 통과한 유리는 선명하고 표면을 열처리한 것처럼 평평하고 매끄러웠다. 더욱 놀라운 것은 과거보다 생산량을 3배 이상 늘리면서도 인원은 절반으로 줄였다는 점이다. 이 공정을 개발한 1959년 이후 필킹턴은 아이디어 사용료로 약 6억 달러가 넘는 돈을 벌었다.

우연한 일로 발명을 한 대표적인 사례는 알렉산더 플레밍 경이 페니실린을 발명한 것이다. 그밖에도 그런 사례는 헤아릴 수 없이 많다.

• 사카린	사카린에 단 성분이 들어 있다는 사실은, 실험을 마친 후 손을 씻지 않고 실험실에서 점심을 먹던 한 화학자에 의해 우연히 발견되었다.
• 오프셋 인쇄	아이라 W. 루펠은 종이를 놓는 사람이 석판인쇄장치에 종이를 올려놓지 못하자 인쇄 실린더 위에 인쇄가 되는 것을 보았다. 그것을 보고 루펠은 오프셋 인쇄법을 발명했다.
• 거울 검류계	윌리엄 톰슨이 거울 검류계에 관한 아이디어를 처음 떠올린 것은 자신의 외눈 안경에서 반사되는 빛을 우연히 보았을 때였다.

찰스 굿이어는 1839년 우연히 일어난 일을 보고 고무 경화법을 발견했다. 고무를 실용화하기 위해서는 강도와 안정성을 갖춰야 하는데, 굿이어는 천연 고무와 인조 고무으로 여러 해 동안 실험을 했다. 수많은 실험을 거듭했지만 성공을 거두지 못하고 있었다. 그러던 어느날 고무에 설파제를 섞던 중 뜨거운 난로 위에 설파제가 섞인 고무를 조금 떨어뜨리고 말았다. 순간 난로의 열기가 고무를 딱딱하게 만들었다. 그 순간 굿이어는 수년간 자신을 좌절시켰던 문제의 해답을 얻었던 것이다. 그러나 굿이어가 다음과 같이 지적하듯이 우연만이 그 발견의 전부는 아니었다.

나는 여러 해 동안 이 문제를 해결하기 위해 애를 썼다. 그러는 과정에서 내 실험과 연관된 것은 **하나도 빠뜨리지 않고 관찰했다.** 뉴튼의 눈앞에서 떨어졌던 사과처럼, **연구에 도움이 될 수 있는 사건**으로부터 무언가를 이끌어낼 준비가 되어 있는 사람은 뜻밖의 사건으로도 중요한 사실을 떠올린다. 나의 발견이 화학적인 연구를 통한 결과는 아니었지만, 흔히 말하듯 우연한 사건에서 비롯된 결과였다고 볼 수는 없다. 오히려 나는 나의 발견들이 면밀한 **관찰과 적용**의 결과였다고 말하고 싶다.

　　나는 굿이어의 말 가운데 일부를 강조했다. 왜냐하면 예리한 관찰력과 주의 집중이 얼마나 중요한지를 주지시키기 위해서이다. 그의 메시지는 파스퇴르의 유명한 말로 멋지게 요약된다.

　　"관찰의 경우, 우연은 준비된 사람에게만 은혜를 베푼다."

　　준비되었다는 것은 무슨 뜻인가? 어떤 문제의 해답이나 해결책을 찾고 있을 때 당신은 그 목적을 의식하고 있어야 한다. 자신이 추구하는 문제와 연관있을지 모르는 어떤 사건에 대해 특별히 민감해져야 한다. 보거나 들을 때 실마리가 될 만한 것을 인식하고 해석하는 경험을 해야 한다. 그러기 위해서는 기대한 것을 지켜보는 동안에도 기대하지 않았던 것들에 대해서도 주의깊고 민감할 수 있는 능력이 요구된다. 소득없는 일에 막대한 시간을 기꺼이 투자해야 한다. 왜냐하면 중요한 실마리처럼 보이는 우연은 자주 오지 않기 때문이다. 오랜 시간 동안, 새로운 형태의 실험을 시도해야 한다. 행운의 사건을 만날 수 있는 그런 정도까지 자신을 최대한으로 노출하라.

　　어쩌면 최선의 경영에도 대부분의 사람들이 기대하는 우연한 행운은 없을지도 모른다. 행운이란 준비와 만나는 기회이다.

세런디피티 연습

'세런디피티'(serendipity)란 마음을 설레게 하는 단어이다. 이것은 행운을 얻거나, 기대하지 않은 것을 우연히 '발견'하는 능력을 표현하려고 영국의 작가 호러스 월폴이 만든 말이다. 그는 한 친구에게 보낸 편지 (1754년 1월 28일)에서 '세런디프(스리랑카의 옛이름)의 세 왕자'라는 동화의 제목에서 그 말을 따왔다고 전하고 있다. 그 동화 속에 등장하는 왕자들은 '자신들이 추구하지 않던 것을 우연히 그리고 재치있게 발견' 해나간다.

세런디피티가 우연한 기회 — 우리가 찾고 있지 않을 때 귀중한 것을 발견하게 되는 것 — 를 의미한다면, 발견자는 최소한 자신이 발견하려는 것의 창의적 가능성을 볼 수 있어야 한다. 에디슨에게 등사판 인쇄에 관한 아이디어가 우연히 떠올랐을 때, 사실 그는 다른 것을 발명하려고 애쓰고 있었다. 하지만 그는 그 아이디어가 중요한 발견임을 깨달을 만큼 좋은 감각을 갖고 있었고 그리하여 곧바로 그 용도를 찾아냈다.

우연한 발견은 생각의 폭이 좁은 사람에게 일어나지 않는다. 좁게 생각할 경우 마음 속에는 목적한 것 이외의 다른 모든 것이 제외된다. 당장은 전혀 상관없고 소용없을지라도 관심의 영역을 넓히고 어떤 것의 의미를 눈여겨볼 정도가 되면 우연한 발견이 당신을 찾아온다.

동화에 등장하는 세 왕자는 여행을 하고 있었다. 미지의 세계를 탐험하는 사람들은 종종 예상치 못한 발견을 한다. 초등학생도 아는 얘기지만, 크리스토퍼 콜럼버스는 동양으로 가는 바닷길을 찾으려다가 신대륙을 발견했다. 콜럼버스는 자신이 도착한 곳을 인도라고 생각해서 그곳에 사는 원주민을 인디언이라고 불렀다. 무언가를 찾아 여행할 때, 당신은 우연한 발견을 받아들일 마음으로 여행에 임해야 한다. 예상치 못한 일이 벌어질 것을 예상하라. 신대륙을 발견할 수는 없어도 기쁘고 예상치 못한 것을 '발견' 하게 될 것이다.

"생각은 당신에게 어떤 보상을 할 것이다. 처음 예상했던 것을 항상 주는 것은 아니지만."

점검항목	끼여드는 우연을 귀찮아하지 말라	예	아니오
'기회는 준비된 마음을 좋아한다.' 준비되어 있기 때문에 기회가 온다고 생각하는가?		☐	☐
창의적인 업무를 수행하던 중 우연한 사건 이나 모임이 중대한 역할을 한 적이 있는가?		☐	☐
바닥에 가려 있던 우연한 사건이 커다란 돌파구가 된 발명이나 발견이 수없이 많다는 것을 알고 있는가?		☐	☐
우연한 사건이 현재 당면한 문제와 어떤 연관이 있을지도 모른다는 생각에서 그 사건을 눈여겨 보는 습관을 계발하고 있는가?		☐	☐
전혀 생각해보지 않았는데도 어떤 것을 발견했다거나 어떤 기회를 우연히 얻은 적이 있는가?		☐	☐
당신 남편/아내/동료 등을 우연히 만난 적이 있는가?		☐	☐
흔한 일은 아니지만 어떤 것이 그 밖의 다른 모든 것과 연관이 있다는 견해에 동의하는가?		☐	☐

이것은 캐나다 출신의 사업가인 로드 톰슨의 말이다.

정신적으로 여행하고 있다고 생각한다면 여행중인 것이다. 고귀한 생각은 항상 방향을 지닌 과정이기 때문이다. 아무리 가볍게 스치는 것이라도 예상치 못한 생각을 찾도록 하라. 이따금씩 예상 밖의 길이나 샛길로 빠지다 보면 처음에 설정한 길을 따라가는 것보다 더 큰 보상을 얻는다.

KEY 요점 POINTS

- 우연히 발견했다는 것은 찾으려 하지 않았는데도 가치있고 적절한 것을 찾아냈음을 의미한다.
- 시야를 넓히고 관심 범위를 확장한다면 뜻하지 않은 발견을 경험할 수 있을 것이다.
- 창의적인 생각을 많이 하면 반드시 보상을 받게 된다. 그러나 그 보상은 지금 당신이 예상한 것이 아닐 수도 있다.
- 한 분야에서 다른 분야로 기술을 이전하는 것은 — 약간의 변경과 개조가 수반됨 — 창의적인 기여를 이룩할 수 있는 한 방식이다.
- 당신이 한 분야 이상에서 일을 했기 때문에 함께 일하는 다른 동료가 모르는 이론이나 기술에 정통해 있을 수도 있다. 그것이 외국 여행의 결과로 얻어진 것일 수도 있다.
- 두드러진 의도나 이렇다 할 원인 없이 예상치 않게 발생한 일들은 창의적 사고의 과정 속에 끼어들 수 있다.
- 우연한 일들은 그것을 누릴 자격이 있는 사람들에게 일어나는 경향이 있다. 예상치 못한 사건 속에서 어떤 실마리를 보고 깨닫기 위해서는 감수성과 관찰력이 요구된다.
- 실마리를 해석하고 실마리에 담겨 있는 이용 가능한 의미를 깨닫기 위

해서는 편견없는 지식과 상상력, 설명되지 않는 관찰을 깊이 생각하는 습관, 그리고 약간의 독창적인 직관 등이 필요하다.

우연은 준비된 사람에게만 은혜를 베푼다.
루이 파스퇴르

2.3

세 번째 습관
심층의식에 귀기울이라

우리의 귀는 맥박 소리를 듣는 것처럼 가끔씩 마음 속의 생각을 들을 수 있는 특징을 지니고 있다. 창의적으로 생각하는 사람은 자기 내면의 깊은 곳이나 무의식 속에서 진행되는 일을 귀담아듣는 습관을 발달시킨다. 본서의 53쪽을 펴고 정신의 활동에 관해 요약해놓은 C. S. 포리스터의 글을 다시 읽어보길 바란다. 그러면 필자의 말이 이해될 것이다.

창의적인 사람의 심층의식은 실로 놀라울 정도이다. 거기서는 분석, 평가, 종합의 세 가지 능력이 다양하게 조합되고 복제되며 보존된다. 심층의식은 한 번에 서너 가지의 다른 '과제'를 해치운다. 차이코프스키는 다음과 같이 적고 있다.

> 때로 나는 호기심을 가지고 끊임없는 그 활동을 지켜본다. 내가 하는 대화의 주제와 무관한 그 활동은 음악에만 할애되어 있는 두뇌의 한 부분에서 과정을 밟아간다. 그런 활동은 때로 준비 형태로 나타나는데, 계획된 작업을 정교하게 다듬는 일과 관련된 세부 사항을 고려하는 것이다. 때로는 그것이 전혀 새롭고 독립적인 악상으로 나타나기도 한다.

누구나 의식적으로 종합할 수 있다. 둘에 둘을 더해 넷을 만들고, 가죽 조각을 모아 구두를 만들 수 있다. 그러나 창의적 종합이란, 서로 다른 요소들, 즉 멀리 떨어져 있거나 전혀 관련없는 요소들의 결합에 의해 이루어진다. 그리고 원재료는 상당한 변형을 겪게 될 것이다. 심층의식은 서로 무관한 것을 종합하려 할 때 그 힘을 발휘한다.

심층의식은 자궁에 비유하면 적절하다. 잉태를 하면 자궁 속에 생명체가 생겨나 아이로 성장하게 된다. 전일적(全—的)이라는 말은, 씨앗에서부터 온전한 형태로 성장하는 자연의 경향을 일컫는 단어로서 두뇌가 아이디어를 종합하는 과정을 일컬을 때 사용하는 표현이다. 따라서 새 아이디어는 그것이 하나의 개념이든 프로젝트든 '두뇌의 아들' 로 불린다. 훌륭한 기술자인 이잠바드 브루넬이 클립턴 다리에 관해 비망록에 쓴 것을 보면 다리를 사람으로 여기고 있다. "내 자식이자 나의 연인은 순조롭게 커가고 있다. 지난주에는 내 마음에 들었다. 정말 멋지다!"

그레이엄 월리스가 자신의 저서 〈생각의 기술 The Art of Thought〉(1926)에서 사용해 잘 알려진 '알을 품다' 라는 개념이 있는데 그것보다는 자궁으로 비유하는 것이 더 적절하게 여겨진다. 알을 품는 것은 어미 닭이 자기 체온으로 알을 부화시키려고 알 위에 앉아 있는 것을 말한다. 그러나 그 과정은 씨를 집어넣고 이미 존재하는 것을 융합하는 것에 더 가깝다고 볼 수 있다. 그것은 자연 증가의 형태로 생겨나는 것이다.

창의적으로 생각하는 법

창의는 억지로 일어나지 않는다. 어떤 문제에 전념하는데도 별다른 해결책이 떠오르지 않는다면, 잠시 쉬면서 그 문제를 잠재의식에게 맡겨보는 것이 최선이다. 정신은 시간에 쫓기면 더욱 활발해지는 경향이 있으나, 그렇다고 시간을 맞추어 움직이는 것은 아니다. 때로는 한밤중에 해결책이 떠오르기도 할 것이다.

잠재의식이나 무의식과 같은 심층의식의 원리를 파악하면 생각의 습관을 이해할 수 있는 두 번째 실마리가 열린다. 많은 사람들은 아직도 심층의식이 자신을 위해 중요한 정신적 기능을 수행할 수 있다는 사실조차 모르고 있다. 이를테면 우리가 다른 행동을 하는 동안에도 심층의식은 부분을 종합하여 새로운 통합체를 만들거나 새롭게 연결짓고 있다는 것을 전혀 모른다. 따라서 사람들은 자기 내면의 귀로 아무것도 듣지 못하고 있다.

정신을 팩스라고 상상하라. 매일 아침 식사 전 한 시간씩 심층의식에서 전송되어 온 영감이 넘치는 메시지를 받는다면 매우 좋을 것이다. 그러나 메시지는 일정 시간을 정해놓고 전달되지 않는다. 팩스는 낮이든 밤이든 아무 때나 벨을 울리고 정보를 받는다.

준비	기초 다지기. 관련된 정보를 수집하여 분류하고, 가능한 한 문제를 철저히 분석한 다음 그럴듯한 해답을 탐구한다.
배양	심층의식의 단계. 분석, 종합, 평가와 같은 정신적인 활동이 잠재의식 속에서 계속 진행된다. 문제가 여러 부분으로 나뉘기도 하고 새롭게 통합되기도 한다. 그러는 가운데 기억 속에 저장되어 있던 다른 요소들이 포함되기도 한다.
조명	아, 그렇지! 하는 경험의 단계. 새 아이디어가 의식 속에 서서히 생겨나거나 수면 위로 뛰어오르는 물고기처럼 갑자기 떠오른다. 깨달음은 어떤 문제를 골똘히 생각할 때보다는 느긋하게 긴장을 풀고 있는 상태에서 생겨난다.
검증	평가 기능이 활약하는 단계. 새로운 아이디어, 통찰력, 직관, 예감, 해결책 등을 철저하게 검증할 필요가 있다. 특히 얻어진 결과를 구체적인 행동의 기준으로 삼아야 하다면 더욱 철저히 따져보아야 한다.

도표 8· 창조적인 과정

월리스에 의하면 모든 분야에서 독창적 사고가 가지는 가장 특별한 성질은, 응용하려는 시도나 특정한 문제, 질문, 쟁점 속에 몰두하려는 시기에 일어난다는 점이다. 그런 다음에는 우연이든 의도적이든 관심이 주제에서 벗어나는 시기가 이어진다(생각을 배양하는 단계). 이어 이따금씩 번뜩이는 통찰력이나 직관이 이어지고(조명), 그렇게 해서 얻어진 아이디어가 비판적인 검증을 거친 다음 보완되는 시기가 뒤따른다는 것이다(검증).

그러나 내 견해는 월리스와 약간 다르다. 자기가 관심을 쏟고 있는 문제를 제대로 분석해보려는 것을 인식하는 의식의 단계가 있다. 그 경우 문제의 틀을 다시 만들 생각으로 머뭇거릴 수도 있다(종합). 어떤 가치 기준이 그 사이를 비집고 들어가 '이 일이 시간을 투자할 만한 가치가 있을까?'라고 생각할 것이다. 또한 상상력이 작동하여 분명한 해결책이나 결과 등이 머릿속에 그려지기도 한다. '처음 떠오른 해결책을 받아들이지 말라'라든지 '내가 지금 무의식적인 가정을 하는 것은 아닌가?' 하는 충고나 질문을 자신에게 던지기도 한다. 이 단계는 월리스의 '준비'에 해당된다. 그러나 이 단계는 매우 혼돈스럽다. 그것은 우리 정신이 곧잘 지나치게 의식적이 되기 때문이다.

늘 그렇지는 않지만 분석, 종합, 평가의 활동은 의식적으로 개입하지 않는다고 해도 심층의식이나 무의식 단계에서 계속되기도 한다. 그럴 경우 우리는 무의식이 생각한 결과를 다양한 방식으로 받아들일 수 있다. 한 예로 미국 시인 에이 로웰은 다음과 같이 말했다.

"무의식에서 도출된 결과는 의식으로 전달됨으로써 비로소 그 결과와 만나는데, 그것은 이미 상당히 발전된 형태를 띠고 있다."

무의식에서 온 아이디어를 수용한다 하더라도 그것이 전부는 아니다. 무의식을 수용하는 과정이 진행되는 동안, 다른 신선한 아이디어나 창의적인 유형의 발전이 생겨날 것이다.

어떤 경우에는 아이디어나 새로운 개념이 처음부터 완전하고 완벽한 형태를 갖추고 나타나기도 한다. 그러나 그런 경우는 매우 예외적이며 대부분은 그렇지 않다. 많은 힘과 노력을 쏟아야 한다. 그 과정에서 아이디어가 발전하고 적절하게 수정되며, 완성 단계에 이를 때까지 새 아이디어나 자료들이 첨가될 것이다. 텔레비전 프로그램 제작자였던 휴 웰던 경이 어느 텔레비전 프로에서 '프로그램은 만들다보면 만들어진다' 라고 말한 적이 있다.

이런 식의 접근은 다소 어수선하거나 혼란스럽게 느껴질 수도 있다. 그리고 실제도 그렇다. 구체적인 작업에 착수하기 전에 완성된 아이디어를 손에 쥐고 있어야 한다고 배운 사람들에게는 위 방법이 못마땅할 것이다. 그러나 다음 순간 어떤 상황이 벌어질지 모른다면 일에 대한 관심과 흥미가 한층 더해진다. '나는 시를 쓰기 시작할 때 그 결말을 아는 적이 결코 없다' 고 로버트 프로스트는 말했다. 창의적으로 생각하려면 모험가가 되어야 한다.

생각을 멈추고 아이디어를 고안해야 할 시기를 정하는 것은 중요한 판단 행위 가운데 하나이다. 미숙한 사람이라면 잘못된 아이디어를 생각하느라 많은 시간을 허비할 것이다. 그러나 실마리를 잡았다면 너무 오래 기다리지 말라! 18세기 영국의 유명한 외과의사 겸 생리학자인 존 헌터는 후학에게 많은 영향을 끼친 선구자였다. 그의 뛰어난 제자로 에드워드 제너가 있었는데, 당시 제너는 이미 백신을 이용해 천연두를 예방할 수 있다고 생각했다. 제너의 선생인 헌터는 그에게 조언했다. "생각만 하지 말고 시도하라. 인내하고 정확성을 기하라!" 제너는 그의 말 대로 오랜 기간 면밀히 관찰했고, 그 결과 제너는 천연두 백신을 개발했던 것이다.

창의적으로 생각하면 새로운 아이디어가 떠오른다. 혁신이란 아이디어가 구체적인 모습을 띠고 나타나는 것이다. 어떤 형태를 부여한다는 것, 다시 말해 아이디어를 구체적으로 나타내는 것은 본서에서 지금까지 다룬 것보다 훨씬 더 어려운 기술이나 지식을 필요로 한다. 예술가의 경우가 그 적절한 예라 하겠다. 레오나르도 다 빈치는 어두운 골방에서 과거 자기가 관찰한 것과 '독창적인 생각에서 비롯된' 여러 아이디어를 상상하며 누워 있었을 것이다. 다음날 아침 잠에서 깨어난 다빈치는 작업실에서 평생 익힌 뛰어난 기술을 이용하여 밤새 떠오른 아이디어의 모형을 만들고 그리고 꾸몄다. 그에게는 아이디어를 형상화할 수 있는 재능이 있었던 것이다. 그는 자신의 독창적인 아이디어를 모두 형상화하지 못했을 수도 있다. 당시 기술로서는 상상도 할 수 없었던 헬리콥터나 잠수함 등이 그런 경우에 해당될 것이다. 하지만 다 빈치는 자기 아이디어를 그림으로 자세히 표현해냈다.

귀중한 시간을 써가며 생각의 한 줄기를 따라갔는데도 별다른 아이디어가 떠오르지 않을 경우에는 그만두라. 아이디어를 얻기 위해 필요 이상의 시간을 투자하지 말고 — 그것은 나쁜 것에 아까운 돈을 내던지는 것과 같다 — 문제를 다시 분석해 보고 새로운 접근 방법이 생겨나는지 지켜보라. 대체로 우리가 마주치는 좌절은 다음 중 하나의 장애 때문이다.

- **출발점을 찾지 못함**　문제나 기회가 너무 광범위해서 어디서 시작해야 할지 모를 경우가 있다. 그럴 때는 아무데서나 시작하도록 하라.
생각을 해가면서 얼마든지 변경할 수 있다. 일단 출발을 해야 영감이 떠오르지 출발하기 전에는 아무것도 생각나지않는다.

- **원근감을 잃어버림**　　문제를 너무 가까이 보아서 생긴다. 특히 문제를 오래 생각했다든지 계속 염려했다면 더욱 심할 것이다. 그럴 경우 일 주일 정도 문제에서 벗어나도록 하라. 다른 사람에게 그 문제를 쉽게 설명해보는 것도 도움이 될 수 있다. 다른 사람들은 문제를 새로운 각도에서 볼 수도 있다.

- **동기가 결여돼 있음**　　문제가 진정 해결되기 원하는가? 창의적으로 생각하려면 정복할 수 있는 어려움은 인내해야 한다. 안일하게 문제를 미룬다면 동기가 매우 결여되어 있다는 증거일 수 있다. 목적이 무엇이었나 상기하라.

- **자문이 부족함**　　다른 사람의 자문을 받았는가? 창의적으로 생각하는 것은 사회적 행위임을 잊지 말라.

　　문제를 분석하고 대상을 확인하는 과정 자체가 우리 마음에 프로그램을 입력하는 것과 같다. 일단 입력이 되면 가능한 해결책과 그에 따른 실천 방안들이 즉시 생겨나기 시작한다. 지연시킬 시간이 있다는 것은, 두뇌의 보다 깊은 부분들이 행동을 하고 두뇌가 할 수 있는 기여를 한다는 것을 의미한다.

　　심층의식이 있다고 믿는가? 믿는 것만으로 심층의식이 실제 존재한다는 주장을 받아들일 준비가 되었다든지, 심층의식이 창의적으로 활동하게 되는 것은 아니다. 그런 믿음을 통해 내가 의도한 것은 개인의 확신과 연관된 어떤 것이었다. 당신은 자신의 심층의식을 믿는가? 당신은 심층의식이 자신을 위해 활동할 수 있고, 활동중이며, 앞으로도 활동하리라는 것을 인정하는가?

　　이런 질문에 대해 주저하지 않고 '예'라고 대답했을 때, 조심스럽게 '그렇게 생각한다' 또는 '그렇게 생각하고 싶다'라고 대답했을 때 각각 그에 따른 어떤 행동이 뒤따르게 된다. 중요한 것은 자연스럽게 움직이는 것이지 심층의식에 대항하는 것이 아니다. 당신은 이제 창의적으로 생각함에 있어 준비 시간이 얼마나 중요한지 보게 될 것이다. 여기서 말하는 창의적 사고란 세심하고 명확한 분석, 의식적인 구상이나 종합(단체나 개인이 행하는 브레인스토밍과 같은 기술을 이용함), 그리고 소극적이기보다는 적극적인 방식으로 생각의 평가 기능을 훈련시키는 것을 말한다.

아침 식사 전에 회의를 소집하는 실험을 하면, 전날 밤을 준비 단계로 삼는 것이 가장 좋을 것이다. 자신을 실내장식가라고 생각하며 가구를 매끄럽게 갈고 구멍을 메우고 다음날 페인트칠을 하기 앞서 여기저기 애벌칠을 해보라.

문제를 안고 잠들라 — 그리고 해결책

잠들기 직전 침대에 편안히 누워 있을 때가 무의식의 창조적 사고를 요구하는 문제에 관해 생각하기 좋은 시간이다. 잠자리에 들어 무언가를 생각하는 습관은 오래 전부터 널리 활용되어 왔다. 레오나르도 다 빈치는 다음과 같이 적고 있다.

"침대에 누워 어둠에 싸인 채 연구한 내용 전반에 관해 생각해보거나, 심오한 사색을 통해 얻은 독특한 아이디어를 탐구하다 보면 큰 도움을 얻게 된다."

물론 꿈 속에서 해결책을 발견할 수도 있다. 꿈의 원인에 관해서는 여전히 베일에 가려져 있다. 꿈이란 정신 영역 안에 있는 상상력의 독특한 창작품이다. 꿈에는 때로 뇌의 깊은 곳에서 전해오는 메시지가 담겨 있는데, 그 메시지는 전화와 같이 말을 통해서가 아니라 이미지라는 낯선 암호를 통해 전달된다. 역사를 살펴보면 꿈을 꾸고 해몽하는 능력을 가진 사람들이 사랑받았던 것은 아닌 듯싶다. '요셉의 형들이 말했다. 저기 꿈꾸는 녀석이 온다. 자, 저 녀석을 죽여서…… 그리고 그 녀석의 꿈이 어떻게 되나 보자.' (구약 창세기 37:19)

잠에서 깨어났을 때 꿈을 기억하기 위해 꿈의 내용을 기록하는 실험을 해볼 수도 있다. 그럴 경우 꿈 가운데 당신이 알 수 있는 제안이나 의미가 얼마나 많은지 살펴보라. 꿈이 당신의 문제를 풀어주진 못할지라도 자신의 솔직한 감정이나 욕망 등을 나타낼 수도 있다. 특히 오랫동안 억눌려 있었던 것들이라면 더욱 그럴 것이다. 윌리엄 골딩은 이렇게 말했다. "잠을 자는 동안 휴지통이 뒤집히고 세찬 강풍에 휘날리는 것처럼 온갖 잡동사니들이 떠다닌다."

이따금씩 꿈 속에서 구체적인 실마리를 얻게 될 것이다. 로이 플롬리는 〈불모지의 화반(花盤) Desert Island Discs〉(1979)이라는 글에서 코번트리 성당을 설계한 저명한 건축가 바질 스펜스 경에 대해 적고 있다.

커다랗고 복잡한 건물을 설계하다 보면 반드시 걸림돌이 있게 마련이다. 그에게도 그런 때가 있었다. 기술적인 어려움에 직면해 있던 그는 치통으로 고생하던 어느 날 치과를 찾았다. 치과의사는 국부 마취를 하고 어금니를 빼자고 했다. 이를 빼자마자 스펜스는 치과를 뛰쳐나왔다. 마취로 인한 잠시 동안의 무의식 상태에서 그는 너무도 생생한 꿈을 꾸었는데, 완성된 성당 내부 전체가 한눈에 들어왔던 것이다. 성당 안에서는 성가대가 합창하고 오르간이 연주되고 있었으며, 스테인드 글라스로 된 창문을 통해 들어온 햇빛이 제단을 비추고 있었다. 그는 꿈에서 본 대로 설계를 해나갔다. 또 다른 영감은 자연사 잡지를 보다가 떠올랐는데, 파리의 눈을 크게 확대한 사진을 잡지에서 보고 곧 바로 성당 천장을 아치형으로 설계할 생각을 했던 것이다.

철학자 토머스 홉스는 메모장을 항상 들고 다니며 메모했다. "어떤 생각이 솟아나면 나는 곧 바로 그것을 메모했다."

아이디어가 떠오르는 즉시 따라가도록 하라. 뉴턴은 손님에게 대접할 포도주를 가지러 지하실 계단을 내려가던 도중 갑자기 번득이는 아이디어가 떠올랐다. 그 즉시 뉴턴은 하던 일을 멈추었다. 포도주를 기다리던 손님들은 얼마 후 서재에서 열심히 연구에 몰두하고 있는 뉴턴을 발견했다.

심층의식이 분석, 종합, 평가하는 데 잠이 중요한 역할을 하는지에 관해서는 여전히 베일에 가려 있다. 꿈은 다르게 배치된 뇌세포 사이를 무작위적으로 연결할 수 있는 내적인 자유를 제공한다. 다시 말해 꿈이란 주마등을 흔들어놓은 것과 같아서 나중에는 정신의 골격 안에서 새로운 어떤 형태가 생겨나는 것이다. 우리는 그것이 무엇인지 모르는 것뿐이다. 그렇다면 뇌가 어떻게 움직이는지 모를지라도 별다른 문제는 없다. 문제는 뇌가 움직이지 않는 경우이다. 중국 속담에 이런 말이 있다.

"고양이가 무슨 색이든 쥐를 잡기만 하면 된다."

수면중에 일어날 수 있는 창의적인 작업 속에는 신비적인 요소가 담겨 있다. 로버트 루이스 스티븐슨은 다음과 같이 말했다. "내가 깊이 잠든 동안 귀여운 요정들이 내 일의 절반을 해주고, 잠에서 깨어나 일을 하려고 하면 다른 사람들이 나머지 일마저 해준다."

심층의식에 귀기울이라

자신의 뇌에 대해 친근하고 적극적인 태도를 갖고
있는가? 두뇌가 당신을 위해 움직여주기를 바라고
있는가?

예   아니오

□   □

뇌가 공헌할 기회를 주기 위해 장소만 허락된다면
'잠잘' 계획을 세우겠는가?

다음 세 경우를 해결하기 위해 심층의식을 의도적으로
사용하겠는가?
   – 복잡한 상황을 분석하기 위해
   – 문제를 재구성하기 위해
   – 가치 판단을 하기 위해

□   □

다음날 아침 잠에서 깨어났을 때 무의식이 어떤
문제를 해결했다거나 어떤 결정을 내렸던 경험을 갖고 있는가?

□   □

당신 두뇌가 컴퓨터처럼 보였던 적이 있는가?

□   □

컴퓨터에 관련된 속담을 기억하라.
"시시한 것이 들어가면, 시시한 것이 나온다."
떠오르는 생각이나 설익은 아이디어를 붙잡기 위해
메모장이나 소형녹음기를 휴대하고 있는가?

□   □

다른 사람의 심층의식이 작동하는 법을 이해하면
도움이 되리라 생각하는가?

□   □

KEY POINTS

- 영국 속담에 이런 것이 있다. "인간 내면 속에는 지도에 표시되지 않은 대륙이 존재한다." 창의적으로 생각한다는 것은 이처럼 알려지지 않은 오지를 탐험하는 것이며, 당신의 두뇌 속에 있는 거대한 은하계를 탐험하는 것이다.

- 정신의 변환 기능인 분석, 평가, 종합은 정신 전체에서 울린다. 잠재의식이나 무의식과 같은 인간의 심층의식은 이러한 상위 기능을 그대로 따른다. 예를 들어 위산이 음식물을 분해하여 화학 성분으로 만드는 것처럼, 심층의식은 당신에게 어떤 것을 상세히 분석해줄 수 있다.

- 당신의 심층의식은 분석 이상의 능력을 발휘할 수 있다. 심층의식은 기억의 근원이며, 말로 표현할 수 없는 매우 심오한 가치가 저장되어 있는 곳이기도 하다. 아울러 보이지 않는 솜씨에 의해 창의적인 종합이 이루어지는 작업장이기도 하다.

- 어떤 문제를 골똘히 생각하며 잠들었는데 잠에서 깨어나 보니 정신이 이미 모든 것을 결정해놓은 경험이 있을 것이다. 잠들기 전 어둠 속에 누워 잠시 당신의 심층의식에 이 원리를 입력하도록 하라.

- 때론 꿈이 직접적인 해답과 연관될 수 있다. 그러나 대개는 '잠을 자고 난' 후에 떠오르는 것은 약간의 암시, 실마리, 아이디어 정도이다. 집에서 생활하는 동안에도, 이를테면 면도나 설거지를 하는 도중에 갑자기 아이디어가 떠오르기도 한다.

- 프랜시스 베이컨의 충고를 따르도록 하라. "주머니 속에서 연필을 꺼내 순간순간 떠오르는 생각을 적어두는 것은 현명하다. 찾지 않았는데도 생각나는 것들은 대부분 매우 소중하기 때문에 조심스럽게 다루어야 한다. 왜냐하면 그런 것들은 좀처럼 되돌아오지 않기 때문이다."

> 낚시꾼이 잠자는 동안, 그물은 물고기를 잡는다.
> 고대 그리스 속담

네 번째 습관
판단을 미루라

들뜬 기분은 참신한 아이디어가 생각난 뒤 그 아이디어에 문제가 있음을 깨닫기 전까지의 느낌일 뿐이다. 항상 바른 평가를 하고 들뜨지 않도록 주의하라. 새 아이디어가 숨쉴 수 있는 여지를 주도록 하라. 그래도 흥분이 가라앉지 않는다면 그 아이디어는 새로운 가능성을 갖고 있는 것이다.

창의적인 사람들은 정신의 변환 기능인 평가를 다른 변환 기능인 통합, 상상, 전일적인 사고 등과 분리하는 습관을 계발한다. 새 아이디어를 발전시키고자 한다면 너무 일찍 평가하지 않도록 하라. 생각의 씨앗이 자랄 수 있는 기회를 주라.

200여 년 전 독일의 시인 요한 실러는 이렇게 썼다.

"창의적인 생각은 지성이 문에서 사라질 때 떠오르는 듯하다. 아이디어들은 허겁지겁 달려와서 비로소 대중들을 시험한다. 훌륭한 비평가인 당신은, 또는 자신을 무엇이라 부르든 진정한 창조자들에게서 발견되는 순간적으로 지나는 광기를 부끄러워하거나 두려워하고 있다……. 그래서 헛되다고 불평한다면 당신이 너무 일찍 포기했거나 너무 엄격하게 따졌기 때문이다."

설익은 아이디어를 비판하지 말라

정신의 문을 지키는 자기 비판이라는 이름의 경비원을 쫓아내라. 어린 아이와 같은 아이디어는 당신 머릿속을 넘나들기 위해 증명서 같은 것이 필요치 않아야 한다. 우리는 정신 입구에 '생각 경찰'을 세워두기 때문이다. 우리는 자신의 아이디어 또는 반쪽짜리 생각 등을 너무 빨리 비판하거나 평가하곤 한다. 비판이 부정적인 형태를 띨 때 봄에 내리는 찬 서리와 같다. 봄에 내리는 찬 서리는 씨와 싹튼 잎사귀들을 죽여버린다. 따라서 우리가 자기 비판이라는 경비원을 쉬게 하고 아이디어가 자유롭게 드나들 수 있게 한다면, 좀더 생산적인 사색가가 될 것이다.

끊임없이 떠오르는 아이디어를 평가하지 않도록 하라. 생각과 평가를 분리하라. 자신이 만족할 만한 것을 찾을 때까지 가능한 한 아이디어가 많이 생겨나도록 하라. 그리고 그 아이디어를 자기가 원하는 형태로 전환시키라.

속사포처럼 쏘아대는 비판을 주의하라

사려 깊은 사람이라면 당연히 다른 사람의 비판을 겸허하게 받아들여야 한다. 직장 동료나 그 밖의 사람이 당신에게 업무나 개인적 품행에 관해 건설적인 비판을 할 수 있다. 그런 비판이 없다면 우리는 결코 성장하지 못할 것이다. 그러나 만사에는 정해진 때와 장소가 있는 법이다. 새 아이디어를 가늠해보고 실험할 때라면 비판을 삼가야 한다. 그렇기 때문에 작가, 발명가, 화가와 같은 전문적인 창작가들은 현재 진행중인 작품에 관해 좀처럼 말하지 않는다.

어떤 환경은 창의적인 작업에 치명적인 위협이 된다. 역설적이지만 대학도 그런 환경 가운데 하나이다. 대학의 주요 기능 가운데 하나는 지식의 영역을 확장하는 것이다. 따라서 대부분의 사람들은 대학이 창의적인 과학자, 공학 기술자, 철학자, 역사가, 경제학자, 심리학자 등이 모인 집단이라고 예상한다. 그러나 그들은 창의적인 사고가가 아니라 분석적이고 비판적인 학자들로서, 주로 자신들의 지적 호기심에 따라 연구 주제를 선정하고 탐구한다. 그렇기 때문에 필요 이상의 비판적 분위기가 조성될 수 있다.

지도자인 당신은 이런 징후들을 잘 감시해야 하며 전체 분위기를 긍정적으로 만들어야 한다. 같은 부서에 총명하고 창의적이긴 하지만 자기 중심적이고 오만한 젊은 동료가 있다면 쉬운 일은 아닐 것이다.

다음 사례에서 크릭은 비판의 한 면을 지적하고 있다. 때때로 사람은 어떤 견해를 받아들이는 데 용기가 필요하고, 부서 전체의 압력에도 불구하고 계속 비판해야 할 필요도 있다. 그럴 경우의 비판은 고정관념의 두터운 껍질을 뚫고 스스로의 소리를 듣기 위해 생생한 언어로 표현되기도 한다. 그런 언어가 크릭이 지적한 것처럼 의식적으로 거부될 수도 있다. 그러나 그 소리는 구성원들의 무의식에 잠재적인 영향을 끼치고, 간혹 생각의 방향을 바꾸기까지 한다.

비판의 역할

프랜시스 크릭은 영국 케임브리지 대학 캐번디시 연구소가 주관한 분자생물학 연구팀의 연구원이었다. 그가 속한 연구팀은 훗날 분자생물학을 연구하는 중심 기관이 되었다. 당시 연구팀의 감독관은 X-선 결정학에 관한 연구로 노벨상을 받은 로렌스 브래그 경이었다.

당시 크릭의 나이는 서른 살이 넘었고 관련 분야에서 이렇다할 연구 실적이 없었다. 그럼에도 그는 다른 연구원들이 시간만 낭비하고 있다는 말을 서슴지 않았는데, 그 이유는 자신이 분석해본 결과 연구소가 채택하고 있는 연구 방법으로는 성공을 거둘 수 없기 때문이라는 것이었다. 그는 연구원들 앞에서 자신이 직접 쓴 '이 얼마나 정신나간 연구인가' 라는 제목의 글을 읽었는데, 그 제목은 영국 시인 키츠의 '그리스 무덤에 관한 송시' 에서 인용한 것이었다. 그 내용은 다음과 같다.

브래그는 몹시 화가 났다. 그 자리에는 X-선 결정자를 발견했고 40여 년에 걸쳐 그 방면의 선구자였던 브래그 자신은 물론 X-선 결정자를 알고 있는 새 연구원들이 있었는데, 그들은 전혀 유익한 결과를 얻지 못할 방향으로 연구를 몰아가고 있다. 연구 이론을 분명하게 이해했고 그 이론에 관해 엄청나게 많은 대화를 주고받았지만 그것이 내게 전혀 도움을 주지 못했다. 잠시 후 강의가 시작되기 직전 브래그 뒤에 앉아 있던 나는 연구 주제에 관해 다소 비웃는 투로 옆사람에게 비판을 늘어놓았다. 바로 그때 브래그가 고개를 돌려 내게 이렇게 말했다. "크릭, 자네는 지금 배를 흔들고 있네."

그가 그렇게 짜증을 낸 것에는 나름대로 타당한 이유가 있다. 연구원들이 맡은 과제는 어렵고 다소 불확실한 것들이어서, 연구원들이 끝없이 제기하는 부정적인 비판은 연구에 아무런 도움을 주지 못했다. 비판은 오히려 이 힘에 부치는 연구가 성공할 수 있다는 자신감만 파괴할 뿐이었다. 하지만 실패할 것이 분명한 일련의 과제를 고집하는 것 역시 소용없는 일이다. 특히 현재의 연구 방법 외에 다른 방법이 있을 경우에는 더욱 그렇다. 내가 비판을 제기했을 때 한 가지를 제외하곤 나의 비판 모두는 매우 정확했다. 나는 단순하고 반복적인 연구, 그리고 이미 오래 전에 쓸 만한 정보를 제공해준 인공 펩티드(단백질과 약간 관련 있음)를 과소평가했다. 하지만 현재의 연구 방법을 다른 방법으로 대체해야만 단백질에 관한 자세한 구조를 볼 수 있다고 예견한 것은 매우 옳은 비판이었다.

당시 나는 갓 입학한 대학원생이었다. 옆 동료에게 매우 필요한 충격을 줌으로써 나는 그들의 관심을 옳은 방향으로 돌려놓았다. 몇 년 후 버널을 제외하곤 이 일을 기억하거나 나의 공로에 감사하는 사람은 거의 없었다. 버널만이 한두 번 언급했을 정도였다. 물론 나중에 가서 내 관점은 사실로서 판명을 받긴 했지만 말이다. 내가 한 일은 시간을 좀더 앞당기도록 도움을 준 것에 불과했다. 나는 강좌에서 오고간 대화를 기록하여 수년간 보존했는데, 나의 비판을 기록하지 않았다. 당시 나의 관심은, 나를 실험은 안 하면서 말만 많고 매우 비판적이며 성가신 사람쯤으로 여긴 브래그에게 쏠려 있었다. 다행히 그는 훗날 그런 자기 생각을 바꾸었다.

프랜시스 크릭, 〈이 얼마나 정신나간 연구인가: 과학적 발견에 대한 개인적 견해
What Mad Pursuit: A Personal View of Scientific Discovery〉(1990)

건설적인 비판을 선택하라

역사가 G. M. 트리빌리언은 젊은 시절 주임교수에게 역사에 관한 책을 집필하고 싶다고 말했다. 그러자 주임교수는 책을 쓸 생각이 있다면 하루 빨리 케임브리지 대학을 떠나라고 충고했다. 대학이란 너무 비판적이어서 저술가가 되려는 사람에게는 맞지 않는 환경이라는 것이 그 이유였다.

소설가 아이리스 머독은 트리빌리언과 매우 비슷한 이유로 옥스퍼드 대학 철학교수직을 그만두었다. 창조적인 허구를 써가는 일이 대학이라는 비판적인 풍토에서는 좀처럼 쉽지 않기 때문이다.

이런 원리는 학교, 대학, 교회, 기업체, 심지어 가족에까지 적용된다. 성숙치 못한 비판으로 당신의 아이디어를 질식시키지 않을 사람들과 있도록 하라.

'내 아이디어를 다른 사람에게 말하지 않고도 쉽게 성취할 수 있다' 고 생각할 수도 있다. 가능한 생각이다. 하지만 이를 고집할 경우 아이디어 창안자가 도움받을 수 있는 대화에 참여하지 못하게 된다. 남에게 말하지 않는다는 것은 '두 사람의 머리가 한 사람보다 낫다' 는 원칙을 무시하는 경우이다.

• 당면한 문제에 관해 다른 사람의 관점을 귀담아 들으면 도움이 된다.
• 다른 사람은 그 방면에 경험이나 지식이 있을 수도 있다.
• 다른 사람은 당신의 무의식적 가정을 지적하거나 이의를 제기할 수 있다.
• 다른 사람은 당신의 편견에, 그리고 당신이 믿는 것의 사실 여부에 대해 의문을 갖게 만든다.

간단히 말해, 생각을 하기 위해선 다른 사람이 필요하다. 왜냐하면 생각한다는 것은 사회적인 활동이기 때문이다. 하지만 지나치게 비판적이거나 자기 비판을 보류할 수 없는 그런 사람은 삼가야 한다.

찰스 브로워는 이렇게 말했다.

"새 아이디어는 섬세하다. 가벼운 코웃음이나 하품 정도에도 날아갈 수도 있다. 빈정대는 말에 찔려 죽을 수도 있고, 옆 사람 이마에 주름이 가는 것을 염려하다 죽을 수도 있다."

비판 관리는 혁신 관리만큼이나 중요하다. 비판은 반드시 행해져야 한다. 왜냐하면 아이디어란 정해진 때에 정밀하게 평가받지 않으면, 조직 전체가 눈이 멀어 쓸모없는 길로 접어드는 엄청난 잘못을 저지를 수 있기 때문이다.

그러나 비판적인 평가는 창의적인 작업이 진행되는 동안 섣불리 적용하면 안 된다. 아이디어란 실용적이고 상업적 타당성이 분명해질 때까지 최대한 발전시켜야 한다. 하지만 아이디어를 발전시키면서 각 단계마다 다른 사람의 검증을 받아야 한다. 그때 비판이라는 장애물을 뛰어넘는 아이디어가 좋은 아이디어다.

	예	아니오
자신의 아이디어를 너무 일찍 평가하는 경향이 있는가?	☐	☐

누군가 자신의 아이디어를 비판했기 때문에 초기에
좋은 아이디어를 포기한 적이 있는가?   ☐   ☐

당신의 아이디어를 발전시키는 데 건설적이고 유익한
영향을 준 사람의 예를 두 가지만 들라.

1. _____

2. _____

다른 사람이 어떤 아이디어를 처음 꺼냈을 때 그 아이디어에
대한 비판을 자제하기가 몹시 힘들었는가?   ☐   ☐

자신의 경험에 비추어 생각중인 아이디어를 죽이는 비판의
다섯 가지 예를 나열해보라(예를 들어, '이 아이디어는 결코 활용
할 수 없을 것이다').

1. _____
2. _____
3. _____
4. _____
5. _____

앞의 단계를 다시 반복하지 않겠다고 약속할 수 있는가?

KEY POINTS

- 판단을 미룬다는 것은 한시적으로 인공 울타리를 세우는 것으로, 그 울타리는 자신의 생각을 분석, 통합, 상상하는 능력과 평가, 비판, 판단하는 기술 사이에 위치한다.
- 다른 사람이 제기한 미숙한 비판은 창의적인 생각의 싹을 죽일 수 있다. 자신의 비판 능력을 잘 관리하는 것 외에도 다른 사람에 대한 비판을 자상한 설명으로 전환시켜야 한다. 그럴 경우 비판을 할 시기와 방법은 물론, 비판을 피할 시기와 방법 등도 저절로 알게 된다.
- 가족, 작업 집단, 회사 중에 창의적인 생각을 자극하고 격려하는 분위기를 갖고 있는 곳이 있는가 하면, 창의적인 생각을 억누르고 억압하는 곳이 있다. 창의적인 생각을 억압하는 집단은 독창성이나 혁신적인 것보다 분석과 비판을 더 중시하는 경향이 있다.

비판은 종종 나무의 해충뿐만 아니라 꽃도 함께 시들게 한다.
장 폴 사르트르

2.5

다섯 번째 습관
유추라는 징검다리를 이용하라

　은유, 직유, 유추 등은 언어 생활에서 없어서는 안 될 것들이다. 각 단어 뒤에는 은유가 감추어져 있다. 망설임(scruple), 자극(stimulus)이라는 단어를 예로 들어보자. 라틴어 'scruplus'과 'stimulus'는 각각 신발 속에 든 작은 돌멩이, 곤봉 또는 꼬챙이라는 뜻을 갖고 있다. 인간은 그림을 통해 생각하며 언어는 그림에서 나온 것이다. 일반적인 사람들은 자기가 말하려는 것을 묘사하거나 의미를 치장하기 위해 은유와 직유를 사용한다. 그러나 창의적인 사람은 의도적으로 은유와 유추를 사용한다. 이들이 바로 논리에 반대되는 유추적인 사고를 하는 다섯 번째 습관을 지닌 사람이다. 유추적 사고는 구체적이어서 그림을 사용하는 반면 논리적 사

일상 생활 속에서의 은유

"대부분의 사람들은 은유를 시적인 상상력을 표현하거나 수사학적 화려함을 나타내기 위한 발명품으로 생각한다. 즉 은유를 독특한 언어로 생각한다. 더욱이 은유는 주로 언어로 표현되기 때문에 생각이나 행위보다는 어휘의 문제라고 간주한다. 이런 이유로 해서 많은 사람들은 은유가 없어도 불편없이 생활할 수 있다고 생각한다. 그러나 오히려 그와 정반대다. 은유는 일상 생활 모든 분야에서 발견된다. 말은 물론이고 생각과 행동에서도 발견된다. 인간이 생각하고 행동한다는 측면에서 볼 때 우리의 일반적인 개념 체계는 그 속성상 근본적으로 은유의 성격을 띠고 있다……."

"은유의 본질은 다른 사물을 통해 내 앞에 놓인 것을 이해하고 경험하는 것이다."

G. 라코프, M 존슨 공저 〈생활 속의 은유 Metaphor We Live By〉(1980)

고는 추상적이고 비회화적이다. 유추에도 기술이 있다.

'은유'(metaphor)는 '옮기다'라는 뜻을 지닌 그리스 동사에서 온 단어로, 문자로 적용할 수 없는(그러나 유추할 수 있는) 물체나 행위를 명칭이나 단어, 어귀 등을 이용해 묘사하는 언어 활동을 가리킨다. 일례로, 본 장의 제목(유추의 징검다리를 이용하라)은 유추를 이용한 것이다.

생각의 도구인 은유는 무엇을 유추하는 데 핵심적인 자리를 차지하고 있다. 은유란 무엇인가? 이 질문 속에는 두 가지 의미가 담겨 있다.

- 두 개 이상의 사물이 어떤 면에서 서로 일치했다면 그 사물들은 다른 점도 일치하리라는 추론.

- 서로 다르지 않은 사물들은 어떤 점에서 유사함.

유추는 대부분 겉모습보다는 관계나 속성 안에 유사성과 비교를 내포하고 있다는 점에 주목하라. 유추란 가정을 기초로 한 추리이다. 왜냐하면 당신이 유추를 끌어낼 때 이성적이고 가능한 추론(가정)에 입각해 움직이기 때문이다. 그런데 사물들이 어떤 면에서 유사한 요소를 갖고 있으면 다른 면에서도 비슷한 요소를 갖게 될 것이다. 우리는 항상 유추하며 생활하고 있음을 기억하라.

> 학교 수업이 끝날 무렵 두 어머니가 교문 밖에서 아이를 기다리며 말을 주고받고 있었다.
> "댁의 딸 제인의 새 남자 친구인 마크는 내 남동생 잭의 어린 시절 모습과 몹시 닮았어요. 생김새나 마음 씀씀이는 물론 유머 감각까지 아주 비슷해요. 잭은 여자 아이들한테 아주 짓궂게 굴었죠. 그래서 드리는 말씀인데, 제인과 마크는 오래 사귀지 못할 것 같아요."

"전에도 내게 잭이 성깔이 있다고 말하지 않았던가요?"
제인의 어머니가 물었다.
"잭은 분명 성깔이 있었죠. 바로 그 점을 조심하라고 제인에게 경고했던 거예요. 너무도 분명하기 때문이죠. 그렇지만 솔직히 말씀드리면 잭은 양처럼 온순하답니다. 아니 그 이상이에요."

추리의 한 형태인 유추는 조심스럽게 다루어야 한다. 왜냐하면 모든 유추들은 어느 지점에서는 문제를 일으키기 때문이다. 언제 기차에서 뛰어내려야 할지 알 필요가 있다. 일례로, 위의 이야기 가운데 마크는 분명 두 가지 점에서 잭과 비슷하다. 그러나 그러한 유추가 다른 면에서도 유효한지 믿을 만한 충분한 근거가 없다.

그러나 창의적으로 생각하는 사람은 다른 방식으로 유추를 한다. 창의적인 사람들에게 유추는 아이디어의 근원이 되기도 하고 문제에 접근하는 새 방법이 되기도 한다.

유추적 사고는 혁신을 일으킨다

먼저 발명가의 정신을 가져야 한다. 기존의 문제나 일상적인 필요에 해결책으로 주어진 것에 만족하지 않아야 한다. 새 아이디어를 찾아 머릿속을 헤매고 다녀야 한다. 특허청 자료 목록에 나와 있는 다른 사람들의 해결책을 읽어 보면 어떤 제안이 떠오르기도 할 것이다. 어떤 생각이 떠오를 경우 집에 돌아가 머릿속에 떠오른 것을 그려보고 형상화하라.

물론 여러 단계가 더 있다. 하지만 이쯤에서 멈추도록 하자. 우리 주제의 초점은 당신이 만든 형상이 자연에서 본뜬 것일 수도 있다는 점이다.

자연은 발명가에 의해 이용되기를 기다리고 있는 창고로 간주될 수도 있다. 〈효율적인 의사 결정 Effective Decision Making〉(1985)이라는 책에서 필자는 몇 가지 퀴즈를 제시한 적이 있었는데, 여기서도 그 문제를 풀어 보라.

다음의 자연 현상을 근거로 하여 창의적인 사고자가 고안한(고안할 수도 있는) 독특한 발명품들을 열거하라.

(1) 인간의 팔　　　　　　(6) 지렁이
(2) 고양이　　　　　　　(7) 꽃
(3) 갈매기　　　　　　　(8) 파리의 눈
(4) 얼어버린 연어　　　　(9) 원뿔형 껍데기
(5) 거미　　　　　　　　(10) 동물의 골격
해답은 284쪽

위 항목에 더 첨가할 것들이 있는가? 종이를 집어들고 최소한 다섯 개 이상의 발명품을 추가할 수 있는지 시도해 보라. 그 발명품은 유추의 징검다리가 되어 발명가의 머릿속에 떠오른 것들이다.

이 퀴즈에 재미를 붙였다면, 여기 몇 가지 자연 현상이 더 있다. 이것들은 창의적으로 생각하는 사람들에게 놀라운 발명품을 안겨줄 수도 있다. 이 발명품들이 무엇인지 확인할 수 있는가?

(11) 나뭇잎 위의 이슬방울　　(14) 사람의 발
(12) 사람의 두개골　　　　　(15) 사람의 허파
(13) 대나무　　　　　　　　(16) 사람의 후두부(喉頭部)
해답은 285쪽

유추를 도입하는 법

로드 와인스톡은 텔레비전을 처음 제작하던 시절, 텔레비전 케이스의 제조원가를 절반으로 줄여 파격적인 성과를 거두었다.

이 독특한 혁신은(혁신이 늘 그렇듯) 총명한 제작자인 존 배너가 교회용 의자를 만드는 한 스코틀랜드 사람을 알았기 때문이었다. 그 스코틀랜드 사람은 곡선 모양을 말끔하게 자를 수 있는 베니어판 제작 방법을 발견했다.

배너는 그것을 보고 제작 라인의 마지막 공정에서 베니어판을 둥근 스펀지빵처럼 자르는 기계를 이용하여 텔레비전 케이스를 만들어냈다.

이런 경우에는 창의성의 두 가지 측면을 엿볼 수 있다. 하나는 유추를 이용한 것으로 텔레비전 케이스를 둥근 빵처럼 자를 수 있다는 통찰력이 그것이다. 두 번째는 두 제조업 사이의 기술 전이로, 이 경우 두 공장은 거리 상으로 멀리 떨어져 있었으며(그리고 교회용 의자 제작자는 잡지의 기고가도 아니었다) 우연한 개인적인 친분이 없었더라면 이러한 기술 전이는 이루어지지 않았을 것이다.

자연을 통해 얻은 모델이 우리에게 제시하는 것은, 대부분 자연이 특정한 문제를 해결하거나 주어진 상황에서의 필요를 채우기 위해 발전시켰거나 채용한 원리라는 것을 기억하라. 그 원리는 마치 뱀의 독을 빼내 사람의 질병 치료에 응용하는 것과 같다. 예를 들어 레이더는 박쥐가 사용하는 반사파장을 연구하던 중 발견해낸 것이다. 조개가 열렸다 닫히는 방식은 항공기 화물칸 문을 여닫는 데 사용되었다. 완두콩 깍지 이음새가 약하다는 것을 통해 담배 포장지를 한번에 벗기는 방법이 고안되어 담배 포장에 널리 사용되고 있다.

'문제 해결을 위한 모델은 이미 존재하기 때문에 무(無)로부터 모델을 만들 필요가 없다'는 이 기본 원리는 발명 분야는 물론 모든 창의적인 사고에 응용될 수 있다. 인간의 조직을 예로 들어보자. 인간 조직과 관련된 대부분의 원리들은 자연 속에서 발견된다. 계급제도(개코원숭이), 일의 배분(개미, 벌), 연결망(거미줄) 등. 만일 당신이 새로운 조직을 만들려 할 경우, 현재나 과거의 인간 사회 속에서 기존의 수많은 모델들을 발견하게 될 것이다. 그러나 이것들 모두 자연에서 유추한 것임을 기억하라. 만일 그 모델을 그대로 베긴다면 문제점이 생길 것이다. 그 문제에 관해서는 나중에 다루도록 하겠다.

낯선 것을 친숙하게, 친숙한 것을 낯설게 만들라

뉴기니 원주민들이 처음 비행기를 보았을 때 그들은 비행기를 '커다란 새'라고 불렀다. 그들에게는 새가 친숙하게 느껴졌던 것이다. 그들은 매우 낯설거나 생소한 것을 이해하는 첫 단계로 자기들이 이미 알고 있는 어떤 것의 특이한 예라고 가정했던 것이다. 우리는 낯설거나 생소한 것을 볼 때 자신이 친숙한 것을 갖고 의식, 무의식적으로 비교함으로써 이해한다.

몇 번 더 비행기를 보게 되자 원주민들은 비행기가 어떤 점에서는 새 같기도 하고 또 어떤 점에서는 아니라는 사실을 발견했다. 다시 말해 '커다란 새'라는 가설을 따름으로써 더 이상 갈등이 없는 곳에 위치하는 것이 새로운 현상을 탐구하고 이해의 길을 트는 유용한 방편이었다. 따라서 생소해 보이는 것을 탐구하고 이해하기 위해서는 유추를 사용해야 한다.

미지의 동물이 남아메리카의 정글 깊은 곳에서 발견되었다고 상상해보자. 그 동물은 약 10년에 걸쳐 개와 고양이를 밀어내고 인기 있는 애완동물이 되었다. 그럴 경우 그 동물의 생김새는 과연 어떨까? 그것은 어떤 특징을 갖고 있을까? 종이에다 그 동물의 생김새를 그려보라. 그리고 당신이 그린 것을 유심히 관찰해보라.

당신이 그린 그 동물은 두더지처럼 작고 털이 많을 것이다. 얼굴은 코알라 비슷할 것이고 동그랗고 귀여운 몸은 작은 새끼 곰을 닮았을 것이다. 색깔은 푸른색이고 성격은 매우 온순할 것이다. 왜냐하면 보도나 공원을 더럽히지 않아야 하니까. 고양이와 비슷하다는 느낌을 받을 것이다. 무단 침입자를 몰아내는 데 경비견 못지 않을 것이나, 아이들에게는 토끼만큼이나 온순하게 대할 것이다.

의식적이든 무의식적이든 당신은 자신이 알고 있는 동물의 특징을 빌리게 된다. 하지만 그것은 전혀 잘못된 것이 아니다. 인간은 무에서 유를 만들어낼 수 없다.

창의적인 사고는 종종 어둠 속에서 도약하기도 한다. 당신은 지금 무언가 새로운 것을 찾고 있다. 그것이 전혀 알려지지 않은 것이라면 어느 누구든 그것에 관해 생각조차도 얻을 수 없다. 한 번의 도약으로 목적지에 도달하지 못할 수도 있다. 전혀 모르는 아이디어를 유추해낼 수 있다면 이미 절반은 해결한 셈이다.

친숙한 것을 낯설게 만드는 반대 과정 역시 창의적으로 생각하는 사람들에게 유용하다. 친숙한 것을 통해서는 색다른 것을 만들어내지 못한다. 왜냐하면 물건, 아이디어, 사람 등과 친숙해지면 그것에 관해 더 이상 깊이 생각하지 않기 때문이다. 그리하여 세네카는 '친숙함은 사물의 위대함을 감소시킨다'고 말했다. 따라서 사물이 이상하거나 묘하게 보이고 그것에 어떤 문제가 있고 탐탁치 못하고 잘 모를 경우 정신은 꿈틀대기 시작한다. 다음 속담을 반드시 기억하라.

"신은 인간에게 숨기고자 하는 것을 인간의 가장 가까운 곳에 둔다."

잠자고 있는 창의적인 사고력을 발휘하기 위한 훈련 가운데, 친숙한 것을 생소하게 만드는 이 원리를 적용하는 것보다 더 좋은 훈련은 없다. 자주 보고 경험하는 사건과 매일 겪는 일들, 이를테면 일출이나 비 등을 예로 들어보자. 종이와 필기도구를 들고 30분 정도 할애하라. 위에 열거한 친숙한 것에 관해 생소한 면을 찾아보면서 그 면에 대해 생각하고 명상해본다.

연습	유추라는 징검다리를 이용하라

문제를 풀기 위해 유추를 사용하고 싶은 어떤 상황(사람이나 일)을 적어본다.

첫 단계: 문제를 서술하기

둘째 단계: 유추해보기 (상황은 마치 무엇과 같은데……)
  1. _____
  2. _____
  3. _____
  4. _____
  5. _____

셋째 단계: 유추를 통해 떠오른 대안들을 열거하기

넷째 단계: 떠오른 해결책을 문제에 전이하기

가족이나 친구 등도 이 훈련의 좋은 대상이 될 수 있다. 누군가를 안다고 말할 때 주로 상대의 개략적인 성격이나 기질을 알고 상대에 대한 좋고 싫은 감정 등을 갖고 있는 것을 의미한다. 우리는 자기가 아는 사람이 어떻게 반응할 것인지 다소 정확하게 예측할 수 있다고 믿는다. 친척이나 친구가 정상에서 벗어난 행동을 하면 알 수 있다고 생각한다. 그러나 자기 자신을 대상으로 생각해보라. 당신의 모든 것을 알고 있는 사람이 있는가? 당신은 자신에 관해 모든 것을 알고 있다고 진정 말할 수 있는가?

"우리는 사람을 모른다. 그들의 관심사가 무엇인지, 그들이 사랑하는 것과 미워하는 것, 그리고 머릿속으로 무엇을 생각하는지 알 수 없다. 내가 매일 가까이에서 만나는 사람들은 내 소설에 등장하는 인물보다 훨씬 더 독특한 사람들이다."

소설가 아이리스 머독이 최근 텔레비전 인터뷰에서 한 말이다. 친숙함이라는 껍질 속에는 경이로운 미지의 세계가 탐사를 기다리고 있다는 뜻이다.

KEY POINTS 요점

- 유추하는 것은 무엇을 상상함에 있어 핵심적인 역할을 한다. 특히 창의적 사고 활동을 할 때에는 더욱 그렇다.

- 자연에는 문제 해결의 원리를 제시하는 모델이 무수히 많다.

- 이미 존재하는 물건이나 조직 안에 또 다른 모델이나 유추가 있다. 이미 발견되었다 하더라도 바퀴의 원리 같은 것을 재발명해보는 것은 어떠한가? 간단한 조사 활동이 경우 혼자서 골치를 썩는 수고를 덜어줄 수도 있다.

- 전혀 알려져 있지 않고 들어본 적도 없는 낯설고 이질적이고 부자연스러운 물건 또는 사람을 이해하기 위해서는 이미 알고 있는 것에서 유추하여 연관을 지어보는 것이 가장 좋다. 그러나 거기에 그쳐서는 안 된다.

- 친숙한 것을 낯선 것으로 만드는 반대 과정은 창의적으로 생각하는 데 몹시 중요하다.

- 우리는 아는 것에 관해서는 생각하지 않는다. 그런 점에서 볼 때 미술가는 오래된 것 속에서 새로운 것을 알아가는 데 도움을 줄 수 있다. 존 스타인벡은 이렇게 말했다. "어느 누구도 다른 사람을 진정으로 알 수 없다. 그가 할 수 있는 일이란 타인이 자기와 같다고 가정하는 것 정도이다."

> 발걸음을 크게 내딛는 것을 두려워하지 말라.
> 당신은 발걸음과 발걸음 사이의 간격을 메울 수 없다.
> 데이비드 로이드 조지

2.6

여섯 번째 습관
모호함을 견디어라

만일 사람들이 현상을 유지하길 원한다면 선택할 수 있는 대안을 여러 가지 그들에게 제공하라. 역설적으로 들리겠지만 놀랍게도 사람들은 선택할 대상이 여러 가지일 때 아무것도 선택하지 않는다.

예를 들어, 부동산업자들은 매매를 주선할 때 구매자에게 여러 집을 보여주면 안 된다는 것을 알고 있다.

> 캐나다의 한 의학 연구 기관은 최근 의사들에게 치료법 선택에 관한 설문조사를 한 적이 있다. 전체 대상자 중 절반에게는 환자 처치에 관해 두 가지 방법을 제시했고, 다른 절반에게는 세 가지 방법을 제시했다. 그런 다음 투약 여부에 대한 결정을 내리라고 했다. 그랬더니 '투약을 한다' 와 '하지 않는다' 라는 두 가지 선택을 준 경우 72%가 투약한다를 선택했고, 반면에 두 가지 약물을 선택하는 것을 포함해 세 가지 이상의 방법을 제시한 경우에는 '투약한다' 가 50%를 약간 넘는 정도에 그쳤다.

〈효율적인 의사 결정 Effective Decision Making〉이라는 책에서 필자는 이런 현상을 설명하기 위해 결정을 위한 깔때기 모형을 제시했다. 우리는 주로 실행 가능한 여러 **가능성**을 갖고 시작한다. 그리하여 둘 중의 하나로 좁혀질 때까지 가능성 숫자를 계속 줄여간다.

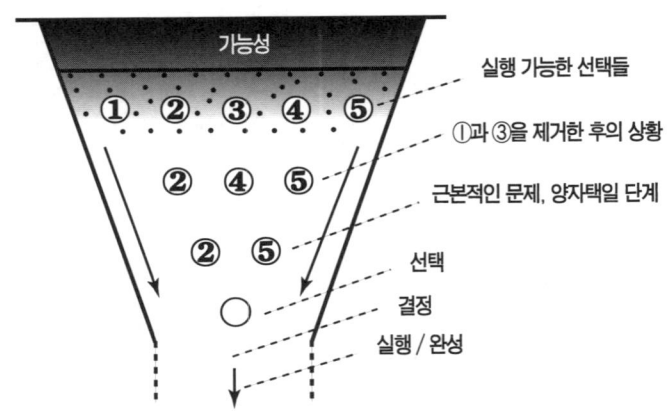

실행 가능한 선택들

①과 ③을 제거한 후의 상황

근본적인 문제, 양자택일 단계

선택

결정

실행 / 완성

도표9 · 결정 깔때기

　실행 가능한 기회들 가운데 효율적인 것을 골라야 할 당신은, 맨 마지막에 가서 **양자택일**이라는 최종 결정의 순간이 목표일 것이다. 그러나 다음 속담을 기억하도록 하라. '서두를수록 일은 더디다.'

　엄밀히 말해서 실행 가능한 여러 방법들은 서로 배타적이다. 메리와 제인 둘 중에 누구와 결혼할 것인가는 일종의 선택이다. 우리는 두 사람과 결혼할 수 없기 때문이다. 가장 먼저 해야 할 일은 각각의 선택에 대해 정말 선택할 수 있는지 점검하는 것이다. 아무튼 두 선택 모두 마음에 들지 않을 경우, 그 선택들은 당신이 만든 정신적 장애물 코스에서 살아 남지 못할 수도 있다. 사실 그 선택들이 매력적이지 않다면, 다시 말해 둘 다 최악의 선택이라면 당신은 기꺼이 둘 중 하나를 떨구어낼 수도 있다. 그러나 둘 다를 선택하고 싶을 경우, 차례로 하나씩 시행착오의 방법을 사용해 점검할 것이다. 아니면 두 선택을 약간 다른 방법으로 결합 내지는 혼합할 수도 있다.

　위의 깔때기 모델은 경솔한 사람에게는 많은 문제를 야기시킨다. 가장 혼한 문제로는 너무 빨리 둘 중의 하나로 옮겨가 몇몇 **가능한** 선택들이 무시되거나 성급히 제거된다는 점이다. 왜 그런 일이 생길까? 그것은 대부분의 사람들이 한 상태나 불확실성을 참지 못하기 때문이다. 어떤 결정을 내리든 결정하지 않은 것보다 견딜 만하기 때문이다. 아랍 속담에 이런 것이 있다.

"인간은 결정이라는 여관에서 편히 잠을 잔다."

물론 결정을 하지 않는 것보다 아무런 결정이든 하는 편이 더 나을 때도 있다. 그러나 그런 상황적인 면은 제외하고서, 문제 해결이나 의사 결정에 있어 창의적 사고의 적(敵)은 모호함을 견디지 못하는 것이다.

'모호함'(ambiguity)이란 말은 '여기저기 헤멘다'라는 뜻의 라틴어 동사에서 왔다. 분명하지 못하고 명확하지 못해 생겨나는 의심과 불확실함 속을 헤매게 될 경우, 당신은 모호함으로 인해 괴로울 것이다. 명확하게 규정된 것은 아무것도 없다. 모든 것이 미정이다. 당신은 망설이고 있다. 기본적인 토대마저 계속해서 흔들리고 있다. 명확한 의미는 하나도 없다. 한 마디로 말해서 대부분의 사람들이 오래 지탱하기 힘든 명확함의 결여가 지속되는 것이다.

EXER연습CISE

자신의 삶 속에서 불확실한 상태를 종결짓기 위해 무언가를 결정한 적이 있는가?

창의적인 사람이 지닌 여섯 번째 습관은 덜 창의적인 사람보다 분명한 실패와 모호함을 훨씬 잘 참는 데 있다. 창의적인 사람들은 문제의 해결책을 찾거나 의사 결정에 있어 누구보다도 **성급한** 충동을 잘 극복하거나 조절한다. 왜냐하면 좋은 아이디어는 최상의 아이디어의 적이 될 수 있기 때문이다.

당신은 행동 지향적인 사람, 즉 '실행가'와 창의력이 뛰어난 사람들이 어찌해서 바보가 되는지 알 수 있을 것이다. 그러나 남편과 아내의 경우도 마찬가지이다. 이 두 지향점 사이에 어떤 긴장이 있을 수 있으나 갈등이 반드시 존재하는 것은 아니다. 그 둘은 상호 보완적이기도 하고 제조업이나 영업 같은 주요 분야에서는 서로를 필요로 한다.

될 수 있는 한 양자택일의 순간을 미루는 습관을 기르도록 하라. 결정한다는 것은 두부를 자르듯 끊는다는 뜻이 아니고, 가장 적절한 시간에 결정하는 것을 의미한다. 그렇게 된다면 가능성에서 벗어나 있는 '바깥'을 탐구할 수 있을 것이다. 가능성의 '바깥'에는 실행 가능한 것도 있고 궤도를 벗어나거나 엉뚱해 보이지만 흥미를 끄는 것도 있다.

소극성의 능력

"소극성의 능력이란 초조하게 진실이나 원인을 쫓는 일 없이 불확실, 의혹, 의심을 견딜 수 있는 능력을 가리킨다."

이것은 존 키츠의 말로 매우 중요한 점을 지적하고 있다. 키츠가 느끼기에 그것은 창의적으로 생각하는 사람인 윌리엄 셰익스피어가 가진 최고의 재능이었다. 또한 키츠는 창의적으로 생각하는 사람들이 '절반의 지식'만으로도 만족하는 것은 중요하다고 덧붙였다.

앞서 말했듯이 어떤 사람은 성격상 모호함을 불편해 하는 것은 물론 심지어 긴장을 느끼기도 한다. 그들은 모른다는 기분 나쁜 상태에서 도망치기 위해 확실성으로 나아간다. 그것은 마치 시간이 좀 걸리더라도 맞는 배우자를 만날 때까지 기다리지 못하고 단지 미혼 상태에서 탈출하기 위해 결혼하는 젊은이와 같다.

생각을 하다 보면 종종 잠겨 있는 문 앞에 당도한다. 그 문은 아무리 두드려도 열리지 않는다. 그것은 마치 넘을 수 없는 장벽과 같으며 무언가를 찾고 있는 당신을 거부한다. 하지만 문 저편에 무언가가 감지된다. 당신은 움직임이 정지된 상태 속에 있는 것 같은 느낌을 받는다. 다시 말해 어둠 속을 여기저기 헤매고 있는 것이다. 당신이 얻은 것이라곤 답이 없거나 반 정도 풀린 문제나 의심, 불확실, 모순뿐이다. 걱정과 두려움이 밀려온다. 걱정이 지나치면 두려움이 되는데, 걱정하는 대상이 분명하지 않기 때문이다. 밀림 속에서 당신을 향해 다가오는 호랑이를 보았다면 당신은 두려워할 것이다. 그런데 호랑이가 없는데도 두려움을 느낀다면 당신은 걱정 때문에 고통받고 있는 것이다.

유추한 것을 따르려는 사람에게 필요한 것은 바로 용기이다. 용기란 걱정이나 두려움이 없다는 뜻이 아니다. 걱정과 두려움을 느끼지 않을 정도로 냉정해야 한다. 용기란 걱정을 견디고 조절하고 다루는 능력으로, 걱정에 매이지 않는 것이다.

창의적으로 생각하는 사람은 불확실성이나 복잡함, 외견상 무질서한 것 등을 다른 사람보다 잘 참아낸다. 왜냐하면 그런 상황은 종종 멋진 결과를 낳기 때문이다. 창의적인 사람들은 설익은 결론이나 미진한 해결책을 끌어낼 필요성을 느끼지 않는다. 이런 절제에는 지적인 형태의 용기가 요구된다. 그 이유는 오랜 동안 의심과 불명확, 모호함을 견딜 수 있어야 하기 때문인데, 여기서 말하는 의심, 불명확, 모호함 등이란 적극적인 영역 안에 있는 소극적인 상태를 가리킨다. 소극적 사고와 적극적 사고는 항상 서로의 목을 겨누고 있다. 따라서 우리 안에 내적 긴장이 생기는 것은 당연한 것이다.

미국의 위대한 개척자 다니엘 분은 오늘날의 켄터키인 서부 개척지역의 길 없는 숲을 여행한 것으로 유명하다. 어느날 사람들이 그에게 숲에서 길을 잃은 적이 있었느냐고 질문했다. 잠시 생각한 그는 다음과 대답했다.

"길을 잃은 적이 있었다고는 말할 수 없습니다. 그러나 사흘 정도 당황했던 적은 있습니다."

창의적 사고가인 당신은 결코 길을 잃었다는 느낌을 갖지 않을 수도 있다. 그러나 오랜 시간 동안 분명 당황할 것이다. 당신의 마음은 자신이 어디로 가고 있는지 모를 때 잠시 방황하게 된다.

용기와 인내는 같은 부류의 성질이다. 아인슈타인은 이렇게 말했다.

"나는 몇 달이고 몇 년이고 생각하고 또 생각한다. 아흔아홉 번째 결론은 실패이다. 나는 백 번째에 바른 답을 얻는다."

창의적 사고는 자주(늘 그렇진 않지만) 불굴의 인내를 요구한다. 비밀은 쉽게 드러나지 않는다. 당신은 반대 세력이나 대립, 용기를 꺾는 상황과 마주친다 해도 생각이라는 특정한 영역에 기꺼이 머물러 있어야 한다.

모호함을 견딜 수 있게 되면 용기와 인내, 끈기 등을 계발하는 데 도움받을 수 있다. 그러한 자질들은 피할 수 없는 불확실함에 직면했을 경우 당신을 지탱해줄 것이다.

"새는 날개를 달고 있지만, 날개는 새를 움직인다."

유용한 전략들

어려움에 빠져 있는 시간이 길어질수록 문제를 풀 시간은 줄어든다. 창의적으로 생각하기 위해서는 지속적으로 — 때로 1년 이상 — 관심을 기울여야 한다. 그러나 그것이 항상 정신적인 관심을 뜻하는 것은 아니다. 지속적인 관심이란 마음의 다른 부분에게 질문과 문제, 또는 기회 등을 위임하는 것이다. 다시 말해 의식적인 정신 작업을 통해 심층의식을 간략히 한 다음 관심을 끊는 것이다. 그리고는 무의식으로부터 전화가 걸려오기를 기다리라. '이봐, 이런 건 어때?'라는 내용의 통화를…….

심층의식 스스로가 모든 상황에 대처해 나가도록 기다릴 줄 알아야 한다. 심층의식이 창의적인 일을 해낼 수 있다는 증거들이 매우 많다는 것을 기억하라. 작가 H. E. 베이츠는 이렇게 말했다.

"내 작품에 등장하는 이야기와 인물은 대부분 내 상상력의 소산이다. 상상력은 우리가 거의 모르는 뇌의 한 부분이자 매우 사소한 것을 통해 계속 영감을 받는 놀라운 곳으로 창문에 비추인 얼굴, 적절한 말 한 마디, 불안에 떠는 눈빛, 바닷가의 바람 소리 등에도 자극을 받는다. 이처럼 매우 사소하고 풍요로운 몇 개의 씨앗으로부터 놀랍게도 책이 만들어진다."

심층의식이 움직일 때 우호적이고 적극적인 기대를 갖고 있으면 어떤 대가를 얻게 된다. 심층의식이 움직이려 할 때 당신의 분석적이고 비판적인 능력이 힘을 발휘하지 못하도록 하는 것이 중요하다. 루드야드 키플링은 이렇게 말했다.

"당신의 정령이 당신을 사로잡을 때 의식적으로 생각하지 말라. 모든 것을 맡기고 기다리며 복종하라."

십대 후반부터 영국을 대표하는 음악가로 널리 인정을 받은 조지 벤저민은 이렇게 말했다. "사람들이 나의 작곡 능력을 '타고난 재능'이라고 말하는 것이 듣기 싫었다. 다행히 나는 내 능력을 믿을 만큼 용기를 갖고 있었다. 나는 작곡을 천천히 한다. 몇 주 동안 아무것도 하지 않는다. 그저 주위를 빙빙 돌며 생각만 한다. 하지만 그것이 바로 작곡이다. 그러는 사이 정신은 자기도 모르게 무언가를 분류한다. 그러면 얼마 후에 곡이 쏟아져 나오기 시작한다. 마치 악보 스스로 곡을 만드는 것처럼 말이다. 교향곡 작곡에는 수백여 장의 악보가 사용되며 그것들은 모두 서로 연관되어 있다. 따라서 작곡을 시작하려면 각 파트 사이를 연결짓는 어떤 규칙을 결정해야 하는데, 그것은 창의적이기보다는 지적인 작업이다. 그러나 힘들여 한 일은 하나도 낭비가 아니다. 정신은 불가사의한 방법으로 여러 가지를 연결한다. 결국 나중에 가서 그 모든 것들이 쏟아져 나온다."

그렇다. 정신은 실제 불가사의한 방식으로 여러 가지를 연결한다. 레오나르도 다 빈치의 경우에도 과학과 예술의 영역이 서로 밀접하게 연결되어 있었다. 그의 과학 수첩은 그림과 형형색색의 상징적인 이미지들로 가득 채워져 있었고 그의 스케치북은 기하학, 해부학, 원근법 등으로 넘친다. 그는 이렇게 말했다.

정신을 완전히 발달시키려면
예술의 과학을 공부하고
과학의 예술을 공부하라.
보는 법을 배우라.
모든 것은 다른 모든 것들과
연결되어 있음을 깨달으라.

로댕의 말을 기억하라.
"나는 아무것도 발명해내지 않았다. 그저 발견했을 뿐이다."
이 말은 만물이 연결되어 있다는 확신을 갖는 데 도움이 된다. 그렇다면 남은 문제는 구별하고, 고르고, 결합하는 일이다.
몸은 의욕에 넘치는데 마음이 중립을 킨다면, 심층의식이 당신을 위해 어떤 일을 행하고 있음을 느끼게 될 것이다. 아이디어는 걸어갈 때나 운전할 때 떠오른다. 나는 초기에 집필한 책에서 X-선 결정학의 발달과 신체 스캐너의 발명을 이끌어낸 핵심 연결이 어떻게 이루어졌나를 묘사했다. 분야는 서로 달랐지만 각각의 창안자들은 길을 걸어가던 중에 영감을 얻었던 것이다. 기차 여행이나 목욕 도중, 또는 아침에 깨어났을 때처럼 몸이 휴식을 취한 다음에도 그와 같은 현상이 일어난다.

소설가 장 르 까레는 산보가 창의적인 사고의 직접적 원인은 아니지만 많은 역할을 감당하고 있음을 발견한 창의적인 사색가 중의 한 사람이다. 그는 이렇게 말했다.

"나는 식욕처럼 산책에 대한 욕구도 갖고 있습니다. 산책하고 싶을 때 산책을 못하면 몹시 좌절한답니다. 산책하는 동안에는 거의 메모를 하지 않습니다. 떠오른 멋진 글귀들은 대부분의 경우 다 잊어버립니다. 그러나 집으로 돌아오면서 인생이란 살 만하며 때로는 너무 멋지다는 것을 알게 됩니다."

작업 – 영감이 떠오르기를 기다리지 말라

셰익스피어의 희곡 〈헨리 4세〉에서 오웬 글렌다우어는 '나는 정신의 심연에서 영들을 불러낼 수 있다'고 자랑한다. 좀 무모한 사람이라면 다음과 같은 대답으로 불 같은 성질의 그 웨일스 사람을 제압하려 할 것이다. "그런 일은 누구나 할 수 있소. 중요한 건 당신이 그것들을 불러내면 과연 나올까 하는 것이오."

셰익스피어는 분명 개인적인 경험을 적고 있다. 영감이 떠오르고 사라지는 것은 예측할 수 없다. 마술이란 신을 조절하고 움직이려는 인간의 시도이다. 그런 일은 결코 일어날 수 없다. 착한 일을 했다고 해서 좋은 영감을 얻을 수 있는 것은 아니다. 그것은 마치 면죄를 바라는 죄수와 같다. 영감에 관한 한 우리는 무기력한 존재인 듯하다.

창의적인 작업에서 적당한 분위기를 기다린다는 것은 현명치 못하다.

그레이엄 그린은 사망하기 얼마 전에 가진 인터뷰에서 이렇게 말했다.

"저술을 하면 생활에 틀이 잡힌다. 책을 쓰기 위해 몰두할 경우, 아침 일곱 시나 여덟 시경에 글쓰는 일부터 먼저 시작한다. 목욕, 면도, 신문보기나 기타 다른 일은 모두 이후로 미룬다. 글을 쓰기 위해 흔히들 말하는 '영감'을 기다려야 한다면, 단 한 줄도 쓰지 못한다."

스릴러 작가인 레슬리 토머스도 이에 동의한다.

"사람들은 내게 '영감이 떠오르기를 기다립니까?' 라고 항상 묻는다. 그러나 영감이 떠올라야 글을 쓴다면 그는 머지않아 굶어죽게 될 것이다. 나는 아무런 생각이 떠오르지 않아도 책상 앞에 앉는다. 그리고는 낯익은 백지를 응시한다. 일단 펜을 잡으면 계속해서 써내려간다."

이렇게 하는 것이 불가능해보일 것이다. 그것은 마치 휘발유가 아니라 물로 자동차를 움직이려는 것과 같다. 그러나 차에서 내려 차를 밀기라도 해야 한다. 전혀 움직이지 않는 것보다는 단 몇 센티미터라도 앞으로 전진하는 것이 낫다.

전구를 발명한 토머스 에디슨은 멋진 말로 천재를 정의했다.

"천재란 1퍼센트의 영감과 99퍼센트의 땀으로 이루어진다."

역설적인 얘기처럼 들리지만 창의적인 사고는 전혀 창의적이지 않은 아흔아홉 시간으로 이루어져 있다. 창의적인 사고는 끝없이 분석하고 통합하고 이미지화하고 평가하며, 원재료를 여러 방식으로 가려내고 판단하고 적당히 자르고, 바꾸고 짜맞춘다. 빅토리아 여왕이 세계적인 피아니스트 파데레프스키에게 그의 천재성을 칭찬하자, 그는 이렇게 대답했다.

"제가 천재일 수도 있겠지요. 하지만 천재가 되기 전에 나는 단조롭고 힘든 일을 꾸준히 하는 사람이었습니다."

그러나 단조로운 일을 꾸준히 한다고 해서 모두 천재가 되는 것은 아니다. 때로 그 이상의 노력이 요구될 때도 있다. 영감이 없어도 기꺼이 일을 시작하거나, 언제 어디서든 일을 하는 것 이상을 가리킨다. 어떤 독특한 감각이 필요할 수도 있다. 이를테면 나무 꼭대기에 부딪치는 가벼운 바람을 느끼기 위해 모든 감각을 집중한 채 가만히 서 있는 것이 그것이다. 당신 내면의 눈은 심층의식의 미세한 움직임을 추적할 수도 있고, 보이지 않는 바람에 흔들리는 나뭇잎처럼 미묘한 생각을 따라갈 수도 있다. 천재는 고요함도, 타다 남은 불을 타오르게 만드는 바람도, 휘젓기만 하는 반쪽짜리 생각도 아니고, 영감의 경험을 가능케 하는 이 세 신비적인 요소가 하나로 되는 것이다.

독일 시인 괴테는 좀더 소박한 이미지를 차용했다. 그는 이렇게 쓰고 있다.

"아무리 열심히 애를 써도 전혀 생각이 떠오르지 않는 것만큼 최악의 상황은 없다. 생각은 마치 하느님의 착한 자녀가 '내가 여기 있습니다' 라고 말하며 나타나는 것처럼 떠올라야 한다. 그러나 찾지 않으면 떠오르지 않는다. 당신은 골똘히 생각하느라 정력을 쏟는다. 그러다가 모든 것을 포기하고 나면, 그제야 생각은 주머니에 손을 찔러 넣은 채 어슬렁거리며 나타난다. 하지만 힘써 문을 열어 놓지 않았다면, 생각이 어찌 그 문으로 들어오겠는가?"

괴테의 그런 원리가 제임스 와트의 삶 속에서 아주 멋진 사건을 통해 나타났다. 와트는 글래스고 대학에서 뉴코먼 증기 엔진을 연구하던 중 축전지가 매우 비효율적임을 발견했다. 피스톤을 치는 힘은, 먼저 증기로 실린더를 채운 다음 물을 분사해 실린더를 식혀줌으로써 생겨난다. 이 냉각 작용이 증기를 응축해서 피스톤 뒤에 진공 상태를 만들어내고, 거기서 만들어지는 공기 압력으로 움직이는 것이다. 와트는 실린더를 가열하고 냉각하는 과정에서 엔진에 공급되는 열의 3/4 정도가 낭비된다는 것을 알아냈다. 따라서 이 손실을 막는다면 연료 소비를 50퍼센트 이상 절감할 수 있음을 알아냈다. 와트는 눈에 띠는 성과를 전혀 얻지 못한 채 2년 동안 계속 연구했다. 그러던 중 화창한 어느 일요일 오후 그는 산책을 나갔다.

나는 잔디밭으로 들어가 허름한 세탁소를 지나갔다. 나는 그때 엔진에 대해 생각하고 있었다. 가축을 치는 축사 깊숙이 들어갔을 무렵 어떤 아이디어가 떠올랐다. 즉, 증기는 탄성체이기 때문에 진공 속으로 밀고 들어가는데, 실린더와 배출관을 연결시킨다면 증기가 실린더 안으로 들어가서 실린더를 차갑게 하지 않고서도 응축될 수도 있다는 생각이 들었다……. 골프장에 미처 당도하기 전에 모든 것이 생각 속에서 정리되었다.

"개울 위에 떠 있는 다리 긴 곤충처럼 그녀의 정신은 침묵 위에서 움직인다."

우리의 관심을 끄는 로버트 프로스트의 이 말은, 창의적으로 생각하기 위해서는 시골길을 걷는 것과 같은 침묵과 고독이 필요함을 강조하고 있다. 당신이 기대나 확신을 갖고 있다면 나 역시도 도울 것이다. 우리 모두는 창의적 사고가 가능하고, 그렇지 않은 경우란 결코 없다. 따라서 우리는 원하는 목표에 이미 반쯤 도달해 있는 셈이다. 우리는 그저 대기 중에 언어와 음악이 있다고 믿기만 하면 된다. 다시 말해 맞는 파장에 자신의 도구를 일치시키기만 하면 되는 것이다. 언어와 음악은 자기에게 맞는 시간과 장소에서 생겨날 것이다. 우리가 해야할 일은 그것을 맞이할 준비를 하는 것이다. 왜냐하면 영감이란, 기회와 마찬가지로 준비되어 있는 정신을 좋아하기 때문이다. 이와 반대로 공포, 걱정, 근심, 영감이 전혀 떠오르지 않을 것이라는 분노 등과 같은 부정적인 감정은 위의 경우와 정반대 현상을 만들어낸다. 부정적인 감정들은 우리가 갈망하는 것을 멀리 쫓아버린다.

"겨울이 왔다면 이제 봄도 멀지 않았을까?"

모든 결정을 양자택일의 형태로 서둘러　　　　　예　　　아니오
압축시키려고 하는가?　　　　　　　　　　　　□　　　□

'나는 빨리 결정을 내리지 않는 사람을 보면 화가 난다.'
이 주장에 동의하는가?　　　　　　　　　　　□　　　□

어떤 문제점이나 결정을 놓고 불확실한 상태로 있을 경우
생겨날 수 있는 부작용 세 가지를 열거해보라.
1.
2.
3.

'때론 좋은 아이디어가 최상의 아이디어의 적이 될 수 있다.'
이 주장에 동의하는가?　　　　　　　　　　　□　　　□

해결 안 되는 문제를 걱정하는 일을 중단하고 그 문제를 일정
시간까지 심층의식에게 넘길 수 있는가?　　　□　　　□

생각하는 사람으로서 자신의 인내와 참을성을 의식적으로
발달시키려고 하는가?　　　　　　　　　　　□　　　□

불명확하고 불확실하고 의심스런 상태에 있는 동안,
항상 '아홉 개의 점 바깥'에 존재하는 가능한 연결점을 찾는가?　□　　　□

- 문제에서 눈을 뗄 때와 문제를 잠시 놓아둘 때를 아는 것은 창의적인 사고에서 가장 기본이 되는 기술이다. 당신의 무의식이 그 문제를 인계받았다는 확신이 설 경우, 문제에서 눈을 떼기가 한층 쉽다.

- 아이디어나 힌트가 생각의 수면 위로 떠오르더라도 그것을 의식적으로 생각하려는 유혹을 물리쳐라. 아이디어가 정해진 시간과 장소에서 자연스럽게 흘러나오도록 하라. 당신이 견지하는 뛰어난 지각력과 초연한 관심을 통해 적절한 분위기가 만들어질 것이다.

- 모든 창의적 사고는 어떤 연결을 보거나 그 연결을 만들어내는 데서 비롯된다. 모든 것이 서로 연결되어 있을 수도 있다. 그러나 우리 마음은 그런 연결을 항상 감지할 수는 없다. 더욱이 우리는 수없이 많은 연결 가능한 것들로부터 각자 영역에 맞는 기준에 따라 선택해야 한다. 간단한가? 사실인가? 멋진가? 유용한가? 실용적인가? 상업성이 있는가?

- 소극성의 능력이란 일정 기간 의심과 불확실을 안고 살아가는 능력을 말한다. 프랑스 소설가 앙드레 지드는 이렇게 말했다. "오랫동안 육지를 보지 못한 사람만이 새로운 땅을 발견할 수 있다."

- 인간들에게 결여되어 있고 발전시킬 필요가 있는 것은 바로 모호함을 잘 참아내는 능력이다. 왜냐하면 인생 자체가 분명하게 이해되지 않는 것이기 때문이다. 인생은 신비로 이루어져 있다. 나이를 먹을수록 설

명할 수 없는 것들이 많아진다.

• 앙드레 세고비아는 이렇게 말했다. "인내가 없는 사람은 기름 없는 램
  프와 같다." 창의적 사고는 활동적이고 정력적인 인내의 한 형태이다.
  혼돈에서 질서가 생겨날 때까지 기다리라. 때가 오면 산파가 필요할
  것이다.

> 인간은 결코 어떤 문제에 자기 견해를 강제로 부여해서는 안 된다.
> 오직 그것을 열심히 연구해야 한다.
> 그러다 때가 이르면 해결책이 스스로 모습을 드러낼 것이다
> 알버트 아인슈타인

2.7

일곱 번째 습관
아이디어를 저축하라

잠시 동안 우리의 정신을 은행이라고 상상하라. 우리는 끊임없이 예금을 인출하고 수표를 발행한다. 그러나 수표대금을 지불하고 예금을 넣지 않으면 이내 계좌에 돈이 말라 버릴 것이다. 지불하는 돈과 수표는 인출하는 돈과 전혀 관련이 없을 수도 있다. 하지만 은행 지하 금고 어딘가에서는 폭발 직전의 통 속에 유용한 정신의 화폐가 만들어지고 있다. 정신의 화폐란 다름 아닌, 창의적인 당신에게 매우 쓸모있는 아이디어, 자료, 영감을 말한다.

본장에선 지식이라는 은행의 예금에 관한 내용을 다루고 있다. 이것은 자연스런 하나의 과정이다. 당신의 눈과 귀가 열려 있다면 플랑크톤을 삼키는 고래처럼 무작위적으로 정보를 받아들일 수밖에 없다. 그러나 기술은 자연 법칙을 개선한다. 지금까지 살펴본 여섯 가지 습관을 일곱 번째 습관으로 포장하여 보관하라. 아이디어를 저축하는 일곱 번째 습관에는 다음 같은 것들이 있다.

- 호기심
- 관찰
- 듣기
- 독서
- 여행
- 기록

본 장은 특정 문제를 푸는 방법에 대한 조언이나 암시가 아니라, 문제를 대하는 전략이나 좀더 멀리 보는 안목에 관한 것을 다루고 있다. 필자가 추천한 방식에 따라 자신이나 자신의 정신에 투자하지 않으면 당신의 은행 잔고는 서서히 줄어들게 될 것이다. 농부가 밭에 좋은 거름을 주지 않는다면 어떤 수확을 기대할 수 있겠는가? 정신이 당신을 위해 일할 수 있도록 정신의 양식을 축적하고 갖추는, 전략적이고 장기적인 접근법을 세우도록 하라. 특히 당신이 사업가로서 창의적인 경영을 하고 있다면 더욱 필요하다.

호기심에 관하여

주식회사 소니의 회장인 아키오 모리타는 한 인터뷰에서 이렇게 말했다.

"나의 주요 임무는 관료주의와 형식적인 학교 제도를 통해 사그러든 사람들의 호기심을 계속 자극하여 불을 붙이는 것이다."

끊임없는 호기심이 좋은 경영자를 만든다.

당신이나 내가 워털루에서 패배당한 나폴레옹과 같은 처지에 놓였다면 절망 아니면 우울증에 빠져버렸을지도 모른다. 그러나 나폴레옹은 그렇지 않았다. 전투에서 패배한 뒤 나폴레옹은 미국으로의 망명을 완강히 거부하였다. 하지만 로슈포르에서 항구가 봉쇄당했음을 안 그는 영국 해군에게 항복하기로 결정했다. 그는 벨레로폰 호에 태워져 이송되었다. 나폴레옹으로서는 몇 년 전 트라팔가르 해전에서 프랑스에게 패배를 안긴 영국 함대의 배 안을 볼 수 있는 새로운 경험이었다. 그와 함께 배에 탔던 한 영국인 목격자는 이렇게 말했다.

"그는 호기심이 무척 강했다. 배 안에 무언가 눈에 띄는 것이 보이면 즉시 만져보며 작동법을 자세히 물어보았다."

지성인이라면 그런 호기심을 갖고 있어야 한다. 창의적인 사람은 호기심을 갖고 있는데, 그것은 다양한 자료로부터 정보를 받아들일 필요가 있기 때문이다. 일례로 소설가 윌리엄 트레버는 자신의 역할을 인간 본성을 관찰하는 사람으로 여겼다. '당신이 인간다워지려 노력한다는 것은 호기심을 많이 갖는 것이다' 라고 말했다. 그가 이런 생각을 하지 않았다면 자신이 소설을 쓸 수 있다는 생각조차 하지 못했을 것이다.

물론 여기서 말하는 호기심은 고양이 목에 방울을 다는 식의 호기심과는 반드시 구별되어야 한다. 그런 호기심은 방해나 참견이며, 다른 사람의 마음을 엿본다든가 사생활에 끼여드는 것을 의미한다. 진정한 호기심은 단지 배우고 알려고 하는 강한 열망이다. 이 같은 사심없는 지적 호기심은 일상 습관이 되어야 한다. 레오나르도 다 빈치의 좌우명은 바로 '나는 질문한다' 였다.

클라이브 싱클레어 경은 다음과 같이 말했다.

"발명가가 된다는 것은 일종의 취사선택이다. 발명가인 당신은 서로 다른 많은 주제에 관한 서로 다른 방법을 선택하고, 그래서 자신이 원하는 것을 스스로 가르쳐야 한다. 내가 생각하기에 발명가가 되려는 사람에게 대학은 별 도움이 되지 못하는 것 같다. 대학에서 내가 얻은 것은 그것뿐이다."

악어 이야기

악어는 어류가 아니라 파충류이다. 그러나 그들은 물 속에 한 시간 이상씩 머물 수 있다. 왜 그런지 생각해 보았는가? 당신에게는 중요한 문제가 아니라고? 하지만 다음은 호기심을 가지고 접근했을 때 어떻게 그 결과가 창의적으로 나타나는지에 관한 흥미있는 이야기이다.

케임브리지 분자생물학 연구소에 근무하는 두 명의 일본인 과학자가 그 답을 발견했다. 그 답 때문에 당신도 덕을 보게 될 것이다. 왜냐하면 파충류를 이용해 보다 좋은 인공 혈액을 만들어 사람에게 주입할 수 있기 때문이다. 주요 성분은 악어의 혈액이다. 그것은 이미 혈액을 통해 산소를 옮기는 인간의 헤모글로빈에 주입해 사용해왔다.

과학자들의 보고에 의하면 악어의 헤모글로빈에는 짧게 연결된 아미노산들이 들어 있는데, 그 아미노산은 헤모글로빈이 산소에 달라붙지 못하도록 함으로써 혈액이 과다한 산소를 함유하지 못하도록 만들어준다는 것이다. 이렇게 해서 이산화탄소가 제거되고 혈액 속에 저장되어 있는 산소들이 꾸준히 공급된다.

사람의 헤모글로빈 구조가 악어의 것과 전혀 다를지라도 사람 혈액 속에 열두 개의 아미노산만 바뀌면 중탄산염 효과가 일어난다는 사실을 밝히고자 이 두 과학자는 다양한 기술을 사용했다. 그리하여 이들은 인간 헤모글로빈을 개선시킨 자급식 수중 호흡 장치를 만들어냈다. 이를 통해 아미노산 연결고리는 미국에서 시행되는 임상 실험의 혈액 대체 분야에서 중요한 자리를 차지할 수 있었다. 20세기 말이면 사용 가능한 이 기술은 혈액량 확보에 대한 부담을 줄이고, 수혈에 의해 감염될 위험을 덜어줄 것이다.

교육의 가장 중요한 목적 가운데 하나는, 논란의 소지가 있긴 하지만, 탐구 정신을 기르는 것이라 할 수 있다. 아나톨 프랑스는 이렇게 적고 있다.

"가르치는 기술이란 젊은이들의 자연스런 호기심을 일깨워 목적한 바를 이루게 하는 것이 전부이다."

"더욱 더 호기심을 갖자!" 이상한 나라의 앨리스는 이렇게 외친다. 우리의 호기심을 촉발시키는 것은 별나고 희귀하며 흥미를 끄는 것만을 가리키는 경우가 많다. 그러나 단지 별나고 신기하다는 이유로 관심을 끄는 것은 더 이상 탐구할 가치가 없다. 따라서 우리는 호기심 가운데서 반드시 선택해야 한다.

다음 말과 같은 젊은 장교의 이야기가 있다.

"부하들은 그가 어디에 있든 그를 따를 것이다. 호기심 때문에 말이다."

창의적 사고에서 장래 일에 대한 호기심은 동기 부여의 중요한 요소가 된다. 켄 로워트는 1979년 3월호 〈가디언 Guardian〉에서 이렇게 썼다.

> .때때로 곤혹스러운 순간을 맞이하겠지만, 창의적인 활동은 분명 삶의 질을 높이고 기쁨을 준다. 그것은 전기 제품을 광고하는 모델의 판에 박힌 웃음 같은 것이 아니라 한 개인이 자기 행동에 진정 몰두한 정도에 의해 얻어진 기쁨이다. 사랑의 행위 중 몰입하지 않는 남성이나 여성은 탐험 또는 건설에 완전히 빠져드는 사람들에 비해 느낌이 약할 수밖에 없다. 특히 '성행위를 하면 기분이 어떨까?' 라는 단순한 동기를 가졌다면 더욱 그렇다.

다시 말해서 그것은 창의적 사고를 위해 호기심을 가지고 정보와 자료를 수집하여 단순화한 경우가 아니라는 것이다. 창의적 사고는 그 자체가 무언가 새로운 것을 배우는 방법이다. 생각이 자신을 어디로 안내할지 잘 알지 못한다. 따라서 창의적 사고란 학습이라기보다는 생각과 배움 사이의 연결고리이다.

EXE연습CISE

다음 주제 중 가장 알고 싶은 것은? 순서대로 세 가지를 적어보라.

	1.	2.	3.
역사 속의 인물			
국가			
장사 또는 전문직종			
당신이 알고 있는 사람			
취미 또는 사회 활동			
단어			
그 밖의 것들			

"사고란 개인이 받은 교육 안에서 공백을 메우려는 시도이다."

철학자 길버트 라일은 자신의 저서 〈사고에 관하여 On Thinking〉 (1979)에서 이렇게 말했다. 물론 사고 자체가 알고 싶은 것을 스스로 터득하는 것을 의미하지는 않는다. 자신이 알지 못하는 것을 자신에게 가르칠 수는 없다. 라일은 이렇게 말한다.

"내가 생각해내려고 노력하는 것을 어쩌면 천사 가브리엘이 가르쳐줄지도 모른다. 그러나 아무도 내게 가르쳐주지 않았다. 내가 생각하는 것은 바로 그 때문이다. 나는 다른 사람이 노를 저어주는 나룻배에 타고 있는 것이 아니기 때문에 수영하는 것이다. 혼자서 물위를 가듯이 나는 스스로 생각한다. 아무도 대신 생각해줄 수 없다."

항상 예리하게 관찰하라

"나는 사람이나 사물이 발달해가는 성장의 섭리에 매료되었다."

초상화가 그레이엄 서덜랜드가 일흔세 살 때, 인터뷰에서 이렇게 말했다. 그는 자기가 그리려는 사람의 분위기와 실체를 정확히 표현하는 데 목적을 두었다. "나는 고양이처럼 인내하며 관찰해야만 했다." 그는 돌멩이의 거친 표면이나 언덕의 불규칙한 등고선을 보았을 때, 인간의 얼굴에서도 성장과 투쟁의 과정을 통해 생겨난 독특한 표정을 읽을 수 있었던 것이다. 그는 이렇게 덧붙이고 있다. "드러내고 싶은 아이디어가 내 마음속에 수없이 있었다. 그것을 표현하려면 하루로도 충분치 않다."

그림 그리는 일을 아이디어를 드러내는 일로 생각하는 것이 이상하게 보일지도 모르겠다. 그러나 화가에게 조심스럽고 분석적으로 관찰하는 기술은 단지 한 과정에 지나지 않는다. 아이디어와 감정들은 영감의 열기에 휩싸인 물감 속으로 녹아든다. 화가가 깨닫고 느낀 것은 그가 본 것과 관련이 있고, 그 결과로 나타난 그림은 결혼해서 아이를 낳는 것 같다. 피카소는 이렇게 말했다.

"화가란 장님이 할 만한 직업이다. 화가는 본 것이 아니라 느낀 것을 그린다. 그는 자기가 본 것을 자신에게 말하는 것이다."

그 원리는 피카소를 유명하게 만든 기술일 뿐 아니라, 그레이엄 서덜랜드와 같은 화가에게도 도움이 되었다.

EXERCISE 연습

창의적인 사람들은 감각을 안테나처럼 사용한다. 대부분의 사람들은 다른 감각은 모두 제외시키고 오직 한 가지 감각(주로 시각)만을 선호하는 경향이 있다. 모든 감각을 발달시키기 위한 준비 운동 몇 가지를 소개한다.

시각 — 정원으로 나가라. 스무 가지 이상의 색깔을 구분할 수 있는지 실험해보라.
　　 — 지난번 휴일에 놀러갔던 곳을 글로 묘사하라.

청각 — 지금부터 들리는 소리 가운데 서로 다른 소리 다섯을 나열하라.
　　 — 복잡한 쇼핑 센터에서 당신이 구별할 수 있는 소리는 몇 가지인가?

촉각 — 눈을 감고 당신 주위에 있는 물건을 만져보라. 재질이 다른 종이들을 만져보고 그 차이를 느낄 수 있는지 알아보라.

미각 — 눈을 가리고 맛이 다른 백포도주를 구별해보라. 좋아하는 미각을 열거할 수 있는지 알아보라.

후각 — 당신이 좋아하는 후각을 상상하면서 떠올려보라. 그 냄새를 어떤 곳에서 맡았는가?

눈을 통해 이루어진 관찰은 창의적인 사람의 정신 속에서 다양하게 변화하게 되는데, 바로 그때 흥미라는 내용물이 끓고 있는 가마솥처럼 관찰은 다른 요소들과 결합하여 새 아이디어가 된다. 그러나 관찰 자체는 분명하고 정확할 필요가 있다. 훌륭한 요리사가 최상의 재료를 선택하듯이 창의적인 사람은 최선의 자료를 갖고 작업해야 한다.

로렌스 올리비에는 창의적인 방법으로 등장인물의 성격을 만들어내는 것으로 유명하다. 그는 이렇게 말했다.

"나는 폐품을 수집하는 사람과 같다. 내 기억 속에 20년 이상 간직해두었던 것들을 면밀히 관찰한다."

셰익스피어의 희곡 〈리처드 3세〉의 주인공 배역을 부탁받았을 때, 올리비에는 1930년대 브로드웨이의 유명한 영화 제작자였던 제드 해리스를 떠올렸다. 올리비에는 해리스와 일하면서 쓰라린 경험을 한 적이 있었다. 해리스는 콧날이 우뚝 선 편이었는데 올리비에는 자기 배역에 그 코의 이미지를 빌렸다. 올리비에는 또한 월트 디즈니 만화영화 〈피노키오〉에 등장하는 빅 배드 울프의 실루엣도 차용했다. 기억에 남는 영화를 통해 그런 아이디어를 얻었던 것이다. 샤일록에서 그가 추었던 간단한 춤은 히틀러가 손을 치켜든 동작을 우습게 표현한 것이다. 그 동작은 히틀러가 1940년 프랑스가 항복문서에 서명했을 때 기쁨의 표시로 보인 행동이었다.

관찰은 하나의 기술이다. 낮은 수준에서의 관찰이란 자기 눈앞에 있는 것을 보는 능력을 말한다. 과학자들은 익히 알고 있겠지만, 관찰이 결코 쉬운 것은 아니다. 완전히 객관적이 되기란 거의 불가능하다. 우리는 이미 알고 있는 것만을 보려 한다. 그러다 보면 몇몇 창의적인 가능성들을 놓치게 된다. 그래서 구스타브 플로베르는 이렇게 말했다.

"모든 사물에는 탐구되지 않은 면이 있다. 그것은 우리가 눈으로 사물을 보지 않고 다른 사람이 생각한 것을 기억하면서 사물을 보기 때문이다."

EXE연습CISE

1. 다음주에 특별히 신경써야 할 일 가운데 하나를 선택하라. 상품 진열이나 고객의 요구, 형태 등이 그 대상이 될 수도 있다. 일단 정해지면 대상을 관찰하고 자료를 수집하라. 마치 해변이나 나비를 연구하는 과학자처럼. 어떤 결론도 내리지 말라. 이 연습의 주목적은 관찰력을 향상시키려는 것이다.

2. 다음에는 기차역으로 가서 전에는 눈에 들어오지 않았던 물건 다섯 개를 적도록 하라.

우리 마음은 특정한 것을 보도록 되어 있다. 자기만의 특정한 관심에 따라 좌우된다. 예를 들어 식물학자는 식물만을 보려 할 것이다. 사물이나 사람을 아무리 자주 본다 해도, 익숙하거나 예측 가능한 변화와 기준에서 벗어난 것 등이 우리의 관심을 끌지 않는 한 우리는 아무것도 보지 못한다. 좋은 관찰자는 가능한 한 객관적이 되어야 한다. 누구든지 관찰을 선택적으로 하는데, 그 이유는 자신이 찾으려는 아이디어나 원리에 좌우되기 때문이다. 그러나 새로운 것을 발견하려면 듣지 못한 말이나 자신에게 한 말에 민감해야 한다.

관찰력을 키우기에 가장 좋은 훈련은 그림을 그리는 것이다. 필기 도구를 가지고 어떤 물체를 바라보라. 물체의 기본 모양을 이루고 있는 중심선을 선택하라. 당신은 지금 세심하고 분석적인 관심을 키우기 위해 훈련하고 있는 중이다. 따라서 그 물체를 능숙한 화가처럼 그리지 못할까 봐 걱정하지 말라. 그림을 잘 그리는 것이 목표가 아니다. 눈을 사용하는 법을 배우기 위해 그림을 이용하는 것이다. 그렇게 하면 주변 세상을 제대로 볼 수 있다.

잘 그리든 못 그리든 그림 연습을 통해 당신은 세상을 파악하는 능력을 기를 수 있을 뿐 아니라 그 장면을 기억하는 데 도움을 받을 것이다. 화가 텔웰은 〈내 목에 두른 맷돌 A Millstone Round My Neck〉(1981)이라는 책에서 이 점을 분명히 하고 있다.

> 세상에 대한 인식 능력은 필기도구를 이용해 그림으로 표현하다 보면 향상될 수도 있다. 스케치북이나 그림, 심지어 간단한 메모만으로도 날짜나 장소가 아니라 시간이나 분, 초, 때로는 영영 사라져버린 소리와 냄새까지도 회상할 수 있다. 나는 어린 시절에 그렸던 그림을 아직도 갖고 있는데, 그 그림을 보고 있노라면 형이 내게 한 말, 어머니가 하고 계셨던 일, 내가 일하고 있을 때 라디오에서 흘러나온 음악, 당시 내가 세상에 대해 가졌던 느낌 등을 기억할 수 있다.

우리가 사용하는 정보의 70퍼센트가 눈을 통해 들어온다. 따라서 당신은 사물을 보며 자세히 관찰하는 능력을 계발해야 한다. 왜냐하면 눈에 보이는 것들은 창의적 사고를 위한 자료들이기 때문이다.

아이디어를 위해 귀를 열어두라

"당신은 내가 하는 말을 듣지 않고 있소."

셰익스피어의 희곡 〈헨리 4세〉에서 재판장은 폴스타프에게 이렇게 말했다. 그러자 악질적인 늙은 불한당 폴스타프가 이렇게 대답했다.

"좋습니다. 재판장님, 좋습니다. 하지만 변명할 기회를 주신다면 말씀

드릴 것이 있는데, 저의 문제는 '듣지 않는 질병'이라는 고질병을 갖고 있다는 점입니다."

많은 사람들이 잘 듣지 못해 고민하지만 창의적인 사람에게는 그런 고민이 없다. 폴스타프를 창조해낸 작가에 관해 아는 것은 없지만, 그가 귀가 열린 사람인 것만은 분명하다.

귀가 열린 사람은 어떤 요소를 갖고 있는가? 첫째, 호기심을 갖고 있어야 하는데, 호기심이란 배우려는 아주 기본적인 갈망이다. 호기심에는 어

귀가 열린 사람이 얻을 수 있는 사업상의 이점

나는 집무실을 사람들 가까이에 만들어 놓았다. 평소에 이와 같이 주장한 까닭은 나를 찾아온 방문객이 내 집무실에 들어가도 좋다는 허락을 받기 전에 미리 그 방문객을 면밀히 관찰하기 위해서이다. 그렇게 해서 나는 놀랄 만한 사실을 발견하곤 하며 그 사실은 내게 많은 도움을 주었다.

나는 항상 호기심과 희망에 차 있다. 지금도 가끔씩 회의할 때마다 다른 사람을 쳐다보거나 그가 원하는 것을 찾기 위해 고개를 이리저리 돌린다. 또한 비서가 바쁘거나 잠시 자리를 비울 경우 내가 직접 전화를 받는다. 나는 교환수에게 내게 걸려온 전화를 받을 사람이 없으면 내게 직접 연결하라고 말했다. 전화받을 사람이 없다는 이유로 정보나 기회가 달아나버리는 것을 원치 않는다.

어디를 가든 나는 친구를 사귀려고 노력하고 거의 성공한다. 내가 친구를 사귀려는 이유는 사람은 누구나 아이디어를 갖고 있고 그중 최소한 하나 정도는 좋은 아이디어라는 점 때문이다. 당신이 한 가지 아이디어를 얻기 위해 열 사람에게 말을 걸었을 경우, 결과가 비록 하찮은 것이라 할지라도 결코 시간 낭비가 아니다. 사람들은 계속해서 내게 무언가를 전해준다. 그 이유는 내가 흥미를 느낄 것이고 그에 따른 보상을 해줄지 모른다는 믿음을 그들에게 주었기 때문이다. 가끔씩은 별로 기대하지 않았는데도, 귀한 보물을 얻는 경우도 많다.

로이 톰슨, 〈예순을 훨씬 넘기고 Long After Sixty〉(1975)

느 정도의 겸손도 요구되며, 겸손은 마음을 여는 데 꼭 필요하다. 왜냐하면 당신이 어떤 것에 관해 잘 알고 있거나 상대방보다 많이 알고 있다고 믿으면, 전혀 듣지 않으려고 하기 때문이다.

마음을 열었다고 해서 아이디어나 계획안, 당신에 부여된 업무 등이 해결된다는 보장은 없다. 하지만 마음을 열 경우 새 아이디어를 파는 시장에는 도착한 셈이다. 가격만 적당하다면 그것을 살 것이다. 귀를 열어두기 위해 필요한 두 번째 요소는, 자신의 분석적이고 비판적인 충동을 절제하는 것이다. 잘 들으려면 우선 먼저 다른 사람의 말을 모두 파악해야 하기 때문이다.

로이 톰슨은 모든 것에 의문을 갖고 대했다. 그의 관심은 마르지 않는 샘과 같았다. 그런 자세는 매 순간이 시사문제에 관한 정보를 얻거나 경험해보지 못한 어떤 세계를 드러낼지도 모른다는 희망에서 나왔다. 그는 터키 속담을 몸소 실천했던 것이다.

"듣는 것은 말하는 것보다 더 많은 지식을 필요로 한다."

독서는 창의적 사고를 자극한다

찰스 램은 이렇게 썼다.

"나는 다른 사람의 정신 속으로 들어가 방황하는 것을 좋아한다. 산책하지 않을 때 나는 독서를 한다. 나는 앉아서 생각할 수 없다. 책이 내 대신 생각해준다."

많은 사람에게 있어 독서와 연구는 사색에 도움을 주기보다는 사색을 피하기 위한 도구일 뿐이다. 물론 기분 전환이나 흥미를 위한 독서, 또는 정보를 얻기 위한 독서 등은 아이디어를 얻기 위한 독서와는 근본적으로 다르다. 그렇다면 과연 어떤 독서가 당신의 창의적인 상상력을 계발시켜

줄 것인가?

15권의 소설을 쓴 프랜시스 클리포드가 한 말은 창의적인 생각을 하려는 사람에게 매우 유용할 것이다.

"작가의 임무는 모든 것을 다 쓰는 것이 아니다. 작가는 압축하고 추론하고 암시하여 독자 스스로 생각하고 상상하도록 도움으로써 글에 몰입할 기회를 주어야 한다."

책을 읽되 생각하지 않는 것은 음식을 먹되 소화시키지 않는 것과 같다. 잘 소화된 한 쪽, 아니 한 단락이라도 대충 읽은 한 권보다 더 효과가 있다. 아니면 영화계의 거장 샘 골드윈이 장래가 유망한 작가에게 말한 것처럼 읽도록 하라.

"나는 모든 방법을 동원해 당신 책의 부분을 읽었습니다."

책을 읽어가다 의미있는 부분과 마주칠 때, 즉 당신에게 말을 건네는 구절을 발견할 때 '영국 국교회 기도서' 의 가르침을 기억하라.

"읽고 줄긋고 깨닫고 내면에서 소화시키라."

연습 EXERCISE

1. 지난 2년간 읽은 책 가운데 가장 크게 자극받은 책은 무엇인가?
   책의 주요 구절에 밑줄을 긋는가?
   책을 읽어내려 갈 때 그것을 크고 작은 활자들로 보는가 아니면 낯익거나 새로운 아이디어의 집합체로 보는가?

2. 가까운 공공도서관을 찾아가 실용서가 꽂혀있는 서가로 가라. 자신의 눈을 가리고 도서관 사서에게 책꽂이 주변으로 안내해달라고 부탁하라. 손에 잡히는 대로 3권을 고른 뒤, 집에 돌아와 각 책의 중심 아이디

어를 나열해보라. 한 권 당 다섯 가지를 넘지 않도록 하라.

좋은 책은 저자와 독자의 관계를 친밀하게 만들어주는 힘을 갖고 있다. 그것은 고독 속에서 행해지는 일종의 거래이다. 책은 다른 사람의 관점에서 벗어나 어떤 주제에 관해 혼자 생각하도록 당신을 초대한다. 작가는 맛있는 음식과 신선한 물이 있는 곳으로 당신을 안내해야 하고, 비록 물을 강제로 먹일 수는 없을지라도 물을 마시도록 격려를 아끼지 않아야 한다. 이 독특한 내면의 대화라는 조건을 거쳐 좋은 책 한 권이 의식의 깊은 곳에 도달하는 것이다.

책을 처음부터 끝까지 꼼꼼하게 다 읽을 필요가 없다. 건너뛰고 스쳐지날 수도 있다. 따라서 속독 훈련을 받지 않아도 된다. 공상과학 소설가인 아이작 아시모프는 이렇게 말했다.

"나는 빨리 읽는 사람이 아니라, 빨리 이해하는 사람이다."

목차를 살펴본 다음 씹어 삼키고 싶은 부분을 고른다. 절대로 씹기 전에 삼키지 말라. 왜냐하면 당신이 읽는 것을 다 믿어버린다면 읽지 않는 편이 낫다.

책을 통해 기쁨을 얻는다는 것은 놀라운 일이다. 우리는 문화와 시대를 초월하여 시간을 여행할 수 있다. 그것은 데카르트가 말한 것처럼 '다른 시대의 사람들과 대화하는 것은 그 시대를 여행하는 것과 같기' 때문이다. 앞에서 지적한 다음 내용을 기억하라. 시간적으로 멀리 떨어진 시대의 아이디어, 관습, 실생활, 기술 등이 일순간 당신의 관심이나 흥미와 연결되는 것을 발견할 것이다. 전혀 예상치 못한 것을 우연히 발견하게 되어 놀랄 수도 있다.

그럴 때 독서는 창의적인 사고 능력을 자극하고 계발한다. 다른 뾰족한 수가 없다면 한 권의 좋은 책이 당신을 일하는 분위기로 이끌 수 있다. 생각하는 사람은 소비 지향적인 사람이 자신의 몸에 많은 투자를 아끼지 않는 것처럼, 정신 건강에 많은 시간과 관심을 기울인다. 이런 주장이 옳다고 생각한다면 당신은 찰스 다윈의 충고를 기꺼이 따르게 될 것이다.

내가 다시 태어난다면 최소한 일 주일에 한 번은 시를 읽고 음악을 듣겠다. 그렇게 하려는 것은 현재 퇴화된 뇌의 특정 부분을 사용할 경우 다시 활기를 되찾을 수도 있기 때문이다. 그런 감각을 잃게 되면 행복을 잃어버리며 지성이 손상될 뿐 아니라, 인간의 감성적 부분이 약화됨으로써 도덕적 자질이 큰 피해를 입게 된다.

한 마디 덧붙인다면, 다윈은 뛰어난 과학자였을 뿐 아니라 대단히 실력 있는 화가이기도 했다.

여행을 다녀라

"낯선 곳에서 느끼는 생기발랄함은 글을 쓰고 싶은 충동을 일으키는 것 가운데 하나이다."

장 르 카레가 최근 라디오 인터뷰에서 한 말이다. 당신이 스파이 소설의 세계적인 거장이 아닐지라도 분명 여행을 통해 도움을 얻을 수 있다. 여행은 창의적인 사고를 자극한다. 그럼 언제 여행을 해야 할까?

당신이 살지 않았던 곳을 비교적 짧은 시간 동안 여행할 경우, 자기 자신을 한 문화에서 다른 문화로 옮겨놓는 격이 된다. 여행을 통해 자기 자신을 전혀 새롭고 낯선 환경, 즉 다른 언어, 관습, 건축물, 의상, 음식 등에 노출시키는 것이다. 모든 것이 생소할 것이다. 여행이란 정신적 진부함에서 벗어나도록 당신을 흔드는 그런 것이다. 스위프트는 이렇게 적고 있다.

"최초로 굴을 먹은 사람은 정말 대담한 사람이다."

여행은 정신적인 힘을 솟게 해준다. 물론 다음 작품을 위해 배경, 분위기, 인물 등을 찾는 작가의 경우와는 달리 여행이 직접적인 도움을 주지 않을 수도 있다. 그러나 여행은 호기심을 자극하고 흥미를 유발시킬 수 있다. 간단히 말해 여행은 당신의 지성에게 바람을 쏘여주는 것이다.

> 여행은 도박과 같다. 얻을 수도 있고 잃을 수도 있다. 따라서 대개 가장 조금 기대한 곳에서 바라던 것 이상을 얻게 된다.
>
> 괴테

모든 여행이 그러한 효과를 안겨주는 것은 아니다. 친구, 동료 등과 함께 무리를 지어 떠나는 스키 여행이나 고급 호텔에 묵는 단체 휴가는 신체적 휴식과 정신적 편안함을 줄 수 있다. 창의적 사고를 위해 그런 휴식과 여유는 매우 소중한 요소들이다. 그러나 그런 휴가는 정신적인 흥미를 가져다주지 못할 것이다. 당신은 책이라는 형태를 통해 정신을 자극해야 할 것이다. 그런 여행할 시간이 있다면 그 시간에 집에서 그만큼의 책을 읽을 수 있을 것이다.

아쉽게도 요즘처럼 배나 기차를 이용하지 않는 항공 여행 시대에는 어디를 가더라도 별다른 경험을 하지 못한다. 그러나 배나 기차 여행 역시 과거에는 여행으로 간주하지도 않았다. 플루타르크에 의하면 로마의 정치가 대(大) 카토는 평생 세 가지를 후회했다고 한다. 여자에게 비밀을 말한 것과 아무 일도 하지 않고 하루를 보낸 것, 그리고 걸어가야 할 때 배로 간 것 등이다. 근세에는 증기 기차를 타고 여행하는 것조차 진정한 여행으로 간주하지 않았다. 19세기의 존 러스킨은 이렇게 적고 있다.

"나는 기차 여행을 진정한 여행으로 간주하지 않는다. 그것은 단지 어떤 장소로 '보내지는' 짐짝과 별로 다를 바 없다!"

여행이 업무에 새로운 아이디어와 혁신을 줄 수 있는 방법에 관해 두 가지 실제적인 예를 소개하겠다. 1920년대 사이먼 마크스가 미국을 방문하여 소매 거래에서 어떤 일이 벌어지는지를 연구했다. 미국 농부들은 쇼핑할 시간이나 기회가 거의 없었다. 그래서 농부들은 물품 목록을 보며 하자가 있을 경우 '무조건 환불' 해주는 새로운 보증제도를 이용해 물건을 샀다. 서비스를 제공했다는 것 자체가 인간이 신기술을 개발했다는 의미였다. 즉, 공급자들을 조직해 효율성의 새로운 기준을 이룩했던 것이다. 시어즈는 1920년대 말 도시 외곽에 그런 형태의 매장을 건설해 도시형 대형 마켓을 세움으로써 그것을 한층 발전시켰다. 1924년 미국에서 돌아온 사이먼 마크스는 '환불' 보증제도와 함께 낮은 가격에 양질의 제품을 제공하는 '마크스와 스펜서' 라는 판매점을 새로 만들었다.

그로부터 몇십 년 후, 테런스 콘런 경은 영국 가구점들에 불만을 갖게 되었다. 가구를 구입하는 일이 왜 그렇게 지루하고 따분한가? 가구점들이 왜 그렇게 나쁘게 보이는가? 가구점 점원들은 왜 그렇게 불친절한가? 테런스 경은 이러한 의문을 품었다. 그는 이렇게 말했다.

"여건을 변화시키려는 착상이 생긴 것은 일정이 잘 짜여진 여행을 하면서 내가 본 것에 대해 나 자신에게 질문한 결과였다. 내가 보기에 프랑스의 상점들과 철물상에는 매혹적이고 흥미있는 제품들이 진열되어 있었다. 이것을 합친 상점이 영국에 필요하겠다는 생각이 들어 판매와 가공을 함께 하는 최초의 직영상점을 열게 되었다."

EXE**연습**CISE

여행을 할 때 당신은 얼마나 모험적인가? 지난 5년을 회상해보고 휴가와 업무 출장을 포함해 여행한 것을 기록하라.

1. _____	6. _____
2. _____	7. _____
3. _____	8. _____
4. _____	9. _____
5. _____	10. _____

그 여행이 당신이 경험해보지 못한 것을 탐구하는 데 흥미를 갖도록 도와주었는가? 앞으로 5년 동안 새로운 경험에 초점을 맞춘 여행을 위한 세 가지 아이디어를 적어보라.

	경험	국가 / 바다
1.		
2.		
3.		

여행을 수단으로 사용하라. 다시 말해 호기심을 키우고 자극하기 위한 도구로 삼으라. 어떤 위험도 감수하겠다는 것을 보이라. 탐구의 열정을

키우라.

즐거움은 물론 경험까지 제공하는 그런 여행은 예상치 못할 장점을 안겨준다. 다른 문화에 몰두할수록 여행을 마치고 집에 돌아왔을 때 약간의 문화적 충격을 경험하게 될 것이다. 눈에 익었던 것들이 낯설게 보일 것이다. 그것은 당신의 조국을 새로운 눈으로 보기 때문이다. 많은 사물들과 사람들, 잘 길들여진 전통적 가치 체계들이 생소하게 보일 것이다.

G. K. 체스터턴은 이렇게 적고 있다.

'여행의 목적은 낯선 땅을 밟아보는 데 있는 것이 아니라, 자기 나라를 낯선 땅으로 보는 데 궁극적인 목적이 있다.'

창의적인 사람이 그 누구도 생각지 못한 것을 생각하려면 친숙한 환경에 처해 있다 하더라도 자신을 이방인으로 만들어야 한다. 여행, 특히 모험에 찬 여행은 그렇게 되는 방법 가운데 하나이다.

그것이 바로 여행을 해야 하는 또다른 이유이다. 왜냐하면 백 번 듣는 것보다 한 번 보는 것이 낫기 때문이다. 직접 가서 눈으로 보라. 옮겨와도 괜찮은 기술을 발견할 수도 있다. 일본인 개개인은 그다지 창의적인 사람들이 아니다. 그러나 함께 모이면 대단히 창의적이 된다. 기적 같은 일본 경제 성장의 비밀은 일본으로 가져올 수 있는 최첨단의 기술을 찾아 전세계를 여행하고, 그 기술을 끝없이 적용하고 개발한 데 있다. 예를 들어 Q. C.(품질 관리 서클)란 제2차 세계대전 이후 미국에서 처음 생겨난 것으로 근로자들이 제품이나 서비스에 관해 창의적으로 생각하도록 만들려는 제도였다. 일본인들은 이 제도를 가져다가 산업 현장에 열심히 적용하여 발전시켰다. 지금은 약 1,100만의 일본인 근로자들이 Q. C.에 소속되어 있다.

기록의 기술

　경험의 문제점은 배운 것 중 많은 부분을 잊어버린다는 점이다. 특히 기억력이 좋지 않은 사람의 경우 더욱 그렇다. 사실 우리 모두 정상적으로 사는 법을 배우려면 많은 것을 잊어야 한다. 모든 것을 기억하는 벌보다 더 가혹한 형벌은 없고, 그것은 새로운 것을 배울 때 엄청난 장애물이 된다. 그러나 알 수 없는 미래에 유익하게 쓰이고 가치를 발휘할 아이디어나 자료를 어떻게 해야 확실하게 저장할 수 있는가?

"왕이 외쳤다. '그 공포의 순간을 나는 결코 잊지 못할 거야!' 왕비가 말했다. '그럴 수 있겠지요. 하지만 그것을 기록하지 않는다면 잊을 수도 있습니다.'"

루이스 캐롤의 〈이상한 나라의 앨리스〉에 나오는 이 충고는 분명 창의적 사고에도 적용 가능하다. 당신이 당장 구체적으로 실행할 수 있는 것은, 노트를 사서 사용 가능한 자료를 기록하는 것이다. 그러한 자료로는 순간 떠오르는 아이디어, 대화의 한 구절, 텔레비전이나 라디오에서 보고 들은 것들, 신문이나 책의 글귀, 그 밖에 눈으로 본 것이나 속담 등이 있다. 그러한 것을 적도록 하라!

당신은 아이디어가 떠올라 한밤중에 잠에서 깬 경험이 있을 것이다. 너무 좋은 아이디어라서 당신은 내일 아침에 반드시 기억해내리라 다짐했을 것이다. 그러나 그 아이디어는 당신의 꿈만큼이나 빨리 사라져버린다. 침대 옆에 종이와 메모지를 항상 비치하라. 작은 메모장을 몸을 지녀 이동하거나 사람을 기다리는 동안 생각나는 아이디어를 적도록 하라. 그렇게 기록한 간단한 메모는 나중에 제대로 옮겨 적으면 된다.

기억력을 강화하고 확장시키려 애쓰지 말고, 유명한 구절이나 좋은 말을 기록하는 습관을 먼저 가지라. 간단히 메모한 것을 옮겨 적다 보면 그 내용을 다시 한번 깊이 생각하게 된다. 천천히 적으면서 아이디어의 정확한 윤곽과 내용 모두를 꼼꼼히 살펴보기 때문이다. 손으로 쓰면 글이 마음에 깊이 새겨진다. 일단 어떤 생각을 기록하고 나면 그것을 적절하게 정리할 수 있다. 이를테면 당신과 관련 있는 아이디어 등에 일련번호를 매길 수도 있다.

창의적 사고를 위한 도구인 메모에는 두 가지 주요한 원리가 있다. 하나는 떠오르는 순서대로 적는 것이다. 기록할 때마다 소제목을 달고 가능하면 날짜도 적는다. 그러나 각각의 내용을 카드나 견출 노트에 알파벳순으로 적어놓고 색인을 만드는 것처럼 너무 조직적으로 하지 않도록 하라. 과학자라면 그렇게 하는 것이 옳은 방법이겠지만, 창의적으로 생각하는 당신의 능력을 발전시키려 한다면 그것은 최상의 방법이 아니다.

두 번째 원리는 본능이나 직관적 감각을 이용하여 당신에게 떠오른 생각이 기록할 만한 가치가 있는지 결정하는 것이다. 자극적이고 흥미롭고 주목할 만하다고 여겨지는 것은 모두 포함시키도록 하라. 이 단계에서 아이디어의 옳고 그름은 그리 큰 문제가 되지 않고 단지 관심을 끌 만한 것이면 된다. 시간이 지난 후에 약간 수정해야 할 수도 있다. 그러나 초기 단계에서의 주안점은 아이디어들이 흥미나 관심을 유발하는가 하는 점이다. 셰익스피어는 이렇게 적고 있다.

"기쁨이 없는 것에서는 아무런 유익도 얻을 수 없다. 간단히 말해서 당신을 감동시키는 것을 연구하도록 하라."

> 메모용 노트 속에는 요소요소에 많은 개념들이 주둔하고 있다. 따라서 노트 임자는 군대를 불러내 적절히 점호시킬 수 있다.
>
> 토머스 풀러

이런 식으로 메모 노트는 당신이 관심을 갖고 있는 다양한 주제에 관해 창의적으로 생각하도록 도와준다. 왜냐하면 이 방법은 다양한 자료들을 하나로 묶어주기 때문이다. 메모장을 쭉 훑어보면, 다양한 연결고리들이 눈에 들어오기 시작할 것이다. 지금까지 아무 연관이 없던 요소들이 하나로 합쳐지고 좀처럼 하나가 되기 힘든 것들이 상호 작용하여 평범한 메모장을 새로운 아이디어의 온상이 되게 한다.

여기서 몇 가지 구체적인 제안을 하겠다. 표지가 딱딱한 메모장을 사도록 하라. 그렇다고 크거나 무거워서는 안된다. 회계 장부처럼 생긴 노트는 너무 무거워 휴대할 수 없다. 가장자리에 여백을 많이 남겨두고, 위아래에도 공란을 충분히 확보하라. 그래야 나중에 연필로 메모를 추가하거나, 여러 색의 필기구로 적을 수도 있다. 가장자리는 상호 참조에도 사용될 수 있다. 각 쪽마다 번호를 매기라. 그러면 뒷쪽에 주제별로 간단한 색인을 덧붙일 수 있다.

기록한 내용을 너무 자주 보지 않도록 하라. 내가 경험한 바에 의하면 메모장 전체를 훑어볼 가장 좋은 시간은(특정한 목적을 위한 참고 자료를 얻기 위한 것이 아니라면) 기차 여행시, 공항에서 비행기를 기다리는 동안, 또는 일과에 시달리지 않아 정신이 신선한 휴가 때 등이다.

일본인, 성공의 비밀 문구 해석

'…… 당신에게는 불가능할 것입니다!'
이 말은 루드야드 키플링의 시구를 생각나게 했다.

그들은 자기들이 따라할 수 있는 것을 모방한다.
그러나 내 마음은 모방할 수 없다.
그래서 나는 그들이 빼내고 훔치도록 내버려두었다.
그들은 나보다 일년 반은 뒤떨어질 것이다.

〈메리 글로스터〉에서

점검항목	아이디어를 저축하라

	예	아니오
본 장을 읽고 생각한 뒤 호기심을 증진시킬 수 있는 세 가지 방법을 찾아내어 열거할 수 있는가?	☐	☐
앞으로 3개월 동안 식탁에서 전혀 낯선 사람 옆에 앉게 될지도 모른다. 그들에게 물어볼 다섯 가지 질문은? 1. 2. 3. 4. 5.		
당신보다 더 잘 관찰하는 관리자가 있는가? 그의 관찰을 통해 얻을 수 있는 유익한 결과로는 어떤 것이 있는가?	☐	☐
지난 1년간 남의 말을 귀담아 듣는다는 얘기를 들은 적이 있는가?	☐	☐
진주를 채취하기 위해 도구를 사용하는 것처럼 질문을 하면서 적극적으로 듣는 편인가?	☐	☐
책이나 신문기사를 읽는 것이 마음을 자극하고 균형을 잡는 데 중요한 역할을 하는가?	☐	☐
상상력을 계발하고 넓히기 위해 소설을 읽는가?	☐	☐
업무능력을 향상시키기 위해 아이디어를 찾아 여행한 적이 있는가?	☐	☐
당신은 휴가 때에 몸뿐 아니라 정신을 자극하고 재충전할 수 있는 곳을 선택하는가?	☐	☐

KEY POINTS 요점

호기심

• 호기심이란 보고 배우고 알기 원하는 욕구다. 호기심은 조심스러운 마음이다.

• 창의적으로 생각하는 사람들은 모든 것을 신기하게 보는 습관을 갖고 있으며, 그런 습관 덕에 자신들에게 흥미있는 것을 찾게 된다.

• 생각이란 스스로 발견해내려고 노력하는 방법이다. 만일 생각이 어디로 가는지 항상 알고 있다면 호기심이 생기는 일은 없을 것이다.

관찰 기술

• 무엇을 관찰할 때는 조심스럽고 분석적이고 성실한 자세로 임해야 한다. 아무 관점도 없이 관찰하면 아무것도 생각나지 않을 것이다.

• 관찰이라 함은, 전에 한 번도 본 적이 없는 사람이나 물체, 장면 등을 본다는 의미가 담겨 있다.

• 자기가 본 것을 기록하고 그것을 다시 기억할 때까지 관찰 행위는 끝난 것이 아니다.

귀를 여는 기술

• 날카로운 분석과 섬세한 판단이 뒷받침된 어린이 같은 호기심과 열린 마음은 남의 말을 귀담아 듣는 사람이 갖추어야 할 필수 조건이다.

- 귀를 열기 위해 먼저 할 일은 당신이 들은 것의 내용에 대해 성격과 의미를 파악하는 것이다. 완전한 의미를 끄집어낼 수 있는 질문을 하라. 평가를 내리기 전에 이해될 것이다.

- 불완전하고 모호하다고 해도, 서로 관련된 사실이나 정보뿐 아니라 아이디어에도 귀를 기울여라.

읽는 기술

- 독서는 깨어 있는 마음과 배우고자 하는 열망을 요구한다.

- 책에는 아이디어와 생각, 사실, 의견, 기사, 정보, 꿈 등이 들어 있다.

- 짜여진 틀을 제거할 경우 그 가운데 일부는 창의적인 당신의 현재(혹은 미래) 관심사와 연결될 수도 있다.

- 리처드 스틸 경은 이렇게 말했다. "독서와 정신의 관계는 운동과 몸의 관계와 같다."

- 시와 좋은 산문 — 픽션이든 논픽션이든 — 을 읽는 것은 상상력과 재창조하는 능력이 요구된다. 따라서 이런 것들은 상상력이나 다른 능력들을 발전시키는 재미있는 방법을 가르쳐준다.

여행

- 모험 가득한 여행을 통해 낯선 환경과 만나고, 그것을 통해 이미 알고 있거나 친숙한 것을 연결시킴으로써 지식을 넓혀갈 수 있을 것이다. 여행은 당신의 사고 영역이 얼마나 제한되어 있는가를 가르쳐 준다.

- 여행은 친숙한 것을 낯선 것으로 전환시켜준다. 이국 땅에 가보지 않은 사람은 조국의 의미를 잘 알지 못한다.

기록 기술

- 메모는 매우 유용한 습관이다. 메모는 창의적인 생각의 목적을 이루기 위해 정말 소중한 도구이다.

- 인용구나 시구, 사실이나 일련의 정보를 기록하고, 그것을 혼자 생각하고 적절하게 사용하면 그것들 모두가 당신 것이 된다.

- 메모장을 만화경이라고 상상하라. 정신의 창의적 틀 안에 들어왔다는 느낌이 들 때 메모장 속에서 수많은 유추를 발견하게 될 것이다. 새로운 조화와 연결 관계 등을 얻을 수도 있다. 그것을 통해 새로운 아이디어와 생각들이 떠오르기도 한다.

독서의 유익은 우리를 생각 속으로 데려다주는 데 있다.
에드워드 기번

THREE 제3부

혁신을 위한 경영

오늘날 혁신은 기업의 활력소와도 같다. 적극적인 변화에 관심이 없는 기업(그리고 그곳에서 일하는 개인)보다 더 어리석은 기업(개인)은 없다. 한 곳에 가만히 머물러 있을 수는 없다. 뒤로 물러나든지 앞으로 나아가든지 해야 한다.

혁신에는 새로운 아이디어와 팀워크, 리더십이 동시에 요구된다. 그러나 창의성과 업무 능력 말고도, 바람직한 영업 감각과 사업 감각이 필요하다. 혁신은 아이디어뿐 아니라 고객을 몰고 와야 한다. 따라서 혁신의 성공 여부는 당신의 개인적인 자질과 조직 전체의 여건이나 방침에 좌우된다.

3부를 읽고 학습하고 나면 다음과 같은 것들을 얻게 될 것이다.

1. 어떤 기업 구조 속에서든 창의성을 다루는 방법을 이해할 수 있다.
2. 혁신을 장려하는 풍토를 만들고 장기간 이를 유지하는 기업들의 특징을 파악하게 된다.
3. 회사 안에서 새로운 아이디어를 자극해서 이끌어내는 주요 방법(대표적인 것으로 브레인스토밍법이 있음)과 함께 판매 전략 아이디어에 도움이 되는 몇 가지 제안을 할 수 있다.

3.1

혁신을 다루는 법

존 콜리어는 이렇게 말했다.

"진정한 자극, 창의적인 노력에 대한 격려, 커다란 포부를 심어주는 일은 천재가 아니라 평범한 사람들에게 필요한 것이다."

당신 직원이 일에 흥미가 없거나 새로운 아이디어가 부족하다고 비난하지 말라. 동기없이, 또는 비혁신적으로 일하는 직원은 없다. 오직 서투른 경영자만 있을 뿐이다. 존 부캔은 이런 말을 한 적이 있다.

"당신의 임무는 사람에게 커다란 능력을 집어넣는 것이 아니라 그 능력을 꺼내는 것이다. 왜냐하면 사람 속에는 이미 엄청난 능력이 들어 있기 때문이다."

구성원들 스스로가 집단이나 기업체가 지닌 엄청난 능력을 깨닫도록 만드는 일은 경영자인 당신에게 커다란 도전이 될 것이다. 그것은 사업가로서 자신을 완성해나가는 주요 행로 가운데 하나일 수 있다.

혁신을 이루어내려면 혁신을 당신이 다룰 수 있는 과정으로 보아야 한

아이디어 만들기	기존의 제품과 생산과정, 서비스를 개선하기 위한 새로운 아이디어를 만드는 데 개인과 팀을 끌어들인다.
아이디어 수확하기	아이디어를 모으고 선별하고 평가하는 일에 다시금 여러 집단을 참여시킨다.
아이디어 발전시키고 실행하기	고객의 만족스런 반응을 얻을 때까지 아이디어를 개선하고 발전시키는 일에 다시 한번 팀을 가동시킨다.

도표 10 · 혁신의 3단계

다. 혁신은 제작이나 생산 라인과 달리 눈으로 볼 수 있는 구체적인 것이 아니다. 그럼에도 불구하고 분명히 확인할 수 있다. 혁신의 과정은 연극에서처럼 세 개의 주요 막으로 나뉘어진다.

혁신을 위한 행동이나 각 단계의 공통요소는 무엇일까? 바로 **팀워크**이다. 팀이란 작업 집단의 한 형태이며 그 구성원들이 가진 상호 보완적 기술은 조각그림처럼 서로 잘 맞아 **시너지 효과**를 창출해낸다. 팀이란 각 부분의 개별적 총합 이상의 존재다.

혁 신

창의적인 사고를
통해서만 가능하다.

협동작업을 통해서만
이루어질 수 있다.

혁신적인 팀 이끌기

팀은 리더를 필요로 한다. 리더의 가장 중요한 책임은 무엇인가?
리더인 당신의 역할은 세 원의 형태로 요약할 수 있다.

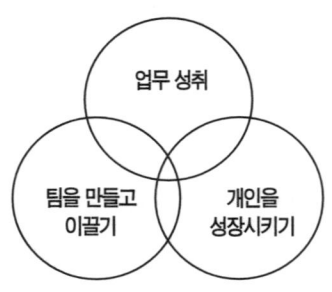

도표 11 · 리더의 역할

이 세 가지 책임을 완수하기 위해서는 몇 가지 중요한 기능이 수행되어야 한다. 이것은 리더의 책임이지만 혼자서 이 모든 일을 해야 한다는 뜻

과제 설정	달성 과제를 정확하게 일일이 적는다.
계획	과제를 완수하기 위한 효과적인 방법을 설정한다. 즉 인적 자원, 물적 자원, 시간과 재원 등을 목적에 부합하는 방식으로 조직한다.
전달	임무와 자원을 하부에 할당하는데, 각 개인에게 (1)자신의 역할과 (2)자기 몸의 중요성을 이해시킨다.
관리	계획대로 진행하라. 문제와 지연 요소를 민감하게 받아들이고 신속하게 대처하라. 팀의 업무를 조정하라.
평가	제안, 과거 실적, 그리고 사람에 관해 정확하고 통찰력있는 판단을 하라.
동기부여	팀이 계속해서 업무에 전념하고 흥미를 갖도록 만들라.
조직	업무에 어울리는 구조와 직급을 만들라.
본보기 제시	근로자가 보고 싶어 하는 가치나 행위 등을 예로 제시하라.
지원	그룹이나 개인을 격려하라. 좋은 팀 분위기를 만들고 그것을 유지하라.

도표 12

은 아니다. 이 임무들은 여러 방식으로 나누거나 위임할 수도 있다.

위 항목은 반드시 결정적인 것은 아니다. 상황은 너무도 다양하니까. 그러나 위와 같은 일반 기능은 어느 정도 필요하다.

다시 한번 강조하지만 항상 리더가 이 모든 기능을 하는 것은 아니다. 서너 개 이상의 그룹 안에는 팀과 개인이 과제를 수행할 때 만나게 되는 필요한 행동들이 많이 있다. 그러나 리더는 위에 제시된 세 원의 역할을 감당할 수 있어야 한다. 한데 합쳐진 이 기능들이 당신의 역할이다. 팀 구성원들이 이러저러한 기능들을 나름대로 수행하거나 그런 일에 기여한다 해도, 그것을 하게 만드는 것은 리더인 당신의 역할이다. 경우에 따라 당신이 직접 그 일을 해야 할 수도 있다. 당신의 역할 범위는 항상 팀 구성원 개인보다는 더 넓어야 한다.

효율적으로 사람을 다루기 위해서는 구성원을 개별로 이해할 시간을 가져야 한다. 공통점은 무엇이고 차이점은 무엇인지 두 가지로 그들을 이해해야 한다. 이 사람과 저 사람은 어떻게 다른가? 창의적 사고와 혁신이라는 맥락에서 볼 때 이 질문은 대단히 중요한 질문이다.

혁신이라는 맥락에서 세 원 모델을 적용해 보려면 다음 질문을 해보라. 공통 과제란 무엇인가?

한 가지 실험으로, 대답을 명사와 동사 두 단어로 줄이는 훈련을 해보라. 예를 들어 연필은 '표시 한다'는 식으로 말이다. 이런 훈련은 틀에 박힌 고정관념을 깨고, 사물의 근본적인 면을 보게 해서, '항상 하던 식'보다는 기능적인 면에 강조점을 두게 한다.

회사에서 이런 훈련을 적용하기란 쉽지 않다. 너무 광범위하게 적용하면 자신의 뛰어난 안목을 잃을 위험이 있고, 너무 세세히 적용하면 창의적인 발전과 혁신의 영역이 없어질 수도 있다.

보고에 의하면 미국 회사 O. M. 스코트사는 핵심 과제인 '비료를 만들라', 또는 '잔디를 푸르게 유지하라'는 사업 주제 중 하나를 결정하지 않은 채 1년을 보냈다고 한다. 마침내 두 번째 목표가 채택되었다. 그 결과 설비 투자가 이루어져 잔디를 푸르게 유지해주는 다양한 화학 약품과 각종 도구를 생산하게 되었다. 이같은 제품 다양화는 그들이 비료 생산업자라는 전통적인 가정에 부합되지 않았을 것이다.

오늘날 업무의 성격은 변하고 있다. 저비용으로 더 좋고 더 빠르게 하라는 요구가 암시적으로 또는 공개적으로 포함되어 있다. 따라서 이제 어떤 일을 하든 변화와 혁신에 대한 필요가 성립된다. 이런 이유로 현명한 관리자는 가능한 한 빠르게 스스로 경영 리더로 탈바꿈하고 있다. 왜냐하면 미래는 리더십에 달려 있기 때문이다. 변화는 리더를 필요로 하고 있으며 또한 리더가 변화를 가져온다.

톰 터너는 오랫동안 가죽 제품을 생산해온 스틱턴 레이시 유한회사의 생산 관리직을 인계 받았는데, 주요 임무는 생산 목표를 달성하는 것이었다. 그는 임무를 개정하여 '품질 개선과 효율적인 생산 비용 절감'을 포함시켰다.

그러나 혁신을 이룩하고 유지하기 위해서는 앞서 리더십의 핵심 기능에서 제시된 것처럼 판에 박힌 행동을 초월하고 뛰어넘어야 한다. 그 기능들은 당신이 오늘의 업무를 이끌고 관리하기 위해 해야 할 일을 제시하고 있다. 혁신적인 팀워크를 이룩하기 위해서 — 이것이야말로 미래 업무의 핵심이다 — 구체적인 행동들은 다음 다섯 가지 요소로 구분될 수 있다.

- 창의적인 사람 고르기.
- 창의적 시너지 효과를 일으키도록 그룹 격려하기.
- 팀 훈련시키기.
- 혁신에 관해 의견 교환하기.
- 새로운 아이디어의 상품화를 가로막는 장애물을 극복하기.

창의적인 사람 고르기

에우리피데스는 이렇게 말했다.

"게한테 앞으로 걷도록 가르칠 수는 없다."

게는 옆으로 걷는 동물이다. 당신은 이런 게처럼 날 때부터 창의적이거나 수평적 사고를 하는 사람을 원한다. 그렇다면 그들이 병정개미처럼 일렬종대로 앞을 향해 똑바로 걷기를 기대하지 말라. 또한 그들이 영업회의에 참석하여 벌이 클로버가 핀 벌판에 관해 말하거나 흥겹게 춤추는 것처럼 하기를 기대하지 말라.

창의적인 사람들은 창의적인 환경과 기회에 이끌린다. 따라서 관리자라면 당신 회사가 그들을 끌어당길 만한 특징을 갖고 있음을 확신하고 인력 시장이나 당신이 아는 사람들에게 이런 매력을 알릴 필요가 있다.

당신은 경영자로서 작업의 질을 높이기 위해 팀이나 조직 내에서 재능을 조절할 필요가 있다. 어떤 일은 다른 일보다 창의성을 필요로 한다. 광고 대행사, 개발 연구소나 관련 분야, 디자인 회사 등은 남다른 감각이 있는 '창의적인 사람들'을 채용하길 원하는 대표적인 회사들이다. 특별한 작업이나 임무의 경우, 선택은 항상 '어떤 코스에 어떤 말(馬)'이 적당한가 하는 것이다.

EXE**연습**CISE

　당신은 지금 새 아이디어를 만들어내는 능력이 필요한 일자리에 사람을 구하려고 면접을 앞두고 있다. 요구되는 것은 참신한 생각과 혁신적 정신이다. 다음에 열거된 개인의 자질이나 특성을 중요한 순서대로 번호를 매기라.

계산능력 _____	탁월한 분석력 _____
사소한 일에 무관심 _____	유연한 사고 _____
호기심 _____	회의적 _____
언어구사 능력 _____	성취지향성 _____
감수성 _____	유머 _____
폭넓은 관심 _____	끈기 _____
열의 _____	자신감 _____
독립심 _____	융화성 _____

　위 항목에 빠졌다고 생각되는 다른 특징 세 가지를 첨가하라.

　데이비드 리빙스턴이 아프리카에 있을 때, 친구들이 그에게 편지를 보냈다. "우리가 자네에게 사람을 몇 명 보내려고 하네. 그곳으로 가는 편한 길을 아직 못 찾았는가?"

　가족들 말에 의하면 리빙스턴은 이런 답장을 했다고 한다.

　"자네들이 보내려는 사람들이 편한 길이 있어야 올 자들이라면, 나는 그런 사람들이 필요없다네."

　팀을 구성할 때 제일 먼저 해야 할 일은 적합한 사람을 고르는 것이다.

이것은 혁신을 촉진하고 유지하려 한다면 반드시 명심해야 할 중대한 원칙이다. 리빙스턴처럼 독특한 방식으로, 모험적이고 독립적인 사고의 소유자를 볼 줄 아는 안목을 키워야 한다.

혁신적인 회사라면 지적이고 창의적인 젊은이를 선호하는 경향이 있어야 한다. 물론 지적인 자질이 전부는 아니다. 현장에는 몸으로 뛰는 사람, 즉 제품을 생각하는 사람이 아닌 제품을 만드는 사람이 필요하기 때문이다. 주변에 좋은 아이디어는 얼마든지 있다. 가장 중요한 문제는 새로운 아이디어를 창출하려는 사람, 다시 말해 혁신하려는 사람이 있는가 하는 것이다. 로버트 루이스 스티븐슨은 이렇게 말했다.

"스스로 웃음거리가 될 정도의 두뇌를 가진 젊은이를 내게 보내라."

어떻게 창의성을 알아볼까? 그것은 신장, 몸무게, 체력 등과 오히려 비슷한 점이 있다. 매우 다양하기는 하지만, 우리 모두는 일정한 신장, 몸무게, 체력을 지니고 있다. 마찬가지로 우리 안에는 창의적 사고를 위한 일

자신의 강점 알기

"나는 뭔가를 생각해내려 할 때 자주 좌절감을 느낀다." 과학자이자 은행가인 로드 로스차일드의 말이다. 그는 왕립학회의 회원 겸 영국 정부 기구인 '싱크 탱크(Think Tank)'의 초대 국장이었다. 그는 자신이 좋은 분석가이긴 했지만 진정 창의적으로 생각하는 사람은 아니었다고 말했다. "종합적 사고는 — 창의적 사고라 해도 무방함 — 한 차원 높은 체계이다. 창의적으로 생각하는 사람들은 천상의 음악을 듣는다……."

로스차일드는 여기서 우리가 생각하는 사람으로서 어느 한 면이 강하면 다른 면은 약하다는 믿음을 바로 잡아주고 있다. 창의적인 사람은 분명 다른 사람보다 종합하고 상상하고 전일적으로 생각하는 것에 강하다. 그러나 이런 점에 뛰어난 사람은 평가하고 판단하고 분석하는 능력 역시 강하다. 이러한 정신적 힘의 결합은 중요한 개인적 자질과 성격으로 뒷받침되어 뛰어난 창조적 정신을 만드는 것이다.

정 수준의 잠재력이 들어 있다. 그러나 분명 다른 사람보다 더 창의적인 사람이 있다. 회사에는 이런 창의적 인재가 필요하다.

혁신적인 회사는, 문자화된 규칙에 얽매이기보다는 집단에서 공유하는 기풍에 더 의존하기 때문에 사원 채용시 특별한 주의를 기울여야 한다. 직관은 채용 과정에서 큰 비중을 차지해야 한다. 그 이유는 학문적 자질이나 학점으로는 창의적인 잠재능력을 정확하게 예견하지 못할 수도 있기 때문이다. 다시 말해 '사람의 느낌'이 필요하다.

일반적인 특징 몇 가지는 쉽게 확인할 수 있다. 창의적인 사람은 그렇지 못한 사람보다 개방적이고 유연하다. 그들은 문제에 신선하게 접근한다. 그들은 남과 다르게 행동하고 스스로 생각하는 용기를 보여준다. 그들은 스스로 동기를 부여하는 편이며 주어진 일에 자주 몰입한다. 다음 항목들은 면접 중에 신상 기록이나 자료 연구를 통해 찾아낼 일곱 가지 특징을 확대해 본 것이다.

창의적인 사람인지 아닌지는 아래 특징의 소유 여부에 따라 판가름할 수 있다. 창의적인 사람은 성별과 관계없이 조직에 순응하지 않는다. 따라서 당신 회사가 그들을 우선적으로 채용하기 위해서는 심리적으로 성숙할 필요가 있다. 창의적인 사람은 동료로서는 불편할 수 있다. 그러나 그런 사람이 없다면 창의적이 될 수 있겠는가? 무엇보다도, 업무만이 아니라 사람까지 관리할 수 있는 관리자들이 필요하다.

그 이유는 창의적인 사람과 구태의연한 관리자는 물과 기름 같기 때문이다. 물과 기름은 잘 섞이지 않는다. 3M사의 초기 시절 루이스 W. 레어는 이렇게 말했다.

"관리와 혁신이 항상 기분좋게 맞아 떨어지는 것은 아니다. 그러나 이 사실은 그리 놀라운 것이 아니다. 관리자는 지시를 좋아한다. 그들은 계획대로 돌아가기를 바란다. 실제로 관리자들은 자기들이 내린 지시의 양에 따라 평가된다. 반면에 혁신은 때로는 혼란스러운 과정을 겪기도 한

일반 지식	정보를 저장하고 기억해내는 능력뿐 아니라 분석하고 종합하고 평가하는 힘.
자발적 동기부여	높은 수준의 자발성, 자족감, 자주적 방향설정. 창의적인 사람은 도전을 즐긴다. 자기 노력으로 좌우될 수 있는 문제나 기회에 맞닥뜨리기를 좋아한다. 발명가 반스 월리스 경은 이렇게 말했다. "처음에 불가능하다고 판정된 것이 나중에 가능하게 되는 것보다 인생에서 더 큰 기쁨은 없다." 일에 대해 전문 직업인의 자세를 보여준다.
역설적인 능력	서로 모순되는 여러 아이디어를 창의적 긴장 속에서 유지하는 능력. 물론 모호하게 설익은 해답이 아니어야 한다. 그러므로 때로는 더욱 풍부한 종합에 이른다.
호기심	꾸준한 호기심과 관찰력. 창의적인 생각을 가진 사람들은 타인의 말을 귀담아 듣는다.
독립심	독립적인 판단력. 생각의 일치를 요구하는 집단의 압력에 쉽게 굴하지 않음. 다른 사람이 하는 것을 보지만 그대로 따라하지 않는다. 스스로 생각한다. 첫 번째 원칙부터 책에서 끌어내지 않고 처음부터 혼자 힘으로 생각한다.
양면적인 성격	양향성격자는 한쪽 끝은 내향적이고 다른쪽 끝은 외향적인 중간 위치를 차지한다. 내향적인 성격이 약간 강하면 자극적인 동료와 접촉할 필요가 있다.
폭넓은 관심	주로 창의적 차원의 분야를 비롯해 관심 분야가 넓다.

도표 13 · 창의적인 사람의 특성들

다. 많은 경우, 아마 대부분의 경우 혁신은 계획된 대로 되지 않는다. 그 결과 관리자와 혁신가들 사이에 긴장이 존재한다."

예를 들어 창의적인 사람들은 종종 부분적인 진리를 생생하게 표현한다. 그것은 못 보고 지나친 것에도 관심을 기울이는 그들 나름의 방식이다. 창의적인 사람이 하는 말은 이해가 안 될 때가 많다. 그러나 버나드

쇼의 자극적인 비평을 기억하라.

"합리적인 사람은 자신을 세상에 맞춘다. 비합리적인 사람은 세상을 자기에게 맞춘다. 따라서 모든 진보는 비합리적인 사람에 의해 생겨난다."

제대로 된 창의적 생각은 엄청난 자유를 필요로 한다. 주관적이든 객관적이든 압박이 적으면 적을수록 좋다. 창의적 사고가 생각보다 훨씬 더 많은 사회적 활동을 필요로 할지라도 창의적인 사람들은 눈에 띄게 개인적이다. 그들은 또한 필요에 의해 고독에 잠긴다. 그들은 매우 오랫동안 자기만의 시간을 필요로 하며 그 때가 언제인지는 전혀 예측할 수 없다. 이런 이유 때문에 창의적인 사람들이 조직생활에 안 맞는 것이다.

그러나 그런 사람들의 타고난 재능이나 능력이 없다면 각각의 조직은 새 아이디어를 상당 수준 발전시키지 못할 것이다. 여기서 당신은 전형적인 딜레마에 빠진다. 창의적인 생각이 없으면 전략적인 혁신도 없다. 그러나 창의적인 사람들은 조직에 속하거나 조직에 속해 조직생활의 속박에 창의력을 제한받는 것을 원치 않는다.

명심해야 할 것은 보통 이상의 창의적 능력을 갖춘 사람을 채용하거나 선발할 경우, 그들 역시 회사 및 당신과 어울릴 수 있기를 기대한다는 점이다. 선택이란 양방향으로 이루어지는 과정이고 또 그래야 한다. 창의적인 사람을 채용하기 전에 반드시 점검해야 할 것은 그 재능이 잘 발휘될 환경(리더십 포함)을 갖추고 있는가 하는 점이다. 당신 회사에 들어와 좌절할 사람을 고용하는 것은 썩 좋은 일은 아니다. 그들이 기대하는 것을 알고 있어야 한다.

이에 관한 연구에는 몇 가지 분명한 메시지가 담겨 있다. 거기에는 창의성을 자극하고 장려함에 있어 가장 중요한 환경 요소가 무엇인지 드러나 있다. 중요한 순서대로 나열하면 다음과 같다.

• **인정과 칭찬** 창의적인 작업의 결과가 때로는 뒤늦게 나타나기 때문에

(역사적으로 많은 천재들이 생전에 인정받지 못했다) 창의적인 사람들은 특별한 격려와 존중을 받을 필요가 있다. 그들은 자신들이 기여한 것에 가치를 인정받는 것을 중요하게 여기며, 자신이 존경하는 사람에게 인정받는 것을 특히 중요시한다.

- **가장 관심 있는 분야에서 일하는 자유** 분석적인 사람은 한 곳에 집중하고 초점을 맞추는 반면, 창의적인 사람은 가능한 모든 방향을 다 모색해본다. 관심 영역에 따라 이동할 수 있는 자유는 창의적인 업무에 필수 조건이다. 창의적인 사람은 업무 영역의 선택권이 주어지고 그 영역 내에서 깊은 관심을 불러일으키는 문제나 기회를 찾았을 때, 매우 효율적이 된다.

- **자극적인 동료와의 접촉** 두 사람 머리가 한 사람 머리보다 낫다. 창의적인 사람은 단지 사적인 교제를 위해서가 아니라 생각하기 위해서 동료와의 대화를 필요로 한다.

- **진행중인 과제 자극하기** 회사 안팎에 있는 비슷한 직종의 동료와 어울리며 진가를 인정받을 수 있는 기회를 제공함으로써, 과제나 문제를 자극하는 것이 특히 효과적이다.

- **실수로부터의 자유** 혁신적인 일을 하다보면 실수는 불가피하다. 따라서 실수를 했더라도 그 사람의 경력에 직접적이고 영구적인 손해가 뒤따르지 않는 풍토가 조성되어야 한다.

팀 안에서 창의성 격려하기

"위원회가 결정한 경주마는 낙타이다."

자주 인용되는 이 구절은 창의적인 생각이나 결정을 할 때 집단이 가진 근본적인 한계를 일깨워준다. 그러나 팀은 효율적으로 생각할 수 있다. 팀은 한 개인이 갖는 것보다 더 많은 경험과 지식과 기술을 갖고 있다.

예를 들어 어떤 과제를 해결하기 위해 프로젝트 팀을 구성한다면, 어떤 형태로든 혁신에 관심을 갖는 것은 당연하다. 업무 성격에 따라 전문적이고 기술적인 능력을 고려하여 팀에 필요한 재능이나 기술을 갖춘 사람을 선택할 것이다. 그러나 일단 팀에 들어오면 사람들은 각자의 영역을 뛰어넘는다. 그들은 각 개인으로서 자신이 선호하거나 어울리는 역할도 감당한다. 이렇게 볼 때 사람을 선정할 경우 당신 스스로에게 물어야 할 질문이 두 가지 생겨난다.

- 이 사람은 팀의 다른 동료들이 지닌 가치와 특징, 관심 등을 충분히 공유하고 있는가? 팀내에서 조화롭게 일하겠는가? '성격이 잘 맞을 것'인가?

- 이 사람의 특징이 팀에 무엇을 가져다 줄 것인가? 그의 정신이 지닌 특별한 강점은 무엇인가? 그런 강점은 혁신의 각 단계 — 아이디어 제공, 판단 또는 응용 — 가운데 어디서 주도적인 역할을 하는가?

이런 의도를 갖고 팀을 구성하면 성과가 있다. 풋볼 팀을 모두 수비수로만 선발하면 문제가 심각해진다. 큰 성과를 거두는 팀이라면 공동 목표를 추구함에 있어 자신들의 선천적, 후천적인 강점을 고루 사용하는 뛰어

역할	설명
입안자	창의적이고 상상력이 뛰어나며 보수적이지 않아야 함. 어려운 문제를 푼다.
자원 관리자	외향적, 열정적이고 대화를 좋아하는 사람. 기회를 찾아다니고, 교제 범위를 넓힌다.
조정자	성숙하며 자신감있고 능력있는 의장 같은 사람. 목표를 명확히 하고 결정을 추진하고 권한 위임을 잘한다.
조형자	도전적, 정력적이며 압력에 잘 견디는 사람. 장애물을 극복하는 추진력과 용기가 있다.
분석자/평가자	냉정하고 전략적이고 분별력이 있는 사람. 모든 선택 사항을 보고 정확하게 판단한다.
공동 작업자	협동적이고 온순하며 지각이 있고 대인 관계가 원만한 사람. 듣고, 관계를 쌓으며, 마찰을 막고 갈등을 잠재운다.
실행자	엄격하고 믿음직하고 보수적이며 능률적인 사람. 아이디어를 실제 행동으로 옮긴다.
완성자	근면하고 성실하며 열심인 사람. 잘못된 것이나 빠진 것을 찾아내고, 제때에 제품을 넘겨준다.
전문가	한 가지에만 전념하고 솔선하며 헌신적인 사람. 우수한 지식과 기술을 공급한다.

도표 14 · 벨빈이 제시한 팀 내의 아홉 가지 역할

난 능력자들로 구성될 것이다.

넓은 의미에서 팀 역할의 효과적인 분류는 메러디스 벨빈에 의해 발전되었고, 종종 세 원 모델과 연결지어 사용되고 있다. 위의 도표는 〈업무에서의 팀 역할 Team Roles at Work〉(1993)에서 인용한 것이다. 내 의견으로는, 이 체계를 이용하는 것이 각 개인을 분류하고 꼬리표를 붙여 어떤 역할을 맡기는 데는 도움이 되지 않을지라도, 분명 팀 구성원

의 정신 습관이나 기질 등에 영향을 주는 자극제는 될 수 있다.

아무리 팀을 잘 구성했다 하더라도(당신이 핵심 분야에서 재량권과 발언권을 갖고 있어도), 리더십은 여전히 필요하다. 그들이 목표를 달성하는가? 혹은 그들은 혁신적인 업무에 필요한 새로운 아이디어를 갖고 있는가?

관리자인 당신은 다음 사항을 점검함으로써 필요한 팀 시너지 효과를 상당 수준 발전시킬 수 있다.

- 팀 내의 서로 다른 지적인 능력을 확인한다 — 분석적이고 논리적인가, 종합하고 추론하는 능력이 있는가, 상상력이 넘치고 전일적(全一的)인가, 판단과 식견을 갖고 있는가.
- 모든 사람이 조화로운 관계에 책임지는 풍토라면, 서로 다른 아이디어나 생각의 갈등을 있는 그대로 받아들인다.
- 상당히 도움이 된 공로를 인정해준다. '큰 발전을 이끌어내기 위해서는 모든 영업 실적을 돈으로 보상해주어야 한다는 고정관념을 깨야 한다.' 이 방법을 통해 팀 구성원들이 서로 능력도 다르고 재능도 다르지만 오케스트라 단원처럼 교향곡을 연주해낼 수 있다는 인식을 갖게 될 것이다.
- 필요하다면, 다음 장에서 다룰 브레인스토밍법과 같은 아이디어 고안 기술 한두 가지를 팀원들에게 가르치라. 결과와 상관없이, 그 기술들은 단편적으로 생각하기 좋아하는 사람에게 다양한 생각(망치 하나로 20가지가 넘는 용도를 생각해내듯)의 차이를 소개하는 데 도움을 준다. 정반대의 경우도 성립한다. 왜냐하면 문제를 설정하는 초기 작업과 새 아이디어를 실용화하는 데 필요한 형태 만들기에 가장 큰 도움이 되는 것은 바로 수렴적이고 수직적인 사고를 하는 사람이기 때문이다.

- 생각을 말할 수 있는 개방적인 분위기를 만들도록 하라. 간결하고 적절하게 말하되, 관리자가 기분 상할지도 모른다는 두려움이 없어야 한다. 팀이 직면한 문제와 기회 등에 관해, 그리고 그것의 성패 여부에 관해 터놓고 대화하도록 하라. 팀원들에게 당신의 카드를 보여주지 않으면 그들은 당신을 도울 수 없다.

문제의 핵심은 자세에 달려 있다. 팀원들이 설익은 아이디어에 부정적이거나 비판적으로 대하지 않게 만드는 것이다. 긍정적인 태도가 나타나고 팀 시너지 효과가 뚜렷이 보인다면 자발적으로 아이디어 쌓기에 참여한다는 증거이다.

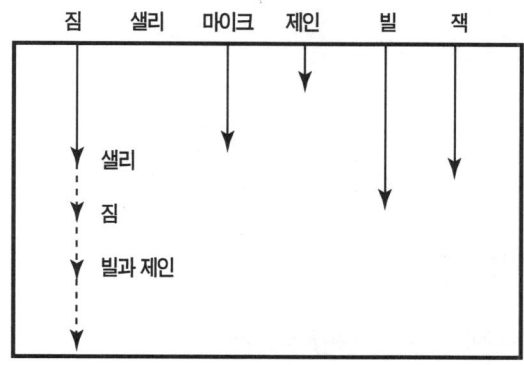

도표 15 · 아이디어 쌓기

두 모임을 상상해보자. 첫 번째 모임에선 위 도표의 실선으로 표시된 화살표처럼 여러 가지 아이디어가 제시된다. 이런 제안이나 아이디어는 풍덩 소리를 내며 연못 속으로 사라진다. 물론 그 물소리 중에는 새 아이디어의 근원이 될 만한 것도 있다. 하지만 이 모임은 아무 성과도 없이 끝난다.

그러나 두 번째 모임에서는 다섯 가지 초안에 관해 약간의 논의를 거치

점검항목	아이디어 쌓기		

		예	아니오
팀 구성원들이 세심한 진단을 바탕으로 문제를 공통되게 이해했는가?		☐	☐
구성원들이 문제의 한 면에 초점을 맞추었는가?		☐	☐
서로의 아이디어를 만드는 과정에서 구성원들이 하나의 팀으로 활동하는가, 아니면 개인의 집합으로 움직이는가?		☐	☐
구성원들이 각자의 아이디어를 서로에게 이해시키고자 노력하는가?		☐	☐
높은 수준의 기술적인 토론이 있었는가?		☐	☐
가능한 해결책을 제시하기 위해 유추를 사용한 사람이 있는가?		☐	☐
구성원들이 실제로 서로의 말을 귀담아 듣는가?		☐	☐
구성원들이 아이디어의 싹을 성급히 잘라버리는 경향이 있는가?		☐	☐
구성원들이 각자의 아이디어가 완벽한 해결책이라고 주장하는가?		☐	☐
혹은 신통치 못한 아이디어를 지지하거나 발전시키는가?		☐	☐
구성원들이 다른 아이디어로 넘어가기 전에 주어진 아이디어를 철저히 탐구하는가?		☐	☐
구성원들이 주제에서 벗어나지 않으며, 시간 낭비를 하지 않는가?		☐	☐

는데, 샐리가 짐의 제안을 확대하고 발전시킨다. 마치 트라이 라인을 향해 가는 럭비 선수처럼 제안을 좀더 구체화시킨다. 이번에는 짐이 아까보다 발전된 제안을 또 구체화시킨다. 마침내 빌과 제인이 팀 전체의 아이디어를 마지막으로 손질한다. 결과적으로 짐의 설익은 아이디어는 새로운 제품이나 서비스의 씨앗이었던 것이다.

그러면 이 모형은 끝 지점에 도달하면 점수를 얻는 럭비 경기와 같다. 첫 번 모임에서는 트라이를 이루어내지 못한다. 그러나 나름대로 협동 작업을 통해 괄목할 만한 성과를 얻는다.

그 비밀은 태도를 바꿔 부정적이고 비판적인 사고 방식을 긍정적이고 건설적으로 만드는 데 있다. 윈스턴 처칠이 각료회의에서 겁 많고 소심한 장관에게 화를 내며 이렇게 말했다.

"바보라도 잘못된 것은 알 수 있소. 그러니 잘 된 것을 보도록 하시오!"

아이디어 이식

많은 아이디어들은 처음 생긴 곳에 있을 때보다 다른 곳에 옮겨 심어질 때 더 잘 자란다.

올리버 웬델 홈스 주니어

팀 시너지 효과의 핵심원리, 즉 다른 사람의 아이디어와 업적을 구체화시키는 작업은 회의에만 국한되지 않는다. 앞서 말했듯이 새 아이디어는 종종 설익은 상태로 생겨나는데, 그것은 아이디어를 현실화, 또는 상업화시키는 기술이 부족하기 때문이다. 아이디어라는 씨앗이 여러 가지 이유로 해서 돌멩이 위에 떨어지는 경우도 종종 있다. 그럴 경우 그 씨앗은 따뜻한 온기와 비에 해당되는 누군가의 관심을 기다려야 한다.

때로는 아이디어를 쌓아 더욱 확장시키는 이러한 과정은, 일정 기간 혁신을 추진한 기업 안에서 생겨난다.

　　1930년, 스카치 테이프의 발명은 3M사의 가장 중요한 사건이었다. 이 발명으로 평범한 사포만을 만들던 미네소타 주의 한 회사는 국제적인 거대기업으로 성장했다. 자동차 공장을 방문한 3M사의 한 영업사원은 신제품 자동차에 두 가지 색을 칠하는 근로자들이 두 색이 서로 섞이지 않도록 고심하는 것을 보았다. 3M사의 젊은 연구원인 리차드 G. 드류는 순간 그 문제에 대한 해결책이 떠올랐다. 다른 색을 칠할 부분을 테이프로 가리는 것이 그것이었는데 이 보호 테이프가 3M사 첫 번째 테이프였다.
　　듀퐁사가 셀로판지를 내놓은 6년 후인 1930년, 드류는 그 셀로판지에 접착제를 붙이는 방법을 고안했고 이어 스카치 테이프가 탄생했으나 처음에는 공업용 포장재로 쓰였다. 이어 상상력이 뛰어난 3M사의 또 다른 영웅인 영업부장 존 보든이 칼날을 매달아 조금씩 잘라 쓰는 용기를 개발해냄으로써 3M사는 본격적으로 성장하기 시작했다.

이 일화는 3M사 직원인 리처드 드류와 존 보든이 서로의 아이디어를 구체화시키는 법을 배웠음을 말해준다. 혁신의 과정은 대개 점진적으로 이루어진다. 한 아이디어가 성공적으로 시장에 나오려면 팀 전체의 노력과 공헌이 필요하다. 한 사람의 생각 속에서 나온 아이디어가 그대로 시장에 나가는 경우는 거의 없다. 한 아이디어가 상용화되기까지는 많은 연구와 개량, 엄청난 노력(몇 년이 걸리기도 한다)이 따른다.
성패가 분명히 판가름난 후 과거를 돌이켜보면 어떤 것이 좋은 아이디어이고 어떤 것이 실용적이지 않았는지가 분명해진다. 그러나 초기 단계에서 그것을 구분하기란 쉬운 일이 아니다. 토머스 페인은 이렇게 쓰고 있다.

"탁월한 것과 터무니없는 것은 서로 밀접한 관계에 놓여 있어 그 둘을 따로 분류하기란 결코 쉽지 않다. 탁월한 것에서 한 걸음 더 나아가면 터무니없는 것이 되고, 터무니없는 것에서 한 걸음 더 나아가면 다시 탁월한 것이 된다."

다른 사람의 작업을 구체화하기

나는 하루에도 수백 번씩 나 자신에게 내 모든 삶은 과거에 살았고 지금 살고 있는 다른 사람의 수고로 이루어져 있음을 상기시킨다. 그러면서 이미 내가 받았고 지금 받고 있는 것만큼 누군가에게 주기 위해 최선을 다해야 한다고 다짐한다.

알버트 아인슈타인, 〈아이디어와 의견 Ideas and Opinions〉(1954)

혼자 일하든 팀의 구성원으로서 일하든 판단을 잠시 보류하는 능력은 중요하다. 다른 사람의 아이디어를 개선, 또는 결합하는 방식으로 구체화시키는 능력 또한 필수적이다. 그러나 이 두 가지 능력이 혁신적 조직의 구성원이 갖추어야 할 전부는 아니다. 수용적이고 절충하는 방식으로 비판하는 능력, 즉 적절한 시간과 장소와 방법에 따른 비판 또한 개발되어야 한다.

요약하자면, 팀의 창의성을 조직화할 수는 없지만, 장려할 수는 있다. 팀원을 제대로 선발할 경우 창의성을 촉진하는 구조들이 존재한다. 집단이나 회사의 사기는 분명 중요하다. 좋은 분위기에서는 덜 익은 아이디어라도 표현할 용기가 생긴다. 구성원들은 판단을 보류하기 위해 스스로를

건설적인 비판

제임스 왓슨과 함께 DNA의 이중 나선구조를 발명한 프랜시스 크릭은 자서전 〈이 얼마나 정신나간 연구인가: 과학적 발견에 대한 개인적 견해 What Mad Pursuit: A Personal View of Scientific Discover〉(1990)에서 비판에 관한 값진 교훈에 대해 썼다. 그는 케임브리지 대학 캐번디시 연구소의 분자생물학 연구팀에 소속되어 있었다.

나는 페루츠가 캐번디시 연구소에 모인 영국 각지의 X-선 결정학자들에게 자신의 연구 결과를 설명할 때 또 다른 교훈을 얻었다. 그의 발표가 끝난 후, 버널이 발표에 관한 평을 하려고 일어섰다. 나는 버널을 천재라고 생각하고 있었다. 그리고 몇 가지 이유로 해서 천재들은 못되게 행동한다는 생각을 가지고 있었다. 따라서 버널이 아주 다정하게, 당시로서는 전례없는 매우 어려운 연구를 이루어냈으며 그의 용기와 철저함, 인내 등을 칭찬하는 것을 보고 놀랐다. 당시에는 버널 만이 패터슨 방법에 관한 몇몇 제한 조건과 그 실례에 관해 가장 근사하게 표현할 용기를 갖고 있었다. 그때 내가 배운 것은 만일 과학적 연구를 비판하려면 단호하면서도 기분좋게, 그리고 처음에는 좋은 면을 칭찬하는 것이 낫다는 사실이다. 나는 이 유용한 규칙을 늘 고수했으면 싶다. 하지만 불행하게도 나는 이따금씩 참을성이 없어서 너무 날카롭고 너무 심하다 싶을 정도로 내 생각을 표현한다.

훈련시킬 능력이 있다. 그들은 다른 사람의 아이디어를 귀담아 듣는다. 또한 다른 사람의 조언을 구체화시키고 발전시킨다. 다시 말해 그런 팀이나 회사 내의 대화는 긍정적이고 자신감에 차 있는 동시에 실제적이고 건설적이다. 혼자 생각하는 개인과 그가 속한 집단 사이에는 음악적인 관계가 있다. 솔로로 생각하는 사람은 오케스트라의 한 파트가 발전시킨 주제를 제시할 수도 있다. 다른 솔리스트는 전체 연주자들이 검증을 거친 후 렴구로 나갈 수도 있다.

팀 훈련시키기

창의적인 팀 문화를 가진 혁신적인 회사를 발전시키기 위해서는 훈련되고 교육받은 인력이 전제되어야 한다. 기술적 훈련은 제외하더라도 현대의 모든 사람들은 효율적으로 생각하는 기술과 요령을 훈련할 필요가 있다. 이런 기술에는 분석, 상상(브레인스토밍법을 이용한 것), 평가, 정신의 활동 방법 등이 포함된다.

폭넓은 교육 또한 장려되어야 한다. 혁신적인 조직이란 배우는 조직을 뜻하기 때문이다. 팀 구성원의 머릿속에 든 100억 개의 뇌세포를 각성시키고 자극하고 훈련시키는 일은 지원할 가치가 있다.

랜드로버에서 일어난 배움 혁명

롱브리지에서 남쪽으로 몇 마일 가면 솔리헐이란 곳에 랜드로버 공장이 있다. 그 공장의 조립 라인은 매일 5분씩, 그리고 한 달에 한 번 20분씩 멈춰 서는데, 그것은 관리자가 근로자들에게 제품의 제작과정에 관해 설명하기 위함이다. 조립 라인에서 일하는 랜드로버의 직원들은 한 달에 1주일씩 하루 9.75시간 일을 한다. 그렇게 하는 이유는 직원들에게 회사 비용으로 컴퓨터부터 최고 수준의 수학까지 교육시키기 위해서이다. 그들 중 수십 명은 남은 시간동안 회사의 개방교육 센터에서 비디오 단말기를 통한 은행업무를 배운다. 이와 비슷한 오스틴 로버의 개방교육 계획 역시 건강식에 관한 것부터 일본어 회화까지 배울 수 있는 가정학습 강좌 등이 포함되어 있다.

기술 개선은 제품이 고객의 요구에 부응하지 못하면 아무 의미가 없다. 과거 랜드로버 조립 라인에서 근무하던 사람들은 일단 조립이 끝난 자동차에 대해서는 더 이상 관심을 보이지 않았다. 하지만 오늘의 랜드로버 근로자들은 소규모 단위로 고객과 직접 만나고 있다. 그리하여 자동차에 문제가 있을 경우, 제작자가 우선적으로 그리고 가장 확실하게 찾아낸다.

이제 미래의 혁신적 기업은 **창의의 공동체**라고 보아야 한다. 회사 내 모든 부서의 하부 관리자들부터 부서를 보다 넓은 팀의 한 부분으로 보게 될 것이다. 창의적인 상호 반응은 개인의 아이디어를 자극하고 개인의 생각이나 의견은 순서에 따라 부서 회의나 진행중인 프로젝트 등에 반영될 것이다. 혁신 분야에서 과제를 수행하는 팀의 역할이 더욱 많아질 것이다. 또한 효율적 사고기술과 대화기술에 대한 훈련이나 총체적 정신교육, 자기가 선택한 분야에서의 자기 개발 등은 가치를 인정받게 된다.

혁신에 관한 의사소통

과정이 동기를 부여한다는 것을 기억하라. 한 번도 반응을 보이지 않는다면 상대방은 곧 흥미를 잃게 될 것이다. 활발한 의사소통은 혁신을 촉진하는 데 매우 중요한 요소이다. 그것은 주로 조직에 관련된 문제로서 다음 장에서 보다 자세히 다루겠다. 그러나 개인 관리자라면 활발한 의사소통을 보장해야 할 책임이 있다. 그러기 위해서는 다음 항목을 지켜야 한다.

• 사람들에게 생산량 증가와 비용 절감을 위한 새 아이디어의 중요성을 말할 기회를 포착하라. 실례를 들고 성공적으로 진행된 변화에 관해 이야기하라.

• 제시된 아이디어가 받아들여진 이유 또는 더 많은 조사와 발전을 위해 거부된 이유를 설명하라. 아이디어의 선택 기준이 무엇인가? 토론에서 나온 아이디어를 조직화하면서 정기적으로 최근의 진척상황을 알리도록 하라.

- 업무 향상에 실제 효과가 있는 아이디어를 인정해주고 적절한 보상을 하라. 인정과 보상은 그 어느 것보다도 강력한 의사소통의 방법이다.

- 진정한 대화는 양방향으로 진행된다는 것을 마음에 새기라. 당신은 상대방의 말을 귀담아 듣는 리더가 되어야 한다. 당신을 위해 일하는 모든 사람은 아이디어를 갖고 있다. 그들의 말을 듣고 있는가?

EXER연습CISE

한 운송회사 직원이 40여 년간 근무하면서 내놓은 제안의 숫자가 기네스 북에 올랐다. 그가 제시한 아이디어가 몇 개일까?

2,000 이상 □	1,200 이상 □
6,000 이상 □	20,000 이상 □
8,000 이상 □	그 이상 □

해답은 261쪽

직원들이 당신 말을 이해하고 창의적 사고를 위한 일곱 가지 습관 훈련이 효과를 거두기 시작할 때, 아이디어가 사방에서 터져 나오기 시작할 것이다.

예를 들어 본문 2.7의 내용 가운데 여행하기가 있다. 많은 영국 기업들이 팀 리더와 영업소장들에게 일본 공장 견학을 주선했다. 그러나 그렇게 멀리 갈 필요도 없고, 반드시 관련 업체가 아니어도 된다. 일단 아홉 개의 점 너머를 생각할 수만 있다면, 박물관이나 극장처럼 전혀 '엉뚱한 곳'에서도 어떤 연결점을 찾게 될 것이다.

- 외과의사인 개럿 리는 레이저 광선을 이용해 동맥에 쌓인 지방질을 녹이는 혁명적인 기술을 생각해냈는데, 그것은 영화 〈스타워즈〉에서 레이저 검을 사용하던 오비 완 케노비를 보다가 떠오른 것이었다.

- 요크셔 경찰서 형사인 사이먼 위골드는 〈사랑의 바다〉라는 영화를 보던 중 어떤 생각이 떠올랐다. 뉴욕 경찰로 등장하는 알 파치노는 사람들에게 무료로 야구장 티켓을 나눠주겠다고 알린 다음 표를 얻기 위해 모여든 사람 중에서 수배범을 체포한다. 이에 착안한 위골드는 경찰 함정 수사와 비슷하게 마이손 지올드(자기 이름 철자를 뒤바꾼 명칭)라는 시장조사를 하는 가짜 회사를 세웠다. 그래서 셰필드의 긴급 수배범 서른한 명을 검거했다.

- 워싱턴 국립 미술관에서 이집트 왕 투탕카멘의 유품 전시회가 열렸는데, 여기저기를 둘러보던 홀마크사의 한 종업원은, 사자(死者)가 쓰는 유명한 황금 마스크 문양을 어린이용 퍼즐로 사용하면 좋겠다고 생각했다. 그 아이디어 하나로 홀마크사는 50만 달러 이상을 벌어들였다.

다른 사람과 대화할 때 경영자로서 당신이 먼저 깨뜨려야 할 것은 회사가 내세우는 가정이나 고정관념이다. 그런 것들은 과거의 성공이 낳은 짐이다. 회사나 설립된 지 오래된 집단은 그런 면에서 개인과 같다. 헨리크 입센은 이렇고 썼다.

"그것은 부모로부터 전해져 우리 안에 다시금 존재하는 것일 뿐 아니라 죽은 아이디어와 죽은 신념 등에 불과한 것들이다……. 그것들이 실제 우리 안에 살아 있는 것은 아니지만, 잠복해 있어 결코 그것을 제거할 수 없다."

그러므로 당신은 자신의 이러한 약점을 제거해야 한다. 그렇지 않으면 당신 부서는 혁신의 과정에서 닥칠 장애물을 결코 넘지 못할 것이다.

혁신을 가로막는 장애물 극복하기

혁신이란 좋은 아이디어를 생각해내는 것 그 이상이다. 자신을 큰 경찰서의 수사반장이라고 상상해보라. 총명하고 열정적인 젊은 형사가 월요일 아침에 당신에게 면담을 요청하더니 이렇게 말한다. "저는 지난 주말 저녁에 알 파치노가 출연한 〈사랑의 바다〉라는 영화를 보았습니다. 그런데 다음날 아침 야채를 뽑다가 이곳 셰필드에서도 그 영화와 같이 할 수 있다는 생각이 떠올랐습니다……' 그럴 경우 당신은 어떻게 대답하겠는가? 아마 이런 말이 나올 것이다(다음 내용을 읽기 전에 먼저 말을 해보도록 하라).

"우스운 소리 하지 말게."
"흥미있는 얘기로군, 하지만 올해 예산을 모두 지출했다네."
"이론적으로는 좋은 생각이긴 하네만……."
"영화에서는 가능하겠지만 현실은 그렇지 않을 걸세."
"이보게, 그러면 내 승진에 도움이 될까?"
"자네는 알 파치노가 아니야."
"뉴욕에서는 어떨지 모르겠지만, 이곳에서는 맞지 않네."
"8년 전에도 그런 방법을 써봤지만 완전히 실패했다네."
"그럴 시간이 없네."
"국장님이 허락하지 않을 걸세."

"범죄자들에게 텔레비전과 비디오를 공짜로 주라고? 언론이 우리를 전국적인 바보로 만들 걸세."

"그 방법을 쓴 사람이 또 있나?"

"그렇게 엉뚱한 아이디어는 자네가 높은 자리에 올라가서 써먹게."

"새 아이디어를 시도하지 않아도 상황은 이미 나쁠 대로 나빠졌어."

당신 회사는 이 같은 아이디어를 어떻게 받아들일까? 위에 제시된 아이디어 킬러들은 조직에서 혁신을 가로막는 제1방어선을 구축하고 있다. 대부분의 아이디어가 이 신랄한 말의 덫에 걸려 죽는다. 그러나 아이디어를 죽이는 것은 그뿐이 아니다. 얄팍한 칭찬에 익사하거나 재정 담당자에 의해 독살당하고, 컴퓨터에 의해 터무니없는 소리로 짓이겨진다.

창의적인 사람이 넓은 바다로 나가기 위해서는 초기 단계에서 만나는 거부나 비판이라는 냉소적인 파도를 넘을 준비가 되어 있어야 한다. 혁신적인 리더와 관리자인 당신은 구조원으로서 거기 있어야 한다. 파도가 끝없이 밀려올 때 당신의 후원은 큰 힘이 된다. 회사 내 보수 세력은 여전히 놀라울 정도로 강하다. 평가를 보류하는 법을 배우고 같은 관리직 동료들에게 이같은 방침을 적용하도록 설득하라. 이것이 바로 개인의 네 번째 습관인 '판단 보류'를 회사에 적용하는 것이다.

아이디어에 관해 전일적으로 생각하는 길이 있음을 기억하라. 그것은 씨앗이나 씨눈이 적당한 양분과 따뜻한 햇빛이 주어진 알맞은 환경 속에서 자라는 것과 같다. 그러나 어린 묘목과 생명체는 탄생이 가까워질수록 상처받기가 쉽다. 그것은 하늘을 맴도는 갈매기라는 위험 요소가 있음에도 용감하게 해변에서 바다를 향해 빠르게 기어가는 태평양 연안의 어린 거북과도 같다.

결국 아이디어는 강하게 자랄 것이다. 그 다음엔 그 아이디어가 제발로 서서 아이디어 시장에서 기회를 포착하게 놓아두라. 시장에 나온 아이디어들은 심사와 평가와 검증을 받고자 할 것이다. 이것들은 판매용이다. 과연 실질적 가치가 있는가? 어느 정도 가격을 지불해야 하는가? 상대방 아이디어와 어떻게 비교할 것인가?

　기업의 혁신과정에서 나타나는 장애물은 195쪽에 언급된 개인의 창의적 사고를 가로막는 장애물과 유사하긴 하지만 한층 더 복잡하다. 기업을 개인에 유추한다면 일정 관점(필요)에서는 서로 비슷해 보일 수도 있지만, 다른 관점에서 본다면 서로 상이한 조직 인격을 갖고 있다. 따라서 이 유추를 따른다면, 어떤 기업은 혁신에 대해서 다른 기업보다 내부 장애물을 훨씬 많이 가진 나타나는 조직인격을 갖고 있다.

EXER연습CISE

1. 부서의 구성원들이 아이디어 제시를 주저하는 다섯 가지 장애물을 나열할 수 있는가?
2. 좋은 아이디어가 첫 번 장애물에 걸려 넘어진 경우를 세 가지만 들도록 하라.
3. 그런 다음, 동료 관리자에게 실용적인 지침이 될 간단한 혁신 문구(A5 용지 한 면 정도)를 써보아라.
4. 그 문구가 적힌 종이를 열 명에게 회람시키라. 그리고 한 달 후 그 문구를 수정하는 데 도움이 될 만한 조언을 얻었는지 확인하라.

창의적인 관리자

창의성을 촉진하는 리더는 일반적인 방향을 설정하고, 과제, 팀, 개인의 필요가 겹치는 세 영역을 충족시키는 기능(대상의 규정, 계획, 조절, 후원 및 점검)을 수행하는 외에도 다음의 뚜렷한 특징을 반드시 가져야 한다.

위험을 기꺼이 감수함: 앞에서 본 대로 동료나 팀에게 허용된 재량권 가운데는 실수나 실패, 재정적 손실 등이 포함되어 있다. 리더인 당신도 위험의 한 부분을 감당해야 한다. 당신은 적어도 의도나 계획과는 다른 결과를 받아들일 수 있어야 한다. 위험요소까지도 기꺼이 받아들여야 한다. 재량권이 없으면 실수도 없다. 그러나 재량권을 빼앗는 것은 가장 큰 실수다. 왜냐하면 재량권만 갖고도 혁신과 성공이 태어날 수 있기 때문이다. 실수란 성장의 부산물이다. 실수에서 배우되 실수에 머물지는 말라.

설익은 아이디어를 다루는 능력: 아이디어는 처음부터 완전한 형태를 갖추고 달릴 준비가 된 상태로 세상에 나오지 않는다. 오히려 살기 위해 발버둥치며 숨을 헐떡거리는 갓난 아기와 같다. 창의적인 관리자들은 솔선해서 완성되지 않은 아이디어를 귀담아 들으며 가능성이 보일 경우 그것을 구체화한다. 잘못된 아이디어나 불완전한 제안을 거부하기 전에 잠시 머뭇거린다. 그 속에 유용한 씨앗이 들어 있을지도 모르기 때문이다. 그럼으로써 창의적 관리자는 남의 말을 귀담아 듣는 리더라는 원칙을 따르는 것이다.

규칙을 기꺼이 바꾸기: 규칙과 체계는 나름대로의 위치를 갖고 있다. 그러나 그것들은 혁신을 방해할 수도 있다. 리더는 관리 팀의 구성원으로서 규칙과 절차를 존중해야 하지만 정부관료처럼 생각해선 안된다. 규칙을 읽지 못하는 창의적인 난독증(難讀症) 환자는 약점보다 강점을 더 많이 갖고 있다. 규칙은 깨지지 않는 곳에서 종종 남용되기도 한다. 규칙이 깨지지 않으면 당신은 조직의 달콤함에 빠져 결국 꼼짝 못하게 된다. 또는 찰스 디킨스가 말한 것처럼 '사무실이라는 울타리에 완전히 갇혀 손발이 꽁꽁 묶인 채 있게' 된다. 넬슨 제독이 안 보이는 눈에 망원경을 갖다댔다는 사실을 기억하라. 한쪽 눈이 보이지 않는 것이 때로는 강점이 될 수도 있다.

빨리 반응하는 능력: 갓 태어난 아이에서 보듯 새 아이디어나 프로젝트가 살아남기 위해서는 재빨리 영양분을 공급받아야 한다. 창의성을 촉진하는 리더라면 승자를 예상하는 예민한 감각을 갖고 있어야 한다. 그러나 그것만으로는 부족하다. 혁신적인 조직이라면 자원을 배치할 수 있고, 모든 일을 상부 조직에 위임하는 리더가 있어야 한다. 오늘 작은 인력을 배치하고 얻는 것이, 때를 놓치고 1년 후에 많은 인력을 모으는 것보다 훨씬 더 나을 수 있다.

개인적 열성: 스스로 동기를 부여하는 리더만이 다른 사람에게도 동기를 줄 수 있다. 열심은 전염된다. 더욱이 열성적인 리더나 동료들은 다른 사람을 지적으로 자극하는 경향이 있다. 보브나르그는 이렇게 썼다. "열성이 없는 사람은 위대한 진리에 이르지 못한다."

점검항목	혁신을 다루는 법

	예	아니오
취직하러 온 사람을 면접할 때 그 사람이 업무를 할 수 있는지 여부와 함께 그 일을 개선하는 데 관심이 있는지를 주목해서 보는가?	☐	☐
창의적인 사람들의 두드러진 특징이 무엇인지 분명히 알고 있는가?	☐	☐
당신 부서는 참신한 생각과 새 아이디어로부터 도움을 받고자 창의적인 사람의 밑바닥에 깔려 있는 것들을 쌓아올릴 수 있는가?	☐	☐
당신 팀은 각자의 아이디어를 해결책을 위한 디딤돌로 사용하면서 그것을 구체화시키는가?	☐	☐
당신 회사에서 일하는 모든 사람은 지난 2년 동안 창의적 사고기술을 습득하기 위해 최소한 하루 이상의 훈련을 받았는가?	☐	☐
당신은 자신의 팀 구성원들에게 창의성과 혁신에 관해 훈련시켰는가?	☐	☐

창의적 관리자인 당신의 강점과 약점을 나열하라.

강점

1. _____

2. _____

3. _____

4. _____

약점

_____

_____

_____

- 집은 낱개의 벽돌을 쌓아 만든 것이다. 대부분의 경우 혁신적인 기업의 자질은 당신이 고용하는 사람의 자질에 달려 있다. 기계는 새 아이디어를 내지 못한다. 컴퓨터는 창의적일 수 없다. 돈만으로는 고객을 만족시키지 못한다.

- 창의적인 사람의 열두 가지 특징에 주의하라. 그 특징을 지닌 직원을 많은 수 채용하라.

- 팀 창의성의 핵심은 다른 사람의 아이디어를 구체화하거나 개선하는 능력에 있으며, 당신 자신의 아이디어 역시 그 과정을 밟도록 하는 데 있다. 찰스 F. 케터링은 이렇게 적고 있다. "틀에 박힌 시야를 가진 사람은 아이디어에서 10퍼센트의 나쁜 면을 보고 90퍼센트의 좋은 면은 놓친다."

- 아이디어를 구체화시키는 과정이 간단하게 들리는데, 그것은 사실이다. 그러나 그 전에 긍정적이고 건설적인 정신과 상호 격려, 그리고 귀담아 듣는 능력이 필요하다.

- 팀 창의성은 연구부나 개발부와 같은 특정 분과와 부서에 집중될 수도 있지만 회사 전체에 퍼져 있어야 한다. 창의성은 혁신적이 되려는 모든 회사가 끊임없이 진행시켜야 할 논의의 기본 주제여야 한다.

- 창의적으로 생각하는 데는 기술과 기법 훈련도 필요하지만, 장기적 안목에서는 폭넓게 접근하는 것 또한 효과가 있다. 전인개발을 위한 교육, 타 회사를 견학하거나 고객을 만나기 위해 여행하는 것 등은 아이디어 자극에 도움을 줄 뿐 아니라 혁신적인 생각을 계속할 수 있도록 해준다.

- 혁신을 이룩해내는 아이디어는 리더의 기대가 있을 때 나오기가 쉽다.

오늘보다 나은 내일을 만드는 유일한 방법은
좀더 창의적이 되는 것이다.
무명씨

3.2
혁신적인 기업

*창의적인 행동은 상호 자극과 피드백, 건설적인 비판이 있는 환경,
다시 말해 창의적 공동체 안에서 자라난다.
윌리엄 T. 브래디*

서두에 제시된 혁신에 관한 조개 껍질 모형에서 세 번째 차원이 바로 기업이다. 어떤 기업이 다른 기업보다 혁신적인 이유는 무엇일까? 왜 어떤 기업은 사람을 대할 때 직감과 상상력과 창의적 에너지를 갖고 자석처럼 움직일까? 반대로 사람들의 재능을 보호하고 유지할 충분한 도구를 마련하지 못하는 기업도 있다.

한 상급 관리자가 내게 '혁신은 우리의 좌우명입니다' 라고 말했다. 그런 다음 어깨를 들썩거리면서 '그런데 문제는 그것을 실천하지 못한다는 점이지요' 라고 덧붙였다. 그는 내게 모든 서류를 다 보여주었다. 그 안에는 최고 경영자의 목표, 회사의 임무, 회사 철학의 핵심가치 등에 관한 내용이 들어 있었다. 그의 말이 맞았다. 그 속에는 혁신이라는 말이 아홉 번 언급되어 있었고, 창의적 사고와 연관된 중요 어구가 다섯 번 반복되었다. 전문가에 의해 작성된 인상 깊은 문서들이었다. 그때 내 동료가 이렇게 말했다.

"멋지게 치장해 놓았군. 하지만 단기간에 이익을 내려는 조급함 때문에 혁신적인 능력이 위축되지. 이익은 측정할 수 있지. 그러나 가장 중요한 자원인 우리의 혁신 능력은 측정하지 못한다네. 그래서 사람들은 스위치를 끄게 되지."

그 모임에서 돌아오는데 T. S. 엘리어트의 서글픈 말이 떠올랐다.

"이상과 현실 사이에는…… 그림자가 드리워져 있다."

기업이 혁신에 대한 열망을 갖고 발꿈치를 들고 서 있는 것과 그 열망을 실현하는 것은 전혀 다르다. 많은 기업들이 타성에 젖은 모습으로 되돌아가는 것은 바로 이런 이유 때문이다. 최근에 시행한 변화 프로그램이 시들해지고, 낡은 행태가 얇은 껍질을 뚫고 들어오면서 퇴보가 진행된다.

말로만 떠드는 혁신이 아니라, 실제 혁신을 이행하는 기업이 어떤 특징을 갖고 있는지 알아보자. 어느 정도 추측 가능하겠지만, 다음과 같은 뚜렷한 특징이 몇 가지 있다. 이 다섯 가지 요소는 상당 부분 겹치지만 뚜렷이 구분된다.

- 최고 경영자들이 눈에 띄는 실행의지
- 팀워크와 혁신을 촉진하는 풍토
- 모험 의지를 갖도록 실패에 너그러움
- 개방적이고 건설적인 의사소통
- 기업 구조의 유연성

당신 기업이 공룡과 같은 운명을 당하지 않으려면 이 다섯 가지 요소를 모두 갖추어야 한다. 그 이유는 경영의 귀재인 피터 F. 드러커가 오래 전 이렇게 예견했기 때문이다. "혁신이 요구되는 시대에 혁신하지 않는 기업은 쇠퇴하고 소멸한다. 또한 혁신이 요구되는 시기에 혁신하는 방법을 모르는 경영인은 쓸모가 없으며 자신의 역할을 감당하지 못한다. 혁신을 관리하는 일이 점차적으로 경영자(특히 최고 경영자)의 과제가 될 것이며, 경영 능력의 시금석이 될 것이다."

최고 경영자의 실행의지

최고 경영자 팀(사장과 전무이사)은 자신들이 혁신을 적극적으로 이행한다는 것을 시청각적으로 보여줄 필요가 있다. 혁신가들이 종종 부딪치는 걸림돌과 저항을 극복하는 데는 그들의 비중과 영향력이 필요하다. 그러나 그들이 기득권만을 생각한다면 혁신의 과정은 지연될 수밖에 없다. 당신에게는 공동의 기회로 여겨지는 것이 다른 사람에게는 부서를 위협하는 것으로 받아들여질 수도 있다. 경영 팀 전체에 걸쳐 바람직한 변화를 촉진하고 장려하는 것은, 직급에 상관없이 리더라면 반드시 해야 할 일이다.

최고 경영자의 구체적인 실행의지가 없으면, 진정한 혁신은 다른 큰 부서의 정책이나 절차, 관행 등에 의해 계속 좌절당할 것이다. 기업의 변화와 혁신을 이룩하기 위해 사장과 전무이사가 제삼자가 나서기를 기다리는 시대는 지나갔다. 이제는 최고 경영진이 적극적이고 전향적인 변화에 무게를 실어주어야 한다. 변화에는 리더십이 필요하다. 따라서 누구보다 최고 경영진이 변화되는 것, 그것이 바로 혁신이다.

혁신의 필요성을 믿는 중역이라면 필요한 자원을 활용하게 해줄 것이다. 모든 기업은 유망한 아이디어를 초기 단계에 돕기 위해 발전기금을 보유해야 한다. 적은 금액이라도 대단히 효과적일 수 있다. 최소한 태동하는 혁신을 책임지는 팀이나 개인에게는 중요하다. 얼마 후에는 보다 실질적인 기금이 시작 단계에서 이용될 수 있어야 한다.

혁신의 요구에 부응하기 위해서는 리더십과 경영 기술이 중요하다. 그러나 리더십에 강조점을 두어야 한다. 따라서 리더와, 앞으로 리더가 될 사람들은 입사 초기에 중요하고 새로운 리더십 개념을 탐구할 기회가 필요하다. 즉 보다 효율적인 리더가 되는 방법을 탐구해야 한다는 것이다.

에이브러햄 링컨

에이브러햄 링컨과 같은 천재적 지도자들은 변화의 도구일 뿐 아니라 변화의 촉매이기도 하다……. 링컨은 예외적으로 단호하게 나가거나 혁신적 기술을 장려하는 풍토를 조성함으로써 필요한 변화를 이룩해냈다.

대통령직을 맡기 몇 년 전에 링컨은 혁신에 많은 관심을 보였다. 나이 마흔이 되던 1849년 3월 10일에 링컨은 부력이 뛰어난 보트 제조 기술특허를 받았다(링컨은 특허를 취득한 미국 유일의 대통령이다).

대통령이 되어 워싱턴으로 이사한 후에는 링컨은 기술발전에 남다른 관심을 보였는데 특히 무기분야가 그러했다. 그로 인해 남북전쟁의 승리를 앞당길 수 있었다. 그는 신무기 전시회에 참석하여 발명가들과 대화를 나누고 본인이 직접 신무기인 후면 장착식 연발총을 시험해 보았다.

링컨이 가진 철학이나 당시의 첨단기술을 대하는 능력은 탁월한 것이었다……. 행동하는 리더였던 그는, 효율적 혁신을 촉진하기 위해서는 위험부담을 감수하는 풍토를 조성해야 한다는 것을 알고 있었다.

도널드 T. 필립스, 〈링컨의 리더십 Lincoln on Leadership〉(1992)

리더십에 관해 바른 정의를 내리는 것이 첫 번째 장애이다. 세계 대부분의 경영대학원들은 이 문제를 놓고 의견이 분분하다. 그들은 분명 비즈니스 리더를 만들어내지 못하고 있다.

하버드 경영대학원 교수인 에이브러햄 잴러즈닉이 리더를 분류해보았다. 그는 리더들이 스타일 면에서 극적이고 예측할 수 없다고 말하고 있다. 리더들은 변화의 여건을 만드는 경향이 있으며, 때론 혼돈스러움을 좋아하기도 한다. 또한 그들은 '종종 자신의 아이디어에 집착하는데, 그 아이디어는 다분히 공상적이고 호기심을 불러일으키며 사람들이 열심히 일하도록 자극하고 몰아가 환상에서 구체를 만들어낸다.'

잴러즈닉은 계속해서 관리자들이 대체로 성실하고 분석적이고 관대하고, 공정하다고 한다. 또 그들은 상황을 지속시키고 개선하며 강한 소속 감을 심어주는 것에서 커다란 자부심을 느낀다. 관리자들 가운데 중역은 과정에 집중하는 반면, 리더는 내용에 초점을 맞춘다. 한때 제너럴 모터스사의 회장이었던 앨프레드 슬론은 전형적인 관리자로 꼽힌다.

젤러즈닉은 리더 또는 관리자라고 이분화하는 것 같다. 그러나 그것은 진실을 호도하는 지나친 단순화이다. 최고 경영자는 리더인 동시에 관리 자이다.

레이먼드 리고 경은 영국 항공우주국장과 해군 제독을 겸직했던 사람이다. 그는 관리와 리더십이라는 두 개념은 상호 보완적이라고 말하고 있다.

"관리란 조직의 기술, 목표를 달성하기 위해 사람과 물건을 조직하는 기술이다. 리더십은 각자가 자기 생각 속에 머물렀을 때보다 훨씬 더 많은 일을 하도록 사람들을 부추기는 능력이다."

회사 조직과 군대 조직은 여러 면에서 근본적으로 다르다. 그러나 리더십과 관리가 필요하다는 점은 둘 다 같다. 덧붙인다면 오늘날 혁신적이 되고자 하는 모든 조직(대학이나 일반 학교, 병원, 정부 부처, 심지어 교회까지)도 마찬가지이다. 따라서 최고 경영은 리더십과 관리 능력을 모두 갖춘 이들에게 돌아가야 한다.

그 이유는 기업이 방향성을 잃으면 혁신, 즉 변화를 도입하여 효율적으로 추진하는 일이 쉽지 않기 때문이다. 미래를 회피하고 또 앞으로 전진하길 바라지 않는다면 왜 변화가 필요하겠는가? 그러나 최고 경영자인 당신, 또는 당신의 최고 경영자는 그 역할의 의미를 알고 있는가?

리드 인터내셔널사의 회장 알렉스 재럿 경은 다음과 같이 질문했다. "당신은 키잡이인가, 항해사인가?" 키잡이는 실제적인 관리자, 즉 매일의 활동을 주도하는 관리자 겸 리더이다. 반면 항해사는 배를 되돌리고 항로를 설정하는 능력을 갖고 있다.

최고 경영자는 선장은 물론 키잡이, 항해사까지 겸해야 한다. 그러나

> ### 기업 리더의 비전
> ### 어떻게 하면 경쟁적인 시장에서 살아남고 이길 수 있는가?
>
> 첫째, 모든 기업 리더는 자신의 기업이 경쟁력있는 장점을 갖고 있는지, 또는 가질 수 있는 지를 질문해야 한다. 그런 질문을 하지 않거나 할 수 없으면 경쟁할 수 없다. 경쟁이 안 된다는 결론이 날 경우, 리더로서 당신이 할 수 있는 최상의 일은 경쟁력을 키워줄 수 있는 인수자를 하루 속히 찾는 것이다.
>
> 훌륭한 리더는 비전을 만들어내서, 그것을 다듬고, 열정을 다해 가차없이 완성시킨다. 그들은 격식을 따지지 않는다. 솔직하게 사람들을 대한다. 그들은 개방적이다. 훌륭한 리더는 조직 내의 능력이 부족한 개인들에게 신앙을 만들어주어 그들의 잠재력을 발휘하게 한다. 그들은 진정한 대화가 이뤄짐으로써, 모든 종업원들이 21세기의 비전을 알고 우리가 양방향의 과정을 만들고 있음을 알기를 바란다. 양방향 과정이란 말하기보다는 듣는 것을 의미한다. 그것은 인간이 위대한 팀워크를 목표로 지속적인 상호 작용의 과정을 통해 사물을 이해하고 받아들이는 방식이다. 그것은 매우 냉혹한 것이어야 한다. 그러한 면이 기업 리더에게는 어려운 도전이다. 하지만 대부분의 기업들은 시장 경쟁의 미래에 대한 것은 말할 것도 없고, 현재의 상황도 제대로 인식하지 못하고 있다.
>
> 당시 퍼킨스사 사장이고
> 지금은 퍼킨스사 소유주이자
> 버라이어티 코퍼레이션의 운영 책임자인
> 토니 길로이

그 이상을 넘어서면 안 된다. 최고 경영자가 기관실에 있거나 주방에서 감자 껍질을 벗겨서는 안 된다는 말이다. 항해중인 배의 이미지는 리더십을 설명하는 데 아주 적절하다. 왜냐하면 리더라는 단어는 'laed' 라는 말에서 왔는데, 고대 노르웨이어인 이 단어는 항해중인 배의 항로 또는 수로라는 뜻이기 때문이다. 리더는 선장을 뜻하는 말로, 바이킹 시절 선장은 흔히 항해사 겸 키잡이였다.

　당신의 기업은 세계 경제라는 하늘이 잔뜩 찌푸리고 있는 사나운 바다를 지나며 항해하는 배와 같다. 당신은 파도와 바람과 해류와 싸워야 한다. 당신은 얼마나 능숙한 키잡이인가? 아무리 언급해도 모자라는 키잡는 기술에는, 바람과 파도로부터 강한 힘을 끌어내는 방법을 감각적으로 탐구하는 것이 필요하다. 최고의 키잡이란 여러 요소가 결합되어 배가 나아가도록, 균형의 선을 발견하고 유지할 수 있는 사람을 말한다. 기업의 리더 역시 그렇지 않겠는가?

　그러나 키잡이는 전술을 짜거나 그것을 수행하는 사람에 지나지 않는다. 최고 경영자는 전략가도 겸해야 한다. 전략가에게는 미래에의 전망과 그 전망이 실현됐을 때 조직이 가야할 곳까지 항로를 짜는 항해술이 필요하다.

　리더십의 전략적 역할이 중요하지만 모든 것이 최고 경영자에게 달려 있지 않다는 사실을 기억하라. 더 중요한 것은 모든 경영진과 업무 리더, 팀 리더 등을 포함한 전체의 리더십이다. 창의적인 것을 목적으로 하는 기업에서는 모든 관리자가 지휘자나 리더가 되는 것이 필수 조건이다. 그렇지 않으면 기업은 신뢰성을 잃을 것이다. 리더십이란 본을 보임으로써 이끌어간다는 뜻을 내포하고 하는데, 여기서는 주로 리더 자신이 혁신 과정에 기여한다는 것을 의미한다.

사례 연구 · DEC의 켄 올젠

　한 기업가가 자신이 창업해서 성장중인 기업의 리더십을 보유하고 있다면 — 이것은 결코 보편적인 현상이 아님 — 그는 그 기업이 관료화되는 것을 막을 수 있는 위치에 있는 것이다. DEC의 켄 올젠이 바로 그런 리더였다. 그에 관한 기사는 1986년 〈포춘 Fortune〉지에 '미국 기업사상 가장 성공한 기업가'라는 제목으로 게재되었다. 창업한 지 30년 만에 DEC는 로켓처럼 빨리 세계적 규모의 컴퓨터 생산업체로 성장했다.

올젠은 1990년 한 인터뷰에서 이렇게 말했다.

"나는 항상 회사 내부의 약점을 알고 있었는데, 그것은 바로 기업가적 정신이 결여된 곳이었습니다. 나는 그 약점을 계속 고쳐나갔습니다. 그것은 아이를 기르는 것과 같습니다. 당신은 결코 성공이라는 지점에 도달할 수 없습니다. 당신은 항상 발전할 수 있을 뿐입니다.

우리가 시도하는 방식은 전화 연결망과 같아서 모든 사람은 다른 누구와도 통화할 수 있습니다. 당신은 자유롭기 때문에 쉽게 변화할 수 있습니다. 전화 단자처럼 플러그를 꽂기만 하면 되니까요."

올젠의 말에 따르면, DEC가 괄목할 성장을 거듭하던 때에 회사는 조직면에서 다양한 변화를 겪었다고 한다. 그러나 그는 신진 기업이든 급성장한 소기업이든 다국적 기업이든 경영이라는 것은 모두 비슷한 과제를 제시한다고 주장한다.

올젠은 다음과 같이 말하고 있다.

"창의성과 생산증가, 영업 등을 촉진하는 것은 언제든 마찬가지입니다. 따라서 기업가는 자신이 세운 목표에 대해 신뢰를 얻어야 하며, 정당한 이유가 아니면 직원을 해임하지 않도록 충분한 자원을 확보해야 합니다. 이것은 회사가 크든 작든 어느 경우에나 마찬가지입니다.

혁신을 방해하는 한 가지 요소는 직원이 해임될 위험이 있는 경우입니다. 정치적 수완이 뛰어난 어떤 사람이 다른 계획을 갖고 있기 때문이겠죠. 소기업의 경우 마음을 바꾸는 것은 사장이고, 큰 기업의 경우는 위원회나 경영자입니다. 그러나 누구든 간에 그것은 의욕을 저하시킵니다.

회사의 규모가 커질수록 직면하는 어려움은, 감독하려는 사람들의 숫자가 증가한다는 점입니다.

하지만 대부분의 사람들은 기업의 효율을 위해 모든 것을 감독해야 한다는 생각을 갖고 있습니다. 감독하라, 감독하라. 사람들은 항상 감독에 관해 말하고 있습니다. 중복되지 않도록 하라, 위험부담을 제거하라 등등. 그러나 이런 것들이 바로 창의성을 파괴하는 것입니다. 혁신이란 몇 가지는 성공하리라는 희망을 가지고 여러 가지를 시도하는 것을 말합니다."

DEC의 생산 부서들은 독자적인 관리자와 사업 계획, 예산을 도입했다. 각 생산 라인 관리자는 일단 승인받으면 철회시킬 수 없는 자기만의 목표와 예산을 세울 자유가 있었다. 생산부서 사이에는 서로를 가로막는 장벽이란 없었고, 정보가 자유로이 교환될 수 있었다. 종종 '조직화된 혼돈'의 형태로 묘사되는 생산부서는 각각의 관리자가 회사의 진정한 사외 기업가나, 또는 최신 경영학 전문용어로 '사내 기업가'가 되도록 해주었다.

올젠은 이렇게 말한다.

"그것은 회사에 혁명을 가져옵니다. 우리 회사는 엄청나게 성장했는데, 그것은 생산라인 관리자가 자신들이 세운 계획과 그 실행 책임까지 모두 졌기 때문입니다. 그 계획은 완벽하지 않을 수도 있습니다. 그러나 생산라인 관리자들은 그 계획을 자신이 세웠기 때문에 고칠 수 있었던 것입니다."

팀워크와 혁신을 장려하는 풍토

창의성에 필요한 문화, 풍토, 환경, 열정 등의 중요성은 널리 알려져 있다. 왜냐하면 혁신에는 '어떤 개인도 전체만큼 못하기 때문이다.' 혁신의 목적은, 본장 서두에서 윌리엄 브래디가 규정한 것처럼 창의성이 넘치는 공동체로 발전시키는 데 있다. 상호 자극, 반응, 건설적인 비판, 이 세 요소가 문제 해결의 핵심이다. 모든 관리자는 경영 혁신의 한 역할을 담당함으로써 창의적 사고를 위한 일곱 가지 습관의 훈련의 부산물인 그런 풍토 조성에 도움을 줄 수 있다. 해결하는 사람이 아니면 문제를 만드는 사람이 된다.

회사는 개방적이 되어서 참여를 독려해야 한다. 그리고 종업원들은 지적으로 기여할 수 있도록 관련 내용이나 정보를 자발적으로 제공해야 한다. 모든 단계의 관리자들은 장기간에 걸친 변화를 적극적으로 관리해나가야 하며, 아울러 교육과 훈련에 필요한 자료를 자진해서 제공해야 한다.

이런 요소들은 올바른 풍토 조성에 큰 몫을 하며, 그런 풍토 안에서 새 아이디어가 나오고 중요한 변화가 일어나는 것이다. 혁신적인 회사는 경직되고 기계적이 아니라 유연하고 유기체적인 경향을 지향하며, 더욱이 의사 결정이나 문제 해결, 창의적인 생각 등에 참여하도록 촉진한다. 혁신적인 회사는 규칙보다는 정책이나 지침을 갖고 있으며, 규칙은 최소한으로 줄인다. 또한 회사 내에서 바람직한 대화가 이루어지며, 메모나 글보다는 서로 얼굴을 맞대고 말을 주고받는다. 공손한 태도를 기대하는 사람은 없지만, 모두가 동료와 리더를 존중한다. 보스는 존경을 요구한다. 그러나 리더는 존경을 얻어낸다.

물론 새 아이디어와 혁신을 선호하는 기업 문화 속에서 제품을 생산하여 고객에게 전하기 위한 체제, 규칙, 반복성 등과 위 요소들을 결합시키는 것은 결코 쉬운 일이 아니다. 팀의 구성원 모두가 업무의 양면성을 동시에 감당하지는 못할 것이다. 다행스럽게도 팀이란 상호 보완적인 기질과 관심, 지식, 기술 등의 자질을 갖춘 사람들로 구성되어 있다.

자신에게 끝없이 의지를 북돋는 리더들만이 다른 사람에게도 동기를 제공한다. 열정이란 전염되는 법이다. 더욱이 열정적인 리더들이나 동료들은 지적인 자극을 준다.

리더십, 팀워크, 혁신은 함께 움직인다. 혁신은 때로 부서를 뛰어넘는 팀워크를 요구하기도 한다. DEC나 3M사 같이 대단히 혁신적인 기업들은 그런 면에서 주도적인 역할을 하고 있다. 루이스 W. 레러는 새 아이디어를 시장에 내는 3M사의 팀워크를 강조하고 있다.

신개발품을 상품화하는 과정은 릴레이 경주와 사뭇 다르다. 과학자가 연구를 마치고 생산자에게 바통을 넘기면, 생산자가 연구해서 마지막 주자인 영업 팀에게 바통을 넘기는 그런 식이 아니다. 이상적인 진행과정은 각 단계에 소속된 모든 기능들이 대화와 협의를 갖는 것이다. 종종 신제품이나 업무 아이디어 개발을 위해 이른바 업무 발전 협의체를 구성하기도 한다. 그렇게 만들어진 팀은 기존의 조직체계를 뛰어넘기도 하고, 행렬처럼 느슨하게 구성될 수도 있다.

이 단계에서의 팀워크는 활발한 수평적 대화와 조직의 유연성을 요구한다는 점에 유의하라. 이 두 요소는 혁신적 조직의 핵심 특성이다.

창의적, 혁신적으로 생각하는 사람이 될 자질이 엿보이는 사람들은 지적인 프로젝트의 구성원이 되어 자기 부서나 분야 밖에서 대부분의 시간을 보낸다. 그런 팀은 초대형 문제를 해결하거나 전략적인 계기를 찾기 위해 구성되는데, 여러 분야의 제휴가 완전하게 이루어진다. 다양성이 창의성을 낳기 때문이다. 혁신적인 회사에 입사한 종업원들은, 프로젝트 팀에서 일할 가능성을 포함해, 혁신에 필요한 내용에 관해 채용단계에서 충분히 설명받게 될 것이다.

일례로 스코틀랜드의 한 전자회사는 생산 라인의 문제를 해결하기 위해 18개의 팀을 구성했다. 결국 생산 라인을 2주일 이상 정지시키고 새 방송장비를 설치했으나, 시간과 제품의 손실은 최소화하였다. 팀 구성원 중 한 사람이 이렇게 말했다. "과거에는 관리자나 감독관들이 여기저기 다니면서 무언가를 하려고 했었다. 그래서 공정은 엄청나게 길어졌고, 손실도 훨씬 컸다."

위험부담 산정의 실패를 용인하기

시드니 브레너는 '혁신은 도박이다' 라고 말했다. 당신이 실패의 가장자리에서 일한 적이 없다면 진정한 성공의 가장자리에서 일하지 못할 것이다. 창의적인 사람들은 계산된 위험을 감수하도록 장려하는 조직에서 진가를 발휘한다.

위험 요소를 용납하지 않는 혁신이란 사실상 불가능하다. 당신은 위험을 예측할 수 있고 예측해야 한다. 그리고 위험 부위에 인력을 배치할 수도 있다. 하지만 위험부담을 완전히 제거할 수는 없다. 그럼에도 당신과 당신 회사는 여전히 창의적이고 혁신적일 수 있다. "모험을 안 하면 얻는 것도 없다."

> 내가 발견한 것 가운데 가장 중요한 것은 실패를 통해 얻었다.
>
> 험프리 데이비 경

모험의 부정적 결과는 실수와 실패이다. 아무리 성공적이고 혁신적인 기업일지라도 그런 실패는 항시 존재한다. 물론 그들의 실패는 우유부단이나 게으름으로 인한 실패와는 전혀 다르다. 따라서 리더들은 이런 위험부담을 반드시 인정하고 그 명세서를 용감하게 들추어내야 한다. 실패에 대한 가능성을 구실로 창의적 사고와 혁신의 뿔을 꺾어서는 안 된다.

실패가 있을 때마다 경고 표지판을 세워라. 그것은 교훈을 얻으려 함이지 처벌을 위함이 아니다. 그러면 그동안 지나쳤던 실패에 대한 경고 신호를 발견하게 될 것이다. 사후 경고 표지판을 통해 배울 수 있는 중요한 교훈은, 너무 큰 운동량이 실리기 전에 관리자가 실패 요소를 제거해야 한다는 점이다.

존 F. 케네디는 이렇게 말했다.

"행동에는 위험과 손실이 따른다. 그러나 전혀 행동하지 않고 편안히 지내는 데 드는 장기간의 위험과 손실보다는 훨씬 적다."

다시 말해 위험을 무릅쓰면 실수할 수도 있다. 하지만 위험을 무릅쓰지 않으면 실패할 수밖에 없다.

루이스 W. 레어는 실수를 인정할 필요성에 대해 몇 가지 조언을 하고 있다. 물론 첫 번째 실수일 경우이다. 3M사의 협동적인 분위기에는 그 문제에 관해 확실한 정책 또는 전통이 있다.

실패로 인한 손실은 혁신가들의 주된 관심사이다. 어느 때든 혁신가 대부분은 실패를 경험하기 때문이다. 3M사의 경우, 공식적인 신제품 개발계획의 약 60퍼센트가 실행되지 않은 것으로 추정하고 있다. 이 경우 중요한 것은 그 일에 관련된 사람들을 괴롭히지 않는 것이다. 실패할 경우에도 자기 위치가 위태롭지 않다는 것을 확신시켜 주어야 한다. 그렇지 않으면 혁신가가 되려는 많은 사람들이 안일하게 근무하려는 자연스런 유혹에 빠질 것이다. 실패할 경우 직장을 잃을지도 모른다는 위협은 혁신을 질식시키는 지름길이다.

우리 3M사는 정당한 실수나 실패 등을 가혹하게 처벌하지 않고 그대로 인정하는 전통을 갖고 있다. 실수를 업무의 일상적인 한 부분이나 혁신에 뒤따르는 부산물 정도로 여긴다. 그러나 우리는 실수가 일회적이기를 바란다. 첫 번 실수는 어떤 것이든 모두 받아들일 수 있다. 높은 위험부담이 따르는 신제품 개발을 선택하는 사람도 자기 위치가 위협받지 않을 것임을 알고 있다. 이런 경영 자세는 대기업 안에 있는 혁신의 주요 장애물 중 하나를 제거할 수 있다.

어떤 기업이든 성장할수록, 책임을 위임하고 자발적으로 일하도록 사람들을 격려해야 한다. 다시 말해 직원들에게 자기 방식대로 업무를 처리하도록 한다는 뜻이다. 어떤 사람이 근본적으로 바른 생각을 갖고 있을 경우 그가 저지른 실수는, 모든 결정은 최상급 부서에 맡겨야 한다는 식

아직도 실수가 충분하지 않은가?

1943년 독일의 베르너 폰 브라운은 런던을 파괴하고 전쟁을 승리로 이끌어 줄 로켓 무기를 개발하고 있었다. 이 로켓 무기를 개발하기 위해서는 새 금속, 새 연료, 새 유도장치 등 모든 것이 새로워야 했다. 폰 브라운의 상관들은 그 계획을 신속히 완성시키고자 안달이었다. 그래서 그들은 폰 브라운이 로켓 제작 공장에 요구한 수많은 변경 사항에 대해 화를 냈다.

"당신은 이 분야에서 최고의 두뇌로 알려져 있소……. 당신이 로켓 무기 계획의 마지막 단계에서 얼마나 많은 변화를 즉흥적으로 요구했는지 알고 있소? 2년 전 이 계획을 시작한 이래로 말이오."

그들은 폰 브라운 앞에서 서류를 흔들어댔다. "브라운 교수, 한번 맞춰보시오. 당신이 공장에 보낸 변경 사항 건수가 얼마나 되는지 말이오!" 서류에 적힌 숫자는 무려 65,121이었다. 그것은 정확한 숫자였다. 폰 브라운은 65,121개의 실수를 인정했다.

당시 그는 로켓이 만들어지기 전에 5,000가지 이상을 더 변경해야 한다고 추정하고 있었다. 브라운이 말했다. '로켓을 만들 수 있기까지 우리는 65,000번 변경했습니다. 러시아는 지금까지 30,000번을 변경했고, 미국은 아직까지 한 번도 변경하지 않았습니다.'

제2차 세계대전 중반 무렵, 독일만이 탄도미사일로 적들을 제압하고 있었고, 다른 나라는 탄도미사일을 갖고 있지 않았다. 그리고 전쟁이 끝났을 때, 베르너 폰 브라운은 미국 우주계획의 '최고의 두뇌'가 되었다. 불과 몇 년이 지난 뒤 그리고 수많은 실수 후에 미국은 달에 사람을 보냈다.

제임스 미치너 해설 〈우주 Space〉(1982)

의 관료적인 자세로 일하다가 저지른 실수만큼 심각하지 않다. 실수가 생겨날 때 해로울 정도로 비난하는 최고 경영자는 창의력과 모험심을 질식시킬 것이다. 그렇게 되면 유익한 성장과는 영영 멀어진다.

리더에게 필수적인 것은 의사 결정시의 위험부담 요소를 인정하는 것이다. 그것이 혁신에 관한 것일 때는 더욱 그렇다. 위험부담이란 손실이나 손해의 가능성을 의미한다. 그러나 가느다란 가지 쪽으로 나아가지 않는다면, 최상의 열매를 따지 못한다.

수많은 기회와 행운이 존재하는 세상에서 실패하는 프로젝트나 사업 계획이 있는 것은 필연적인 현상이다. 실패할 경우 회사는 어떤 반응을 보일 것인가? 실패를 너무 두려워해서 모든 통제 수단을 동원해 실패를 막는 기업이라면 실패의 위험은 없다. 그렇지만 불행히도 성공 역시 거둘 수 없다. 그들은 자신들을 평범 속에 가두어둔다.

한 기업의 수석간부가 최근 자신이 일하는 다국적 기업의 본사로부터 소환을 당했다. 그는 주요 프로젝트에서 상당한 손실을 발생시켰으므로 해고되리라 생각했다. 그러나 회사 소유주도 참석한 그 모임에서 손실에 관한 부분이나 경질에 관해서는 전혀 언급되지 않았다. 회의가 끝난 후 자리를 뜨기 전 그는 이렇게 말했다.

"내가 아직 직장을 갖고 있다니 다행입니다. 업무 과정에서 발생한 상당한 손실로 인해 해고되리라 생각하고 있었습니다."

소유주가 대답했다.

"당신을 해고한다고요? 천만에요, 당신을 통해 나는 백만 달러짜리 공부를 했습니다."

실패가 무능력이나 무모함의 결과가 아니라면, 혁신적인 기업은 그에 상응하는 처벌이나 희생을 요구하지 않는다. 그런 실패 후에 현명해지는 경우가 많다. 결정을 내리기 전에는 신중해야 하지만, 지나간 실수에 대

우리는 종종 이런 말을 듣는다. "그런 것은 여러 번 시도해 보았지만 여기에는 맞지 않습니다." 그러나 다음 번에 당신이 비행기를 탈 때 라이트 형제가 비행하기까지 805회를 시도했다는 것을 기억하라.

에디슨은 전구를 발명하기 전까지 147회의 실패를 거듭했다. 아이디어가 성공을 거두는 데 가장 핵심적인 요소는 바로 인내이다.

해 오래 생각하는 것은 좋지 않다. 그런 짐은 내려놓고 성공과 실패를 넘나들며 경험하도록 하라. 성공과 실패를 동시에 맞을 수는 없다. 오스카 와일드는 경험이란 우리가 실수에게 붙인 이름이라고 정의했다.

결국 모든 것은 수석 간부와 최고 경영 팀, 실제 책임자의 리더십과 권한 문제로 귀결된다. 경영 수뇌부가 팀 창의성을 통한 기업의 성장을 굳게 결의한다면, 혁신에의 도전이 이뤄질 것이다. 아무리 화려한 전력을 갖고 있더라도, 우연을 기대하면 안 된다. 혁신을 무디게 만드는 최상의 방법은 과거 이룩한 성공을 흠모하며 많은 시간을 보내는 것이다. 좋은 명성은 경력일 뿐 그 이상은 아니다. 좋은 기업이라면 언제나 남다른 것을 발굴해야 한다.

요약하자면, 혁신이란 무엇을 수정하는 것이 아니라 유용한 변화를 도입하는 것이다. 혁신이란 새로우며 시도해보지 않은 것(또는 부분적으로만 시도한 것)이기 때문에 다양한 위험부담이 따른다. 벤저민 프랭클린의 말처럼, 인간에게 '안전해 보이는 길은 결코 안전하지 않다.'

사업의 근본 목적은 이익을 얻기 위해 물건을 파는 것이다. 이익이란 자본주의 경제 안에서 혁신과 위험부담을 감수한 대가이다. 혁신적 기업은 위험과 더불어 살아가는 법을 배워야 한다. 하지만 위험부담의 무게를 달고 계산하는 사람이 없다면 위험부담은 정당화될 수 없다. 이따금 경험이나 판단 부족으로 인해 위험부담을 과소평가할 수는 있지만, 위험부담을 아예 무시하는 것은 정말 무모한 짓이다.

열려 있는 수평적 대화들

자유로운 정보의 흐름은 관리자들에게 예상치 못한 곳에서 아이디어를 발견하게 하고 정보의 조각들을 결합하게 하여 혁신에 큰 도움이 된다. 정보의 흐름은 각 부처 사이의 긴밀하고 활발한 접촉을 통해 이루어진다. 인력과 정보와 지원을 제공하는 데는 수직 관계뿐 아니라 수평 관계 역시 강조되어야 한다(수평적인 사고를 하는 사람은 수평적인 조직에서 최선을 다할 것이고, 수직적인 사고를 하는 사람은 수직적인 조직에서 최선을 다할 것이다).

사례 연구 · 세계적인 연구소

분자생물학 연구소는 케임브리지 교외의 수수한 5층 건물에 자리잡고 있다. 하지만 이 연구소는 세계에서 가장 성공한 연구 기관 가운데 하나이다. 내가 그 연구소에 처음 도착한지 몇 주 지나지 않아 그곳 연구원인 세자르 밀슈타인 박사가 노벨상을 수상했다. 이로써 그 연구소에서 노벨상의 영예를 얻은 사람은 모두 일곱 명이 되었다.

유전 물질 DNA의 이중 나선 구조가 이 연구소의 짐 왓슨과 프랜시스 크릭에 의해 처음 규명되었다. 전 연구원이 생명의 기본 성분인 단백질을 밝혀내기 위해 연구했다. 병원체와 염색체의 주요 활동 역시 이곳에서 밝혀냈다. 이 연구소가 1947년에 설립되었다는 점을 감안할 때 연구소가 이룩한 업적은 놀라운 기록이 아닐 수 없다.

맥스 페루츠와 존 켄드류, 이 두 사람의 작업으로 시작되어 훗날 연구소로 발전한 이 단체는 초창기에 케임브리지 대학의 세계적인 명성의 캐번디시 연구소 건물에 세들어 있었다. 단독 건물로 옮겨간 이후 새 연구소의 초대 소장인 맥스 페루츠는 창의적인 작업의 조직 방법에 관한 자기 이상을 실현할 수 있었다. 페루츠는 이렇게 말했다.

"첫째는 직급의 차이가 없어야 했습니다. 캐번디시 연구소 건물에 세들어 있을 때, 그곳 과학자와 기술자들은 차도 서로 다른 곳에서 마셔야 했습니다. 나는 그런 계급 조직이나 직급을 원치 않았습니다."

브레너는 연구소 창립자인 페루츠가 확립한 그 전통을 지켰나갔다.

따라서 맨 위층에 있는 매점은 점심 식사뿐 아니라 차 마시는 시간에도 모두가 공동으로 사용한다. 그들은 호마이카 탁자에서 서로 아이디어를 교환할 수 있다. 그곳에서 이루어지는 임의적인 접촉은 매우 중요하다. 따라서 그 매점은 24시간 문을 연다. 한 가지 덧붙인다면, 창의적이 되기 위해서는 그런 대화들의 주제가 관심사나 문제에만 국한되어서는 안 된다는 점이다. 시드니 브레너가 이렇게 말했다.

"나는 프랜시스 크릭과 20년 동안 같은 방을 썼습니다. 적어도 하루에 두 시간 정도는 어떤 시시한 것이든 얘기를 나누었죠."

개인 사무실을 갖는 경우는 극히 드물었다. 페루츠는 다음과 같이 말했다.

"연구소 내의 가장 큰 어려움은 사람들이 서로 협력하도록 만드는 것입니다. 만일 밤에 잠가둘 수 있는 자기만의 사무실이 있고 개인에게 판공비가 주어진다면, 함께 일하려고 하지 않을 것입니다. 사람들은 연구소의 예산이 가장 효율적으로 사용돼야 한다고 걱정합니다. 그래서 우리는 사무실 숫자를 최소한으로 줄이고 연구실을 크게 넓혔으며, 가능한 한 사람들을 한 곳에 모아 시설물을 함께 사용하도록 했습니다."

브레너 박사는 이런 배치를 계속 유지하기로 결정했다고 말했다.

함께 일을 하면 화학자는 실험에 필요한 박테리아와 바이러스의 성장법에 관해 미생물학자로부터 배울 수 있고, 생물학자는 복잡한 화합물의 합성법을 화학자로부터 얻을 수 있다. 일례로, 유전자 구조를 연구하는 프레더릭 생어의 작업이 너무 복잡해서 컴퓨터를 사용해야 했을 때, 다른 부서의 과학자들은 자기들 중 컴퓨터 전문가를 그에게 보내 컴퓨터를 쉽게 이용할 수 있도록 했다.

연구소에서는 특히 약칭을 많이 사용한다. 지도위원을 포함한 모든 사람들은 성을 제외한 이름만 사용한다. 여기에선 직급 의식이 약한 것이 도움이 된다. 왜냐하면 상급자들은 소규모 연구팀의 리더이자 관리자로서 '동등한 사람들 중에서 앞에 선 자'에 불과하기 때문이다. 이러한 전체 분위기로 인해 업무영역을 자유롭게 넘나들 수 있다. 그러면 서류의 양이 최소화되고, 업무도 가능한 한 말로 처리한다.

연구소에는 상당량의 예산이 배정된다. 브레너는 다음과 같이 말했다.

"우리는 모두 여유가 있으며, 의약연구위원회에서 받는 기금이 충분하므로 장기 프로젝트가 가능합니다. 이곳의 행정요원 숫자는 매우 적습니다. 따라서 기금은 거의 연구를 위해서만 사용되고 있습니다."

예산 통제는 최소한도의 범위 내에서 이루어지고 있었다. 그는 계속해서 말했다.

"재정형편이 어려워져도, 나는 사람들에게 편안하게 생각하라고 말합니다. 사용 가능한 자금이 있으면 그 사실을 사람들에게 알립니다. 사람들은 일체감에 입각한 호소에 반응합니다."

리더인 당신에게 중요한 것은 당신이 팀 구성원들을 신뢰한다는 것을 보이는 것이다.

연구소의 조직 구조는 서로 협동이 용이하도록 고안되었다. 대학에서 볼 수 있는 그런 부서는 없는데, 그런 형태는 종종 '관료적 형식주의'를 낳기 때문이다. 연구는 여러 그룹 또는 '여유 있는 사람들'에 의해 이루어지는데, 각 그룹은 오래 근무한 선임연구원 한 명의 지도 아래 열두 명이하의 연구원으로 구성된다. 그룹은 자기만의 연구 프로그램을 만들어내고, 과학적인 토론에서부터 장비와 여타 기술적 자료들도 함께 사용하는 것까지 모든 부분에서 협력한다. 그룹은 각 부서와 관련되어 있지만, 재정과 과학 정책에 관한 모든 주요 결정은 부서장들과 연구소장이 공동으로 내린다. 연구소장은 의학연구위원회와 만날 때 연구소를 대표하는 사람일 뿐이다.

집행위원회 외에 별다른 위원회는 없다. 의사 결정은 다수결로 이루어지지 않는다. 투표는 내분을 만든다. 따라서 지도자는 가능한 한 모든 곳에서 일치감을 확인하고 그것을 일구어낼 필요가 있다. 그렇다고 이런 구조가 '특권의식'을 모두 없애주는 것은 아니다. 또 그렇게 할 수도 없다. 그러나 분명한 것은 그런 구조가 특권의식을 없애는 데 도움이 될 수는 있다. 예를 들어 사람들은 여전히 임용에 대해 불만을 가질 수 있다. 그러나 자기 자리는 자신이 지키는 것이다. 브레너는 이렇게 말한다.

"가게에 가면 무엇이든 구할 수 있죠. 당신이 실패한다면 자원이 모자라서가 아니라 자기 자신 때문에 실패한 것입니다. 이런 관점을 가진다면 '피펫이 스무 개만 더 있었다면 노벨상을 받았을 텐데'라는 식의 '만일……였다면'이라는 변명이 줄어듭니다."

브레너의 말이 이어진다.

"당신이 만일 기업을 작은 독립체로 조각낸다면 전략을 짜낼 수 있는 사람은 아무도 없을 것입니다. 단위를 분산시키면 기업체는 붕괴되고 말겠죠. 혁신을 진정 원한다면 사람에게 기회를 주도록 하십시오. 혁신이란 도박입니다. 혁신을 안전하게 추진하면 실패할 것입니다." 그것은 장기간의 접근이어야 한다. 예를 들어 노벨상을 수상한 프레더릭 생어는 연구소에 재직했던 처음 8년간의 연구논문을 책으로 출간하지 않았다.

연구소의 직원 채용은, 추천과 같이 주로 비공식적인 경로로 이루어진다. 정해진 채용 인원은 없다. 운영을 담당하는 부서가 고정 연구원을 임명하고 그들이 임시 연구원을 임명한다. 연구소 업무와 무관한 사람이 고위직에 오르는 경우는 극히 드물다. 브레너는 말한다.

"대부분의 사람들은 젊은 나이에 이곳에 들어옵니다. 몇몇은 연구소를 떠났다가 다시 돌아오는 경우도 있습니다. 그러나 직원 중에 연구소와 장기간 연결을 갖지 않는 사람은 거의 없습니다."

성공이 성공을 낳는다. 젊은 사람들은 연구소 풍토를 습득하고 그것을 통해 자기 존재를 드러낸다. 객원 과학자들의 숫자는 상임 연구원보다 훨씬 많은데, 그들은 연구소의 지적 정체를 방지하는 데 도움을 준다.

연구원 채용에는 직관이 큰 역할을 한다. 브레너는 사람들을 볼 때 느낌에 많이 좌우된다고 말했다. 또한 연구소에 취직하러 오는 사람들은 자신이 직접 면접하려고 애쓴다. 우연하게도, 창의적인 연구에 직관이 기여한다는 사실이 — 연구원을 선발하는 일 말고도 — 이제 널리 인정받고 있다. 노벨상을 수상한 케임브리지 대학의 과학자 로드 애드리언은 다음과 같이 쓰고 있다.

"내가 이룩한 과학적 업적을 회상해 볼 때, 위대한 독창성이 발휘되어서가 아니라 어느 정도의 사업적 직감으로 선택을 유도했다고 말해야 할 것이다."

시드니 브레너가 말한 것처럼, 연구소는 규칙이 아니라 전통에 따라 운영되고 있다. 그 연구소가 본래 분자생물학을 연구하기 위해 설립되었다는 사실은 연구소 분위기를 결정하는 데 매우 중요하다. 새 연구과제에 직면할 경우 그들은 모두 초보자, 즉 아마추어에 지나지 않는다. 과제 자체는 아무런 규칙도 갖고 있지 않다. 연구소 내에 특정 분야의 전문가들이 있는 것도 아니고, 전문가 부서를 위한 요구 사항이 있는 것도 아니다.

그러나 훈련이 점점 전문화됨에 따라 이러한 장점이 사라지기 시작했다. 더욱이 연구소는 부단한 확장을 통한 이익을 누렸다. 그러나 체계를 도입하고 사람을 덜 의지함으로 해서 결국에는 확장 속도가 떨어졌다. 일례로 1979년 연구소장에 임명된 브레너는 얼마 지나지 않아 처음으로 재정 체계를 만들었다.

그런 체계는 불가피하게 회계사와 행정가를 만들어내며, 이들은 자칫하면 리더와 팀에게 할 수 없는 일을 하라고 시킬 수도 있다. 시드니 브레너는 혁신적인 기업에서 리더가 할 수 있는 자연스런 반응은 올바른 응수라고 말한다.

"내가 할 수 없는 것을 명령하는 것이 당신 업무가 아닙니다. 그 일을 시키고 싶다면 우선 어떻게 하면 규칙을 고칠 수 있는지 알려주시오."

EXER연습CISE

- 분자 생물학 연구소가 혁신적 체계로서 당신 회사와 유사한 점을 끌어내도록 하라.

- 두 조직의 비슷한 속성을 세 가지 나열하라.

- 두 조직의 다른 속성 세 가지를 적어보라.

- 그 연구소가 당신 회사에 어떤 교훈을 주는가?

- 시드니 브레너 박사는 다섯 가지 핵심적인 리더십 기술과 자질을 보여주고 있다. 어떤 것들인가?

회사의 큰 부서 연구원들 사이의 대화는 매우 중요하다. 그 이유는 수많은 창의적 발전들은 남들이 보기에 서로 분리되었다고 여겨지는 기술을 연결함으로써 생겨날 수 있기 때문이다.

배의 방수용 칸막이는 배가 가라앉는 것을 방지해 주기도 하지만 선원끼리의 교류를 가로막기도 한다. 혁신적인 조직이 되려면 업무 영역을 넘

3M사의 대화들

우리 회사에 널리 퍼진 혁신 요소 가운데 하나는 바로 대화이다. 대화란 오늘날과 같은 기술 사회에서 끊임없이 정보가 흐르는 한 과정이다. 거대한 다국적 기업에서 대화의 가치를 제대로 인정한다는 것은 어려운 일이다. 조직이 매우 다양하기 때문이다. 우리 회사는 약 40여 개의 부서가 있고, 85가지의 기본 기술을 갖고 있으며, 수만 가지 종류의 제품을 생산해낸다. 우리 회사의 생산 부서들은 매우 자율적이기 때문에, 기술 인력들이 자기 부서의 기술만을 집중해 연구하며 연구실에 머물러 있는 것은 당연하다.

이런 고립을 피하고자 우리는 다양한 혁신가들 사이의 상호 교류를 촉진시키기 위해 대대적인 노력을 지속했다. 직원들은 기술 공개토론회라는 조직을 통해 끊임없는 대화를 나눴다. 기술 공개토론회에는 20여 개 이상의 분과와 위원회가 있다. 1년에 160여 회 이상의 행사를 개최하는데, 토론 내용은 '금속과 도기 속에 이온을 주입'하는 것에서부터 '류머티스 관절염에 대한 새로운 치료법'에 이르기까지 다양하다.

우리 회사 과학자 가운데 일부는 초기술(super-technology)에 대해 말하고 있다. 초기술이란 두세 개의 기술을 독특하게 응용하거나 제품에 접목시키는 능력을 말한다. 3M사 기술 협의체의 발달된 대화 통로는 그런 기회를 자주 제공해준다. 예를 들어 우리 회사 제품인 차선 표시용 도료는 역반사 기술과 압력에 민감한 접착 기술을 결합시킨 것이다. 또한 제도용 콘트롤탁 필름은 유리 기포, 접착, 영상기술의 결정체이다. 우리 회사는 동료 의식을 갖고 아이디어 토론에 임하며 서로를 보강해주는 혁신가들에게 보상과 기회를 제공하려고 노력한다.

루이스 W. 레어

어 서로의 도움을 허용하고 촉진하는 구조가 되어야 한다.

기업구조의 유연성

기계적인 조직을 갖춘 회사에서는, 지위가 높은 사람이 조정의 책임을 진 가운데 업무가 전문적인 분야로 세분화된다. 각 분야의 임무, 방법, 경계 등은 자세히 규정된다. 대화는 거의 수직으로 이루어진다. 즉 명령이 하달되고 보고가 위로 올라간다.

좀더 혁신적인 회사 — 변화를 지향하고, 창의성을 받아들일 준비가 된 회사 — 에서는 역할과 책임 분야가 훨씬 유동적이다. 업무 영역은 변화를 지향하는 환경에서 항상 재설정된다. 각 개인들은 회사의 전체적인 목적을 알고 있을 뿐 아니라 그 목적에 영향을 주는 상황적 요소들도 알고 있다. 그들은 경영진의 전체적인 전략 의도를 파악하고 있다. 그런 기업에 소속된 사람들은 수직적은 물론 수평적인 상호 교류도 가능하다. 경사가 가파르고 여러 층으로 된 피라미드보다는 평평한 피라미드로 이루어진 구조가 그런 필요성을 반영하는 동시에 그 필요성을 촉진한다. 왜냐하면 최고 경영진은 '고유 채널'만을 통해서 접근할 수는 없기 때문이다. 그들에게 접근할 준비된 통로가 있게 마련이다. 그렇게 되면 이제는 전략을 짜는 리더들이 모든 계층의 사람들과 대화하느라 많은 시간을 보내게 된다.

독일의 사회학자 막스 베버는, 관료적 조직의 한 단면을 최초로 제시했다. 자신의 저서에서 베버는 관료주의를 조직의 한 유형으로 설명하고 있다. 베버는 관료주의라는 용어에 대해 우리가 흔히 생각하는 경멸적인 의미를 부여하지 않는다. 베버는 관료적인 조직의 분명한 특징을 다음과 같이 요약하고 있다.

- 권위는 개인적인 것이 아니라 공식적인 것임
- 기능적 전문화에 대한 강조
- 모든 우발성에 대한 규정
- 계급조직과 그 지위에 대한 강조
- 분명한 절차
- 서류업무의 증가
- 고용안정과 연한에 따른 승진

이런 풍토의 조직이 변화에 대응할 때 유동적이기보다는 경직되리라는 것은 분명한 사실이다. 그런 조직은 혁신을 장려하지 않을 것이다. 오히려 혁신을 억누르는 데 열을 올릴 것이다. A. N. 화이트헤드는 이렇게 쓰고 있다.

"관례적인 것은 모든 사회구조의 신(神)이다."

그의 말은 관료주의에 딱 어울리는 말이다.

기업의 두 유형 — 관료적이고 기계적인 조직과 보다 탄력적이고 유기적인 조직 — 은 사실 스펙트럼의 양끝과 같다. 그 둘을 제외한 대부분의 기업은 관료적 특성과 유기적 특성이 혼합되어 있다. 관료적 조직의 원리는 질서(명령)와 연속성인 반면, 유기적 조직의 원리는 자유와 변화이다. 따라서 모든 기업은 적절히 조종하고 인도될 필요가 있다. 앞에서 본 것처럼, 어느 땐가 우리는 이 두 요소들을 적절하게 조정해야 한다.

몸집이 커지면서, 아울러 해를 거듭할수록 관료주의적으로 흐르는 경향이 커지고 있다. 관료주의라는 담쟁이덩굴이 모르는 사이에 교묘하게 조직을 잠식해가고 있다. 그렇게 되면 조직은 서서히 둔화되기 시작하는 것이다. 그럴 경우 더 많은 윤활유를 작업장에 쏟아부어야만 한다. 서류가 늘어나고, 심지어 의사 결정 가운데 소수만이 상급 부서로 전달된다.

조직이 사람들을 통제하고, 조직이 조직을 통제한다. 간부 사원들은 시야에서 점점 멀어지다가 마침내 보이지 않게 된다. 사람들은 소외감을 느끼기 시작한다. 그리고는 '옛날과 달라졌다' 며 한탄을 한다.

행렬조직 — 한 사람이 동시에 두 개 이상의 팀에 소속하는 조직 — 은 유동성이 있다. 책임 분야 한두 개를 가지는 경향이 주류를 이룬다는 것이다. 그렇게 되면 주요 직급조직이 다시 출현한다. 그러나 과거 조직과는 차이점을 갖게 되는데, 새 조직은 '행렬의식' 이 각인된 사람들로 구성되기 때문이다. 다시 말해 그 조직이 한 가지 주된 책임노선을 고집한다 하더라도, 혁신적인 조직 안에서 행렬 방식으로 사고하게 된다.

성장에는 구조가 중요하다는 것은 아무리 강조해도 지나치지 않는다. 기업은 혁신가들을 지지하고 자극해야 한다. 유연성이야말로 진정 혁신을 이룩하려는 기업의 핵심적인 자질이다. 생각이 유연한 사람이나 팀, 조직 등은 변화나 새로운 상황을 받아들이고 그에 반응할 수 있다. 무엇보다도 대화를 가장 중요시한다. 영역이 다른 직원들 사이의 장벽은 최소한도로 낮출 필요가 있다. 연구자와 실무자 사이, 연구자와 영업직원 사이, 연구자와 고객 사이에 대화의 채널이 항상 열려 있도록 하라.

조직 용어로 본다면, 피라미드 모양의 수직적 직급구조를 무너뜨리고 기업이 주변 환경과 상호작용하며 하부조직, 외부조직과 협의하여 의사결정을 하도록 밀어붙이는 것이라 할 수 있다. 간단히 말해서, 효율적인 감시체계와 거대조직에 필요한 질서를 유지하면서 사업가적이고 행렬 모형의 경영구조를 만들어내는 것이다.

유연성있고 열린 기업에서는 새로운 변화와 발전을 위한 조정이 신속하게 이루어진다. 그런 기업은 모든 것에 강렬한 호기심을 갖고 있다. 문제들을 작게 나누어 작은 부분으로 환원시키고, 각종 변수 사이의 상관성을 알아내며, 문제의 기본 측면과 비판적 요소 등을 파악한다. 그런 기업은 대부분 실행 가능한 해결책과 전향적 방법을 하나 이상 갖고 있는데, 만일 한 해결책이나 과정이 제대로 작동하지 않을 때 곧바로 다른 접근법을 개발하여 대체하기 위해서이다. 생산, 영업, 회계 기능에서 신제품 개발과 서비스 창출 기능을 분리하면 — 그룹 내 다른 조직이나 하부조직에도 분리가 일어나도록 하려는 의미에서 — 많은 문제가 해결된다. 그러나 조직이 보다 영리적인 것이 되기 위해서는 기존 제품과 서비스의 개선책

3M 방식

과거 3M사의 회장이며 대표이사였던 루이스 W. 레러는 자신의 회사가 혁신적인 구조를 갖추어 유기적으로 성장한 과정을 설명했다.

40여 개의 생산분야, 다양한 프로젝트 팀과 부서, 50여 개의 해외 지사를 가진 3M사는 총 100개의 대리점을 두기에 이르렀다. 그러나 각 대리점들은 독립 사업체처럼 운영되고 있다. 자회사 경영자들은 자기 점포를 경영하는 것이다. 그들은 모든 결정권을 가지고 자체적으로 신제품을 개발한다. 그리고 그 결과에 책임을 진다. 한 자회사 내에 있는 팀이 신제품을 개발하여 성공을 거두면, 그 경영자는 책임을 지고 그들의 주식을 모회사의 주주에게 분배함으로써 자급자족하는 기업이 되게 한다. 우리 회사는 이런 과정을 '분리와 성장'이라고 부른다. 성장을 위한 우리의 분리 정책은 몇 년전에 얻은 한 발견에 기초하고 있다. 한 자회사가 일정 규모에 이르면 그 자회사는 이미 만들어 놓은 제품 생산과 판매에 지나친 시간을 소모한다는 것을 알게 되었다. 그렇게 되면 자회사는 새로운 제품과 경영에 시간을 쏟지 못하게 된다. 따라서 우리는 새로운 사업을 벌일 경우 새 관리 팀을 임명하여 그 사업을 맡겼다. 우리는 사람들에게 새로운 사업과 일체감을 가질 수 있는 기회를 제공했다. 그렇게 할 경우 거의 예외없이 새로운 단위체(자회사)가 훨씬 빠른 속도로 성장하는 것을 확인했다.

우리 회사 테이프 분야를 예로 들어보겠다. 우리 회사 고유 브랜드였던 스카치 테이프의 보호 테이프와 투명 테이프가 4개의 자회사로 분리되었고, 산업용, 상업용, 가정용 테이프를 생산하는 수많은 생산 라인이 생겨났다. 또한 테이프 실험실에서 새로운 수술용 테이프와 수술용 드레이프가 1950년대에 개발되었다. 이런 제품들로 인해 건강관리 사업이 탄생했고, 결과적으로 내과, 외과, 정형외과 용품을 생산하는 자회사가 생기게 되었다. 그리고 같은 실험실에서 전기 테이프를 생산하는 라인도 만들어냈다. 그런데 그 라인은 차례로 전기 커넥터, 단말기, 절연체 등을 생산하는 전문화된 여러 개의 자회사를 낳았다. 우리의 협동체계는 혁신가들이 아이디어를 내놓고 그것을 가지고 경영하도록 촉진하기 위해 특별히 고안된 것이다. 혁신가들이 성공하면, 그들은 3M사의 보호 아래 자신들의 사업체를 경영하고 있음을 발견하게 될 것이다.

을 제안할 수 있는 관리자와 직원을 고용하고 실제로 그런 여건을 마련해 주어야 한다.

부서를 위한 이른바 '전문 연구조직'은 기업의 효율성과 수익성을 감독하는 데 필요한 재정 통제력을 가짐과 아울러, 매일매일의 제조와 분배, 판매 등에 요구되는 필수규칙과 체계에서 자유롭다. 그러나 그들은 예산관리 문제뿐 아니라 나름의 문제를 갖고 있다. 보다 효율적이 되고자 한다면, 특히 과학과 기술 분야는 조직의 규모가 커져야 한다. 규모가 작으면 자재나 인력에 대한 재정부담과 함께 조직이 만들어지게 된다. 그리고 그 조직은 창의성에 대항한다. 왜냐하면 조직은 관료주의를 낳게 되고, 관료주의는 창의성을 죽이기 때문이다.

요약하자면, 혁신적인 기업은 우연히 생겨나지 않는다. 혁신적 기업은 훌륭한 리더십과 경영의 최종 산물이다. 혁신적 기업의 본질은 자유와 질서, 부서의 전문성과 전체의 통합성 사이의 균형을 유지하는 데 달려 있다.

장기적 전망 갖기

단기 수익의 기준 — 각 분기의 최저선 — 은 신제품이나 서비스를 개발하고 도입할 때는 분명 적절하지 못하다. 로마의 철학자 에픽테투스는 이렇게 적고 있다.

"위대한 것은 갑자기 창조되지 않는다. 포도 송이와 무화과나무 열매도 그와 다를 게 없다. 당신이 내게 무화과 열매를 달라고 하면 나는 당신에게 시간이 걸린다고 대답할 것이다. 먼저 꽃이 피게 하고, 그 다음 열매가 맺히게 하고 그 열매가 익도록 기다리라."

상업적으로 생존할 수 있는 새로운 제품이나 서비스도 마찬가지이다.

예를 들어, 은행과 기업이 장기전망을 갖고 있는 일본에 비해, 영국이나 미국과 같은 서구식 자금 제도나 주주들은 단기전망을 가진 것으로 악명이 높다. 그런 근시안적 사고나 정책수립은 기업의 혁신에 도움이 되지 않는다. 특히 이런 위협에 직면한 나라의 은행들은 단기수익보다는 더 큰 목적을 세우는 것이 필요하다. 왜냐하면 그 은행들은 부분적으로, 국가 경제의 기관실에 해당하는 기업체나 공장에 서비스를 제공하기 위해 존재하기 때문이다. 은행들이 그런 일에 실패하는 경우는 허다하다. 미래를 위해 투자를 결정할 때는, 최소한 중기 전망 — 훌륭한 옛 영국식 타협안 — 이라도 갖도록 시야를 조절해야 한다.

영국의 기업가들, 피터 드 세이버리, 리처드 브랜슨, 앤드류 로이드 웨버는 최근에 인수한 공공기업을 개인 소유로 환원시켰다. 그들은 장기적 성장을 이룰 수 있는 비용으로 단기수익 창출에 몰두한 것에 대해 분개하고 있다. 브랜슨은 말한다. "우리가 기업을 사유화하면, 서서히 시장점유율을 높이며 이익을 기다리는 일본식 방법을 도입할 수 있을 것이다. 공기업을 경영하면 일년 내내 다음해 이익을 걱정하며 시간을 보낸다. 기업을 사유화한 뒤부터 나는 한 번도 이익전망에 대해 물은 적이 없다."

그러나 위험부담을 꺼리는 재정기관만 속죄양을 삼을 수는 없다. 연구와 개발에 들어가는 자금도 심사해야 한다. 국내 당신 회사의 주요 경쟁기업들과 관련해서 당신은 이 대전표의 어디에 자리잡고 있는가? 기업의 연구와 개발에 대한 당신 국가의 평균투자는 다른 나라의 투자와 비교할 때 어떠한가?

무엇보다도 혁신은 반작용의 과정이 아니라 방향을 제시하는 장기적 전략의 일부가 되어야 한다. 그것은 다수가 공감하는 목적에 힘입어 추진되어야 한다. 그런 전략은, 기존 제품과 서비스의 생산, 판매라는 이익 우

장기적 전망을 요구하는 제임스 다이슨

발명가 제임스 다이슨에게 환풍식 진공 청소기 아이디어가 떠오른 것은 볼배로를 생산할 때였다. "우리는 볼배로에 에폭시 파우더를 분사해야 했다. 그리고 달라붙지 않은 파우더는 빨아내야 했다. 당시 우리는 헝겊 필터가 달린 진공청소기를 사용했으므로 한 시간마다 한 번씩 필터 교환을 위해 작업을 중단해야 했다.

뭔가 방법이 없을까 하고 둘러보다가 나는 원심분리기 원리가 자동차 산업에 이용되고 있다는 것을 발견했다. 그러나 그 기계를 구입하려면 7만 파운드가 있어야 했다. 그래서 우리가 직접 그 기계를 만들었는데, 아주 근사했다. 그런 뒤로는 한 번도 필터가 막히지 않았고 작업은 중단되지 않았다.

그 시스템을 가정용 진공청소기에도 이용할 수 있다는 생각이 떠올랐다. 가정용 진공청소기는 백 년이 지나도록 전혀 바뀐 것이 없다. 아무튼 나는 집으로 가서 가방을 열고 낡은 연장을 꺼내어 판지와 스카치 테이프를 이용해 집진(集塵)장치를 만든 다음 그것을 작동시켜 보았다. 나는 볼배로 제조회사를 팔았다. 그리고는 '이중 집진 장치'(시속 200마일로 회전하는 외부 집진 장치가 큰 부스러기와 대부분의 먼지를 제거하는 동안, 시속 924마일로 회전하는 내부 집진 장치가 거대한 중력을 일으키면서 공기 중의 미세한 먼지, 담배 연기 속의 작은 입자까지도 빨아들인다)를 개발하기 시작했다."

다이슨은 전에도 다른 발명에 성공했지만, 그의 노력을 선뜻 금전으로 보상해주는 사람이 없었다. 이것은 영국 발명가들을 끝없이 괴롭히는 문제이기도 했다. 그래서 그는 자신의 특허를 영국이 아닌 미국과 일본('G - Force'사는 대당 가격이 1,200파운드나 되는 그 제품으로 연간 9,000만 파운드를 벌었다)에 팔아 연구에 필요한 450만 파운드를 얻었다.

다이슨은 주장한다. "영국 기업이 개발과 디자이너를 대하는 태도는 단기전망 때문에 모두 시들어버렸다. 기업은 기술을 빨리 전환시켜 곧바로 이익을 보려고 한다. 하지만 기술이란 그런 것이 아니다. 기술은 장기간에 걸쳐 기업을 쇄신시키는 한 방법이다. 대처 총리가 칭찬했던 시티 보이즈나 은행, 기업가들이 즉각적인 보상을 바랐다면, 제품을 좀더 많이 판매할 수는 있었겠지만 개선하지는 못했을 것이다. 영국인들은 광고를 모든 문제의 해결사로 생각한다. 그러나 그것은 카드 패를 빨리 돌리는 것일 뿐, 실제 돈을 가져다주지 않는다.

가장 바람직한 사업은, 발명가가 생산한 제품을 많은 이익을 붙여 높은 가격에 팔고(이중 집진 장치의 제작비용은 200파운드 정도였다), 돈을 많이 버는 것이다. 왜냐하면 발명가는

선의 현재의 요구와, 연구와 개발이라는 중장기적인 요구 사이의 균형을
잡아줄 것이다. 그런 균형있고 응집력있는 전략이 과거의 성공을 기초로
당신 회사가 바람직한 미래를 창출하도록 해 줄 것이다. **그것이야말로 이**
익을 증대시키는 확실하고도 유일한 길이다.

혁신적 기업이 되지 못하는 데는 언제나 이유가 있기 마련이다. 그 이
유 가운데 하나는 바로 많은 비용일 것이다. 그러나 다른 곳에 사용할 여
유자금이 있지 않은가?

점검항목	혁신적인 기업

여기 제시된 스무 개의 질문은, 혁신이라는 관점에서 볼 때
당신이 속한 회사가 어디에 서 있는지 평가해줄 것이다.
(정도 : 1=나쁨 2=중간 3=좋음 4=아주 좋음 5=탁월함)

질문	1	2	3	4	5
회사의 최고 경영진이 혁신에 참여하는 비율	1	2	3	4	5
회사의 전망이 혁신의 필요성을 얼마나 강조하고 있나?	1	2	3	4	5
회사의 전망과 철학은 직원들과 어느 정도의 공감대를 이루는가?	1	2	3	4	5
최고경영자가 열정적인 변화의 리더인가?	1	2	3	4	5
상호 자극, 피드백, 건설적인 비판의 수준은 어떠한가?	1	2	3	4	5
내부적 팀워크의 측면에서 조직을 평가해보라.	1	2	3	4	5
기획 팀은 규칙적이고 효율적으로 업무를 수행하는가?	1	2	3	4	5
실패나 실수를 적절한 위험부담에 따른 결과라고 인정하는가?	1	2	3	4	5
창의적이고 재능있는 젊은이들에 대한 당신의 기록은 어떠한가?	1	2	3	4	5
포상, 승진, 출세 등이 어느 정도 혁신과 관련되어 이루어지고 있는가?	1	2	3	4	5
수평적 의사소통의 상태는 어떠한가?	1	2	3	4	5

아이디어 교환을 위한 자연스런 만남의 기회가 충분한가?	1	2	3	4	5
당신 회사는 '만일 … 였다면' 이라는 식의 변명을 어느 정도 용납하는가?	1	2	3	4	5
새로운 시도를 지원할 수 있는 인력이 있는가?	1	2	3	4	5
회사의 구조적 유연성을 전체적으로 평가해보라.	1	2	3	4	5
결정 사안들이 실무자들의 최저선까지 실제로 하달되는가?	1	2	3	4	5
회사에 있는 모든 사람이 자신이 혁신 과정에 참여하고 있다고 느끼는가?	1	2	3	4	5
회사는 혁신을 위한 장기적인 전망을 채택하고 있는가?	1	2	3	4	5
오늘의 회사로부터 내일의 회사를 창출할 총괄적인 전략에 관해 혁신적인 내용이 있는가?	1	2	3	4	5
당신 회사에서 일하는 것이 즐거운가?	1	2	3	4	5

총 점

점수에 대한 해설

70~100 축하한다. 당신은 미래가 밝고 대단히 혁신적인 회사 에서 일하고 있다.

40~69 약간의 도덕적 용기를 보여줄 필요가 있다. 이 점검 항목을 복사해서 긴급회의 안건으로 사장에게 가져가라. 명심할 것은 긍정적인 제안도 함께 제시해야 한다는 점이다.

10~39 이 회사가 업계에서 살아남기 바란다면 과감한 조치가 있어야 한다. 한편 당신은 다른 살 길을 마련해야 하리라.

- 제품의 질, 새 아이디어, 혁신을 평가하고, 이런 지향점까지 회사를 끌어올리고자 끊임없이 노력하는 경영진의 리더십이 없다면, 지속적 성장이나 수익 증대는 기대하기 어렵다.

- '트럼펫이 울리지 않는다면, 누가 전투에 나서겠는가?' 최고 경영진은 모두가 분명히 알아볼 수 있게 유용한 변화를 추구하는 방법을 찾아야 한다.

- 식량이 넉넉해야 군대가 행진할 수 있다면, 기업은 투자를 해야 전진할 수 있다. 연구와 개발은 앞날의 혁신을 위한 종자용 옥수수이다. 그것은 비용이 아니라 투자이며, 더욱이 예측할 수 없는 결과를 가져다주는 투자이다. 당신 회사는 그런 투자를 하고 있는가?

- 유연성은 당신이 하고 있는 일을 수정, 변경하거나 혹은 급진적으로 바꾸는 능력 — 조직의 능력일 뿐만 아니라 개인의 능력 — 이다. 완고하고 경직된 기업은 타성에 사로잡혀 있다.

- 모험은 혁신의 동반자이다. 속담대로, '호랑이 새끼를 잡으려면 호랑이 굴에 들어가야 한다.'

- 혁신적인 기업은 관료주의와 반대되는 이미지를 보여준다. 계층적이기보다는 수평적이고, 의사 결정을 함께 하고 책임을 나눠지며, 틀에 매이기보다는 틀을 벗어나고, 수직적 관계뿐 아니라 수평적 관계도 강조하며, 규칙을 최소한으로 줄이고, 적절하고 합리적으로 계산된 모험에 대해 긍정적인 기업이다.

- 켄 올젠이 지적한 바와 같이, 혁신적인 기업 내에서 경영자들은 모든 것을 통제하려는 본능을 억제해야 한다. 통제란 중요한 리더십이며 경영 기능이다. 그러나 그것을 기술적으로 사용할 수 있도록 훈련받아야

한다. 코스를 알고 점프를 좋아하는 혈통 좋은 경주마는, 고삐를 늦춰
줄 필요가 있다. 상황의 법칙에 통제를 맡겨라.
• 시장이 변화하면, 혁신적인 회사 역시 변화한다.

한 나라에서 존중받는 것은 그곳에서 계발될 것이다.
플라톤

3.3

브레인스토밍 기법

노벨상을 수상한 과학자, 라이너스 폴링은 이렇게 말했다. "훌륭한 아이디어를 얻는 최상의 방법은 많은 아이디어를 확보하는 것이다." 이것은 개인은 물론 팀이나 회사에도 해당되는 이야기이다. 그렇다면 당신은 경영자로서 이런 아이디어의 생산을 어떻게 촉진하고 있는가?

다른 사람의 아이디어 금고를 여는 것이 의외로 쉬울 때가 있다. 사람들은 자신이 하고 있는 일에 대해 말하기를 좋아한다. 특히 자신의 일을 좋아하는 사람이면 더욱 그렇다. 당신은 그저 관심만 조금 기울여주면 된다. 몇 가지 날카로운 질문을 던지다 보면 금고문이 저절로 열린다. 필자가 북극해의 트롤 어선에서 일하던 경험을 살려 비유하자면, 그물 끝의 매듭을 잡아당기기만 하면 된다. 그러면 갑판 위로 각양각색의 은빛 고기들이 쏟아져 내릴 것이다.

그러나 어떤 팀 내면의 정신적 자원의 금고를 뚫기 위해서는 단단한 장비가 필요할 때도 있다. 이 장에서 우리는 아이디어를 생산해내는 데 요긴한 기술을 보게 될 것이다. 그 기술들은 이미 존재하던 아이디어에 문을 열어줌으로써 당신 사업이 존속하고 성장하도록 도울 수 있다. 덧붙여 말하자면, 이런 도구 또는 기술에 관한 논의는, 2부에서 소개한 성공한 창의적 사고자들의 일곱 가지 습관을 다소 발전시켜 줄 것이다. 팀이나 그룹에도 이 습관에 해당되는 나름대로의 습관이 필요하다.

브레인스토밍

아이디어를 만들어내는 핵심 기술은 브레인스토밍(각각 아이디어를 내놓아 최선책을 결정하는 창의력 개발법, 역자 주)이라고 알려져 있다. 본래 매우 추상적인 방법이나 절차였던 브레인스토밍은, 이제 후버(Hover)가 진공청소기를 말하듯 거의 일반 명사가 되었다. 따라서 내가 추천하는 전략은 우선 '브레인스토머'로서, 그리고 브레인스토밍 그룹의 리더로서, 브레인스토밍 기술을 검토해보라는 것이다. 그러면 몇몇 유용한 보조기술뿐 아니라, 브레인스토밍에서 파생된 주요 변용기술 등을 탐구해보고 싶어질 것이다.

본장에서 필자는 독자를 브레인스토밍 모임의 리더로 가정하고 있다. 물론 팀의 구성원이라 하더라도 이 기술을 똑같이 업무에 적용할 수 있다.

본장 후반부는 당신에게 유용한 기술을 기록한 **비망록** 정도의 가치가 있을 것이다. 전체로서의 팀이나 개개인은, 리더가 간과하는 어떤 기술을 사용할 필요성이나 기회를 발견할 수도 있다.

브레인스토밍은 단시간에 여러 사람들로부터 많은 **아이디어**를 확보하는 방법으로 정의되어 왔다. 그것은 아이디어에 대한 평가없이 가능한 한 많은 아이디어를 만들어내는 비교적 공식적인 절차를 따르는 그룹 활동이다.

아이디어를 생산하는 방법으로 가장 유명하고 또 가장 자주 사용되는 브레인스토밍은, 최근에 '품질개선'이나 '전사적 품질관리' 프로그램에서 다시금 중추적 역할을 하고 있다. 대부분의 경우 이런 프로그램은 제품이나 서비스의 질을 향상시키기 위해 도입되며, 품질개선과 비용절감 등의 효율성 문제에 관한 새 아이디어를 추구하는 소그룹이나 팀을 전제로 구성한다.

브레인스토밍이 알려진 이후 한동안 이용되다가 이제는 전사적 품질관리에 적합한 방법으로 채택되었다는 사실은, 이 기술을 진지하게 생각할 필요가 있음을 암시한다. '시간이 진실을 시험한다'고 말하는 사람도 있지만, '진실은 시간의 딸이다'는 속담도 있다. 하지만 경영의 관점에서 나는 이렇게 제안한다. 어떤 모델이나 기법 혹은 개념이 10년 이상 형태를 바꿔가며 존속한다면 그것에 주의를 기울여볼 만하다고! '새로울수록 진실에 가깝다'는 허튼 소리를 경계하라. 물론 정신을 자극하는 '새로운 것' — 새 아이디어 또는 오래된 사실을 참신하게 표현하는 방법 — 은 필요하다. 그러나 진실이라는 금맥이 들어있는 바위를 토대로 한 행동만이 최상의 결과를 낼 수 있다. 금으로 오인되는 황철광 같은 것도 있다. 그러나 브레인스토밍 기법은 다년간 검증과 검사를 거친 것이다. 또한 간단하다는 큰 이점도 있다. 그리고 성공한 창의적 사고자들의 습관 가운데 하나 — 판단 보류 — 에 단단히 뿌리박고 있다. 물론 훌륭한 브레인스토밍 그룹은 다른 화음이나 선율까지도 건드릴 것이다.

브레인스토밍의 기원은 알렉산더 오스본까지 거슬러 올라간다. 1953년에 첫 출간된 그의 책 〈상상력의 적용 Applied Imagination〉은 브레인스토밍에 대한 기본 교과서이다. 이 책에 의하면, 최초의 브레인스토밍 모임은 1939년 미국에서 있었다. 알렉산더 오스본은 대규모 광고회사의 창립 멤버였다. 그의 다른 책들은 주로 성공과 행복의 열쇠인 창의성을 극찬하고 있으며, 자신의 독창적인 개념에는 거의 가치를 두지 않고 있다.

브레인스토밍 개관

브레인스토밍은 과연 효과가 있을까? 이를 비교적 객관적으로 평가한 몇몇 자료들이 있다. 어느 자료에 따르면, 아이디어에 비판을 허용한 그룹에 비해 브레인스토밍 그룹은 문제 해결의 수준과 횟수를 증가시켰다. 그러나 다른 연구자는 두 그룹 모두 가장 높은 수준의 아이디어를 만들어 냈으며 브레인스토머들은 낮은 수준의 아이디어를 더 많이 만들어냈을 뿐이라고 한다. 두 자료에서 독창성은 고려되지 않았다.

보다 중요한 연구자료는, 개인 브레인스토밍을 그룹 브레인스토밍과 비교하면서 그룹이 한 개인보다 더 많은 아이디어를 내놓을 수 있다 하더라도, 각 개인들의 브레인스토밍을 합친 것은 그만한 인원으로 이루어진 그룹의 브레인스토밍보다 더 많은 아이디어를 낼 수 있다는 결론을 제시하고 있다. 나아가 '판단 보류, 비판 금지 등의 규칙에도 불구하고, 혼자 있는 사람이 브레인스토밍 그룹에 속한 사람보다 더 자유롭게 생각한다' 는 의견을 제시하면서, 혼자서 이 기술을 쓰는 개인들이 평균적으로 높은 수준의 아이디어를 제시한다고 말하고 있다.

그럴 경우 분명 한 가지 의문이 생길 것이다. '아이디어가 많다고 해도 올바른 선택을 할 수 있는가' 하는 점이다. 브레인스토밍 그룹은 컴퓨터에 비유할 수도 있다. 컴퓨터는 체스 챔피언보다 훨씬 더 많은 방법으로 말을 움직일 수 있지만 광범위한 분석 없이 절묘한 수를 골라내는 인간의 능력은 갖추고 있지 않다.

그런데 브레인스토밍기법 연구에 대한 평가에는 뚜렷한 결론이 없다. 물론 이 기법이 자유로운 아이디어의 흐름을 자극한다는 점은 분명하지만, 그에 따라 그룹의 크기는 덜 중요해질 수도 있다. 결국 그룹 브레인스토밍은 나중에 혼자서, 또는 정보가 많은 상황에서 다른 사람과 일할 수 있는 개개인의 창의적 사고를 촉발하는 좋은 방법이 될 수 있다.

후자의 관점에서 본다면, 브레인스토밍은 창의적인 사람들끼리 대화를 주고받을 때 생겨나는 인위적인 자극이라고도 할 수 있다. 앞 장에서 시드니 브레너가 DNA를 공동 발견한 프랜시스 크릭과 20년 동안 방을 함께 썼다고 말한 것이 기억날 것이다. "우리는 적어도 하루에 두 시간 정도는 어떤 시시한 것이든 얘기를 나누었죠."

개인과 그룹의 브레인스토밍을 비교 조사한 보고서는, 브레인스토밍이 구체적이고 제한적인, 그러나 다양한 해결책이 나오는 문제에 가장 잘 활용될 수 있다고 언급한다. 이러한 기준과 판단 보류의 원칙 때문에, 브레인스토밍은 많은 아이디어를 제시하기에 가장 유용하다. 품질개선, 새로운 광고개발, 신상품의 이름짓기 같은 일은 브레인스토밍을 적용하기 알맞은 분야이다. 독창적인 업무, 즉 광범위한 준비작업과 심층의식의 활동, 그리고 평가에 대한 안내 시스템이 요구되는 일에는 브레인스토밍이 비효율적이다. 브레인스토밍은 하나의 철학으로서는 단연코 해롭다. 다시 말해, '집단 사고'가 개인의 창의성을 대체할 수 있다는 뜻이다.

결국 브레인스토밍은, 억압이나 복잡하게 얽힌 생각을 극복하고, 고정된 규칙이나 숨겨진 가정에서 벗어나 아이디어를 해방시키는 데 요긴한 기술이다. 브레인스토밍은 준비 자세와 계획이 필요하며 평가가 뒤따라야 한다.

제한적이지만 해결책이 다양한 문제의 경우, 브레인스토밍을 선택적으로 이용하라. 브레인스토밍이 모든 문제를 해결할 수는 없지만 문제 해결을 위해 만든 오래된 길이 교통체증을 피하도록 도움을 줄 수 있다.

그룹이 어떤 아이디어를 아무리 창의적으로 생각한다 해도 최종 결정된 것을 실행해야 한다는 사실을 기억하라. 브레인스토밍과 창의성을 증진하기 위한 기술들은 새로운 땅을 개간하도록 도움을 준다. 그러나 결국에는 분석과 평가라는 변환 기능을 이용하게 될 것이다. 왜냐하면 채택된 해결책의 장단점을 명확히 생각하고 적절한 판단을 내린 후 일에 착수해야 하기 때문이다.

브레인스토밍의 기본 규칙

브레인스토밍의 기본 규칙은, 어떤 비판도 가하지 않고 그룹 전체로부터 아이디어가 자유롭게 흘러나오게 하는 것이다. 오스본이 제정한 규칙들은 1939년 이래로 크게 변한 것이 없다.

역할	해설
판단 보류	비판은 배제된다. 아이디어와 반대되는 판단은 나중으로 미루어야 한다. 평가하지 말라.
자유 회전	자유 회전은 환영이다. 엉뚱한 아이디어일수록 좋다. 생각하는 것보다 길들이는 것이 쉽다. 마음이 자유롭게 떠다니도록 내버려두라.
수량 확보	아이디어 숫자가 많아야 한다. 아이디어가 많을수록 성공 가능성이 높다. 이를테면 1분에서 30분 동안 100개의 아이디어를 목표로 하라.
결합과 개선	아이디어를 결합하고 개선할 필요가 있다. 참가자들은 자기 아이디어를 내놓는 데 그치지 말고, 다른 사람의 아이디어가 어떻게 하면 더 나은지, 두 가지 이상의 아이디어가 어떻게 하면 제 3의 아이디어에 결합될 수 있는지 제안해야 한다. 다른 사람의 아이디어에 편승하라.

도표 16 · 브레인스토밍의 네 가지 원칙

앞서 언급했듯이 브레인스토밍은 **판단 보류의 원리**, 혹은 브레인스토밍의 창시자 알렉산더 F. 오스본의 표현대로 **판단 정지의 원리**에 기초하고 있다. 이 원리는 사고 과정을 의도적으로 교체하는 것이다. 다시 말하면, 어느 때는 비판적 정신을 가동시키다가 어느 때는 창의적인 정신을 가동시키는 것이다. 두 가지를 동시에 가동시켜 비판적인 동시에 창의적으로 생각하려 들지 말라는 뜻이다.

다른 사람의 아이디어를 너무 성급히 판단하거나 비판하지 않는 것이 항상 필요하다. 어떤 성난 은행가가 토머스 에디슨에게 이런 말을 했다. "내 사무실에서 이 따위 장난감을 당장 치우시오!" 그래서 에디슨은 자신의 발명품(축음기)을 다른 은행으로 가지고 갔다.

평가하지 않기는 브레인스토밍 기법에서 가장 중요한 원칙인 동시에, 가장 지키기 힘든 원칙이기도 하다. 비판은 새 아이디어에 치명적이다. 아이디어를 평가/비판하지 않는다고 그 아이디어가 유용하다고 인정하는 것은 아니다.

틀에서 벗어나 생각하기는 새 아이디어를 낳기 위한 환경 조성에 필요하다. 모든 사람들이 기발하고 황당하고 바보나 미치광이 같고, 잘못되거나 특이하게 될 자유가 있음을 느끼는 것이 중요하다. 틀에서 벗어난 생각은, 그 팀이 타고 있는 생각의 기차를 새로운 선로로 돌려준다.

생각을 양산하거나 가능한 한 많은 아이디어를 생산하는 것은 현실성 여부를 떠나 모든 가능성을 다 검토해보려는 방법이다. 이 원리는 당신이 처음 가졌던 아이디어를 쉽게 포기하지 않게 해준다. 왜냐하면 앞에서 보았듯, 창의적 사고에서 좋은 아이디어는 종종 최상의 아이디어와 적이 되기 때문이다.

건설과 도약은 다른 사람의 아이디어를 구체화시키거나 새로운 방향으로 나아가도록 모두를 노력하게 만든다. 이 원리의 효과는, 당신 혼자 브레인스토밍을 했을 때 결코 생각나지 않는 방향을 발견하도록 이끌어준다. 성공적인 브레인스토밍 비결은 시너지 효과를 얻기 위해 다른 사람의 아이디어를 경청하는 것이다.

다음은 브레인스토밍으로부터 나올 수 있는, 혹은 판단에서 완전히 자유로운 상황에서 나올 수 있는 크고 작은 아이디어의 예들이다.

버스 안에서의 야만 행위를 격퇴하는 새로운 방법

최근 브레인스토밍을 통해 나온 아이디어에는 다음과 같은 것들이 있었다. (승무원들이 회사를 대표하는 사람이 된다는 의미에서) 버스 승무원에게 개인 이름표 달게 하기, 송수신 겸용 무전기 휴대, 차내 음악소리 줄이기, (서로의 행위를 알아차릴 수 있도록) 앞 좌석에 깨지지 않는 거울 부착하기.

에너지 절약의 새로운 방법

파이프 세척, 젖통 세척, 송아지 사육 등에 소요되는 물을 데우기 위해 암소 우유에서 나오는 열기를 사용하는 일종의 열기구를 개발했다. 그로 인해 물 가열에 필요한 일일 전기소모량을 60퍼센트까지 절감할 수 있었다.

EXER연습CISE

1. 당신 조직이나 책임 영역에서 그룹 브레인스토밍을 적용할 문제를 스무 가지 골라보라.
2. 그런 다음 보다 심도 깊은 작업을 위해 그 가운데 세 가지 문제를 다시 가려내라.

여섯에서 열 명 정도로 그룹을 만들어 위의 연습문제를 확대시킬 수도 있다. 몇몇 구성원은 당신이 고른 문제에 관해 직접적인 지식이나 경험이 있어야 한다. 당신이 선택한 문제에 대해 다른 관점을 제시할 수 있는 구성원들도 선발해야 한다.

물론 브레인스토밍만을 위해 일부러 모임을 만들 필요는 없다. 즉 브레인스토밍만 하는 모임은 필요없다는 뜻이다. 브레인스토밍이란, 모든 프로젝트 팀의 공구함에 들어 있는 가장 유용한 스패너와 같은 것이다. 프로젝트 팀의 팀장인 당신은 문제 해결점으로 가는 도중 팀의 진로나 활동 경로가 막혔을 때, 혹은 안이하고 진부한 해결책이 선택되었다는 의심이 들 때, 이 브레인스토밍을 제안해볼 수 있다.

브레인스토밍 모임 이끌기

효율적인 혁신가가 되려면 브레인스토밍 모임을 이끌 수 있어야 한다. 훌륭한 리더십은 창의적으로 생각하는 모임이 성공하는 결정적인 요소가 된다. 오스본이 지적한 것처럼, '커다란 실패는 대부분의 경우 리더십의 실패에 기인한다.'

소개	목적을 설명하고 브레인스토밍의 4대 원칙을 밝힌다. 목적과 원칙들을 플립차트나 윗부분에 명시해둔다. 서기로 활동할 사람을 지명한다.
워밍업	필요하다면 실전 연습을 통해 구성원들이 절차에 익숙해지도록 유도하라. 예를 들면 '벽돌이나 서류용 클립과 같은 물건의 새로운 용도를 30가지 정도 제안해 보도록' 한다.
문제 설명	문제를 지나치게 세분화하거나 일반화하는 것을 피한다. 제품에 관련된 것이라면 그 자리에서 견본을 보여준다.
안 내	구성원들에게 아이디어를 생각하고 기록할 시간을 2분 정도 준다. '얼마나 많은 방법으로 우리는……할 수 있는가' 서기가 화이트보드나 플립차트에 아이디어들을 기록해 내려갈 때 모두가 동참하도록 격려하라. 의견을 덧붙인다거나 비판이나 평가하려는 발언은 일체 묵살한다. 구성원들에게 브레인스토밍의 목적이 아이디어의 질이 아니라 양에 있음을 상기시키라. 아이디어는 많을수록 좋다. 설명에 필요한 짧은 질문만 허용하고, 장황한 토론은 피하라. 토론과 질문은 필요하지 않다. 토론을 통제하고 제한하라. 아이디어가 자유롭게 흘러나올 수 있는 분위기를 유지하라.

도표 17 · 브레인스토밍 모임을 이끄는 방법

위의 것들은 지침에 해당하는 것으로서, 리더는 각각의 지침을 자신의 언어로 설명해주어야 한다. 왜냐하면 브레인스토밍 모임은 언제나 가능한 한 형식에 얽매이지 말아야 하기 때문이다. 다음은 한 리더가 어떤 모임에서 첫 번째 원칙을 해설한 내용이다.

> 만약 여러분이 같은 수도꼭지에서 나오는 물을 동시에 데우고 식히고자 한다면, 여러분은 미지근한 물을 얻게 될 것입니다. 마찬가지로, 여러분이 동시에 비판적이고 하고 창의적이기도 한다면 냉철한 비판도 할 수 없고, 멋진 아이디어도 낼 수 없을 것입니다. 그러니 오직 아이디어 자체에만 집중합시다. 모임을 갖는 동안 모든 비평은 삼갑시다.

몇몇 고질적인 비평가들이 여전히 이 지침을 무시하고 다른 사람이 내놓는 아이디어를 흠잡을 수 있다. 그런 위반 행위가 나오면 부드럽게 경고하라. 그래도 계속한다면 확실하게 저지시켜야 한다. 브레인스토밍의 **정신**은 그런 모임을 만들 수도 있고 깨뜨릴 수도 있기 때문이다. 따라서 자기 격려와 상호 격려, 둘 다 요구된다. 하지만 상상력을 속박하는 비판은 용기를 잃게 만든다.

만약 브레인스토밍 도중 더 이상 아이디어가 나오지 않는다면 2분 정도 침묵하게 한 후 아이디어를 내게 하라. 이 방법은 개인의 심층의식이 활동할 기회를 제공할 뿐 아니라 시간적인 압박감을 느끼게 만들어준다.

브레인스토밍 모임에 참석한 사람들 중에 '연쇄 반응' — 마음이 제대로 워밍업되면, 연이어 터지는 폭죽처럼 한 사람의 아이디어의 불꽃이 다른 사람의 수많은 아이디어에 불을 붙인다 — 을 경험하지 못한 사람들은 거의 없었다. 아이디어의 결합이 생기기 시작하고, 말로 표현된 한 아이디어가 상상력을 자극하여 다른 사람의 아이디어를 향해 나아가고, 그와 동시에 다른 사람들의 정신 속에서 함께 연결되도록 자극한다. 이런 일은 종종 잠재의식 수준에서 일어난다.

아이디어를 말로 표현한다는 것은, 정보가 부족할 경우에는 브레인스 토밍 단계에 치명적일 수 있다. 17세기의 시인 에드워드 영이 썼던 것처럼 '차단되어 있던 생각은 공기를 원한다 그런데 하늘을 향해 열리지 않으면 재앙과 같은 해를 끼친다.'

각자 생각할 시간을 주는 것을 약간 변형시켜, 8×14센티미터 크기의 종이나 카드 스무 장 묶음을 나누어주라. 기본 원칙과 기초적인 형태의 문제들을 제시한 뒤 5분에서 10분 사이에 가능한 한 많은 대답을 쓰도록 하라. 그 아이디어들이 브레인스토밍 모임을 위한 도화선이 될 수 있다. 당신은 종이(카드)들을 뒤섞어 다시 나누어준 뒤, 그들이 받은 카드에 기록되어 있는 아이디어 외에 4개의 아이디어를 더 추가하도록 요청할 수

	제품A	제품B	제품 C
이 제품이 커지면 어떻겠는가? (더 두껍다면, 더 무겁다면, 더 강하다면)			
이 제품이 작아진다면 어떻겠는가? (더 얇다면, 더 가볍다면, 더 짧다면)			
이 제품이 더 빨리 만들어지거나 생산 된다면 어떻겠는가?			
이 제품이 다른 용도로도 사용될 수 있겠는가? (제품을 변화시키지 않고서도)			

도표 18 · 아이디어 개발 도표

도 있다.

보다 실질적인 변형은, 구성원들의 마음을 긴장시키기 위해 한두 가지 형태의 도표를 제시하는 것이다. 당신은 왼편 세로칸에 질문을 채워넣는다. 그리고 맨 위칸에 순서대로, 제품, 서비스, 비용 등과 같이 당신의 관심분야를 기입해 넣는다. 도표 이용법을 보여주기 위해 예를 하나 들어보았다.

위 도표에서, 당신은 '무리한 연결'을 시도함으로써 또 다른 창의적인 차원(두 번째 습관 — 끼여드는 우연을 귀찮아하지 말라)을 이끌어낼 수 있다. 당신이 생각하는 제품이 세면기라고 가정해보자. 구성원들에게 10분 정도 주위를 배회하게 한 뒤, 그동안 본 물건이나 사건을 그 제품과 억지로 연결시켜보게 한다. 예를 들어 수선화가 수도꼭지의 새로운 디자인을 생각나게 할 수 있다. 혹은 책상에 박힌 잉크 병이 세면대에 칫솔을 찔러 넣는 구멍을 만들도록 연상시킬 수 있다.

다시 말하지만, 이러한 변형방법을 도입하면 팀을 늘 새롭게 유지시킬 수 있을 뿐 아니라, 모든 사람의 심층의식을 활발하게 만들 수 있다. 일단 자극을 받은 심층의식은, 겉보기에 전혀 연결되지 않아 보이는 것들이 서로 연결되어 있음을 보기 시작할 것이다.

도표는 창의적인 지도 위에 놓인 몇몇 빈 공간을 확인하는 데 아주 요긴하게 쓰인다. 예를 들어, 세로 칸에 당신 회사의 **생산능력**을 적고, 가로 칸에 구체적인 혹은 잠재적인 **시장**을 적는다면, 특정한 능력이 가동되고 있지 않은 시장을 확인할 수 있을 것이다. 그럴 경우 당신은 그 지역을 브레인스토밍의 대상으로 삼아, 이러면 어떨까(what — if), 어떻게 해야 할까(how — to), 왜 안되는가(why — not), 언제가 좋을까(when — to), 누구와 함께 할까(with — whom)와 같은 질문을 해볼 수 있다.

도표를 창의적으로 이용하라. 예를 들어, 특별한 도표를 만들 수도 있다. 제품을 세로 칸에 쓰고 적용 지역이나 고객들을 가로 칸에 써넣는다.

마음 속에서 이 두 범주를 '연결' 하려고 노력하면서, 빈칸 안에 '억지' 인 것 같지만 나름대로 그럴 듯한 아이디어를 적어보라.

점검항목	브레인스토밍 기법		
		예	아니오
상황이나 문제로 인해 브레인스토밍이 필요할 때 브레인스토밍 기법을 이용하는가?		☐	☐
브레인스토밍이 제대로 역할을 못하고 있다면, 그것은 당신의 리더십 부족 때문이 아닌지 항상 확인하는가?		☐	☐
팀의 다른 구성원이 아이디어 생산 모임을 이끌도록 허용하는 것에 대해 생각해본 적이 있는가?		☐	☐
브레인스토밍의 기본 모델을 다른 방식으로 변형해서 실험해보았는가?		☐	☐
경험에 비춰보았을 때, 그룹 브레인스토밍은 사무실이나 공장에서 개인의 창의적 사고를 훨씬 더 많이 이끌어내는가? 그렇다면 그 예를 들 수 있는가?		☐	☐
자신이 책임진 영역에서 한정적이지만 해결책이 많을 수 있는 주요 문제들에 대한 쇼핑 리스트를 가지고 있는가?		☐	☐
제 1선의 각 팀장들은 유사한 쇼핑 리스트를 가지고 있는가?		☐	☐
당신 조직은 프로젝트 그룹이나 창의적 사고 인력을 충분히 활용하고 있는가?		☐	☐

추진의 중요성

　이미 설명한 바와 같이, 실제 모임은 40분을 넘지 않지만, 참가자들은 그 문제를 계속 생각하여 더 기발한 아이디어를 만들어내도록 요구받는다. 이렇게 생겨난 아이디어는 이미 확보된 것에 덧붙여지며, 모든 아이디어는 리더에 의해 논리적 범주에 따라 분류된다. 분류된 아이디어는 처음 문제를 제기한 사람에게 넘겨진다. 그러면 그는 각각의 아이디어에 대한 평가에 착수하고, 때로는 아이디어를 결합하고 다듬고 자신의 의견을 덧붙여 그것들을 분석 처리한다.

　수집된 아이디어에 대한 평가는 브레인스토밍을 주도한 모임보다는 그 문제와 직접 연관된 5명 정도의 소그룹에서 가장 잘 이루어진다. 그렇게 해서 얻어진 결과는 브레인스토밍 그룹에게 통보하도록 한다. 그러지 않으면, 그들은 다음번 브레인스토밍 모임에 참여하지 않으려 할 수도 있다. 수집된 아이디어를 평가하는 단계는 다음과 같다.

- 적절한 평가 기준을 결정한다.
- 즉석에서 좋은 아이디어를 고른다
- 불필요하거나 부적절한 아이디어는 제거한다.
- 비슷한 아이디어들은 한 그룹으로 묶고, 각 그룹에서 가장 좋은 아이디어를 고른다.
- 즉석에서 고른 아이디어와 각 그룹에서 선발된 최상의 아이디어에 평가기준을 적용한다.
- 역 브레인스토밍을 위해 간단한 항목의 아이디어들을 제시한다(다시 말해, 이 아이디어는 얼마나 많은 방법으로 실패할 수 있는가?).

KEY POINTS 요점

- 아이디어 생성과정은 아이디어 평가과정과 분리되어야 한다. 비판은 창의성을 위축시키기 때문이다.
- 브레인스토밍 기법은 정말 효과가 있다. 그러나 제대로 효과를 내기 위해서는 당신의 훌륭한 리더십이 필요하다.
- 신중한 준비가 성공의 비결이다. 문제의 범위를 이해하고 구성원에게 조리있게 전달할 수 있도록 문제를 분석하라. 준비물이 제대로 갖추어져 있는지 확인하라. 플립차트와 펜, 카드나 메모지, 조용한 회의실 등등.
- 브레인스토밍이 끝나면 실현 가능성이나 실용성 여부에 따라 아이디어를 대충 선별해야 한다. 그런 다음 추가 작업과정을 마련해야 한다.
- 새 아이디어를 내놓은 모임이나 개인에게 완성된 아이디어의 결과를 알려주는 일을 잊지 않도록 하라

백일몽은 생각의 안식일이다.
아미엘

3.4
아이디어의 상품화

소와 양, 심지어 거위, 칠면조 등이 떼를 지어 시장에 끌려 나오던 때가 있었다. 지금 그런 가축들은 트럭을 타고 여행한다. 농부들은 시장에 내다 팔 수 없으면 알을 부화시켜 수많은 병아리를 사육하는 것이 별 의미가 없다는 것을 알고 있다. 혁신은 시장을 염두에 두어야 하고 시장에 내놓아야 한다.

당신 회사에 아이디어를 파는 활발한 '내부 시장'이 있어야 한다. 서둘러 덧붙이지만, 필자는 내부 시장의 개념을 지적 재산 개념으로 확대하라는 것이 **아니다**. 다시 말해 한 부서가 다른 부서에게 아이디어를 팔고, 회사 안에서 송장(送狀)을 남발하고, 관련 업무의 회계장부까지 잔뜩 만들자는 그런 얘기가 **아니다**. 그러나 당신 회사는 일종의 아이디어가 거래되는 시장과 유사할 수도 있고 또 그렇게 되어야 한다.

어떤 시장이건 판매자와 구매자가 있게 마련이다. 그것은 구매자는 경영자이고, 판매자는 근로자라는 식의 문제가 아니다. 그런 관념은 '우리'와 '그들'이라는 낡은 구분을 영구화시킨다. 사실 진정 혁신적인 회사에서는 모든 사람들이 잠재적 판매자인 동시에 구매자이기도 하다. 경영자인 당신은 아이디어를 전 종업원이나 상임 이사회 또는 노동조합 대표 등에게 '팔고' 싶을 수도 있다. 마찬가지로 당신 동료들이나 노동조합 지도자들 혹은 대표이사 등도 당신을 자기네들의 좋은 아이디어의 '고객'으로 여길 수 있다.

샐리 홀즈워스는 국제적 규모의 출판사 편집자로 일하고 있었다. 어느 디너 파티에 온 그녀의 동료는 자신이 두더지에 관한 어린이용 도서를 준비하고 있는데 책에 들어갈 삽화는 자기 딸이 그렸다고 말했다. 샐리는 완성된 원고를 보고 매우 뛰어나다는 느낌을 받았다.

그녀는 아동도서 담당이 아니었기 때문에 출판담당 이사와 이 일을 의논했다. 그는 그녀의 판단을 높이 평가하고 다음 회의 때 그 아이디어를 올리겠다고 약속했다. 그 아이디어는 장애물을 통과했고, 아동도서 출판을 담당하고 있는 국제적인 자회사의 지원도 받게 되었다. 자금담당 부서는 삽화 비용에 관해 몇몇 반대의견을 제시했다. 그러나 샐리와 동료들은 그 작품에는 독창적인 수채화가 반드시 필요하므로 해당 비용을 사용해야 한다고 주장했다. 〈두더지 강 Mole River〉이라는 이름으로 출판된 그 책은 백만 부가 넘게 팔렸으며, 회사는 상당한 이익을 남겼다.

훌륭한 아이디어는 의외의 자료에서 올 수 있다는 것을 명심하라. 그 자료들은 아주 가까운 데 있을 수도, 먼 곳에 있을 수도 있다. 새 아이디어를 얻기 위한 어느 기업의 자료 항목 가운데에는 다음 내용이 포함되어 있다.

- 연구와 개발
- 다른 전문가의 기획과 연구 기능
- 이사들과 간부임원
- 품질관리 집단
- 경쟁업체
- 납품업체(부품 제조업자)
- 고객
- 외부 연구시설
- 정부

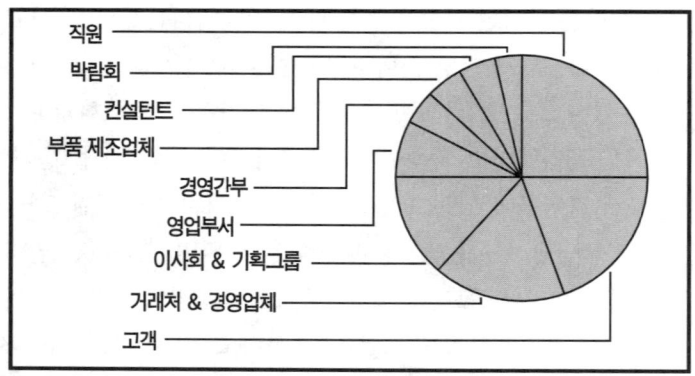

영국의 중소기업은
어디에서 아이디어를 얻는가?

- 직원
- 박람회
- 컨설턴트
- 부품 제조업체
- 경영간부
- 영업부서
- 이사회 & 기획그룹
- 거래처 & 경영업체
- 고객

혁신에 관해 포괄적으로 조사한 이번 연구에 따르면, 중소기업의 절반 정도가 신제품을 내놓기 전에 상업적 가능성을 타진해보는 것으로 알려졌다. 반면에 60% 정도는 자신들이 혁신에 얼마의 경비를 사용하는지조차 모르고 있었다. 거의 반수에 가까운 회사들은 제품의 권리를 보호하려는 시도도 하지 않았다.

아이디어는 경영진과 간부사원들로부터 나왔고, 그 가운데 절반 정도가 내부 자료를 통해 얻은 것들이었다.

이렇게 사내 창의성에 의존함에도 불구하고, 성공적 아이디어에 대한 보상제도를 갖춘 회사는 15%뿐이었으며, 건의함이나 공식적인 건의기구가 있는 회사는 12분의 1도 되지 않았다.

다른 회사 제품을 모방할 경우 신제품 개발보다 비용이 적게 들 뿐 아니라 위험 부담도 적다는 사실에도 불구하고, 경쟁 기업이나 시장 등지에서 아이디어를 얻는 회사는 16%밖에 되지 않았다.

조사에 응한 회사의 4분의 3 정도가 쓸만한 아이디어를 정하기 위한 그룹 토의를 열고 있었지만, 중역이나 대표이사가 시장 지식이 전혀 없는 상태에서 마음에 드는 아이디어를 추진하게 하는 결과를 낳았다.

독자 심층 조사, 〈이노베이션 Innovation〉, 1992년 3월호 일반적으로 제품이나 서비스에서 실무를 담당하는 사람들은 자기 일에 어느 정도 흥미를 가지고 있다면 품질개선을 위한 새로운 아이디어를 갖고 있다. 항상 그런 것은 아니지만 대부분의 경우 그런 아이디어들은 최소한의 발전을 가져올 수 있다. 그러나 그 아이디어들은 일반적인 혁신과정에서 매우 중요한 부분을 차지한다. 그 아이디어가 인정받고 리더가 관심을 보인다면, 그를 통해 얻을 수 있는 결과는 엄청나게 증가하기도 한다. 싱클레어의 말처럼 정말 혁신적인 기업은, 우물에 두레박을 내렸다가 다시 끌어올리는 것과 같은 '아이디어 두레박'을 갖고 있어야 한다.

관심은 아이디어를 유발한다. 반대로 경영진의 아이디어 인식은 업무에 대한 보다 큰 관심, 더 폭넓은 개입, 더 헌신적인 노력을 유발한다. 비록 — 훌륭한 이유를 들어서 — 팀 구성원의 제안이 받아들여지지 않거나, 받아들여졌지만 실행되지 않는다 할지라도, 동기부여가 사라지는 것은 아니다. 동기부여라는 관점에서 볼 때 중요한 것은, 팀 구성원이 제품과 서비스 품질개선에 온전한 책임감을 느끼면서 자신들이 진정 회사의 일부임을 느끼는 것이다. 이런 일체감은 어떤 제안이 받아들여지는가 아닌가 하는 문제보다 더 중요하다.

결국 외부 시장에서의 성공은 아이디어를 거래하는 내부 시장의 효율적인 역할에 달려있다. 혁신의 전 과정은 이제 아래의 간단한 모델로 나타낼 수 있다. 이 그림은 성공적인 혁신을 이룬 기업에서 발견되는 작업과정 및 핵심 요소들을 보여준다.

본서는 새 아이디어를 생산하는 문제 — 전구의 불룩한 윗부분 — 에 많은 부분을 할애했다. 그림의 아래쪽 끝은 아이디어가 통과해야 할 세 단계가 그려져 있다. 아이디어는 그 아이디어를 돈과 교환하려는 고객에게 만족이나 즐거움을 주기에 앞서, 먼저 이 단계를 거쳐야 한다.

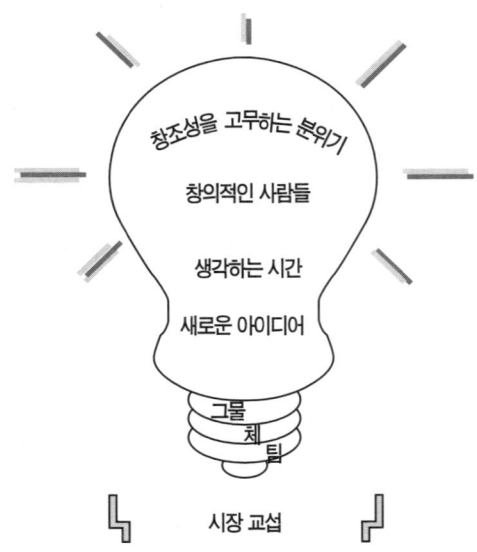

도표 19 · 성공적인 혁신

- **그물** : 새로운 아이디어는, 바다에서 그물에 걸린 물고기처럼 건져올려
  야 한다.
- **체** : 흙에서 금을 골라내기 위해서는 분류 과정이 필요하다.
- **팀** : 수정, 또는 개선 작업을 전개하고 새 상품을 시장에 내놓는 데는
  항상 재능, 기술, 지식의 조화가 필요하다.

이 모델이 제시하는 요점은 새로운 아이디어는 창의적인 사람들을 격
려하고 생산적 사고를 위한 시간을 허용하는 기업에서 더욱 활발하게 도
출된다는 것이다. 여기에는 그에 적합한 분위기를 조성하여 유지하려는
리더의 역량과 관점이 요구된다는 것은 두말할 필요도 없다.

아이디어 수확

아이디어는 물고기처럼 건져올려야 한다. 이 책의 마지막 장에 도달한 지금, 정신이 여전히 활발히 움직이는지 확인하는 의미에서 물고기 잡는 방법을 열거해보라.

그리 어렵지는 않았을 것이다. '송어를 움켜잡는 일'은 재미있다. 당신은 어떤 사람의 독창적인 아이디어를 얕은 물로 꾀어내어 '움켜잡을' 수 있는가? 작살을 쓰려면 정신을 바짝 차려야 한다. '낚싯대로 창의적 사고자의 인내심을 되뇌이며 미끼를 물 때를 기다려라.' 나는 물고기를 잡기 위해 가마우지에게 자맥질을 훈련시키는 이야기를 좋아한다. 당신도 그런 식으로 물고기를 잡는 양쯔 강의 중국 어부를 텔레비전 영화에서 보았을 것이다. '다이너마이트로 물고기를 잡는 것'은 불법이라고 말해야겠다. "그렇지만 이 단계에서 그런 아이디어를 평가하거나 제거해서는 안 되죠, 어데어 씨." 아! 그렇다면 벌써 이 책에서 배운 것이다!

그러나 이런 제안이 지닌 문제는 그것들이 **영리적**이거나 **생산적**이 아니라는 점이다. 당신에게는 많은 아이디어가 필요하다. 상업적 물량을 만족시킬 만한 아이디어를 건져올리려면, 큰 그물이나 트롤 그물을 사용해야 한다. 아이디어를 포획하는 것은 물고기를 포획하는 것과 같다. 당신은 그물을 사용할 필요가 있다.

당신 회사에서 아이디어를 잡는 그물이나 투망은 무엇인가? 중요한 것 두 가지는 회의와 건의기구이다. 사실 회의라는 말은 악명이 높다. 엄청나게 비창의적인 회사에서 일하는 한 경영자가 한 번은 내게 이런 말을 했다. "우리 회사에는 불가능이란 없다네. 그것이 회의장에 보내지기 전까지는 말일세." 그러나 훌륭한 리더십을 갖춘 회의는 상업적인 요구량만큼의 아이디어를 수확하는 최선의 방법이다. 기억하라. 포획한 100개의 아이디어 중에서 99개는 다시 바다로 돌려보내야 한다는 것을. 그렇기 때문에 많은 물고기를 잡을 필요가 있다는 것이다.

EXERCISE 연습

당신이 지난 2주 동안 참석한 모든 회의를 나열해보라. 낡은 아이디어 추진에 반대하고 새 아이디어를 포획하는 데 얼마만큼의 시간이 들었는가.

브레인스토밍 기술을 다룬 앞 장에서, 회의에서 보다 많은 아이디어를 생산하는 방법에 관한 충분한 아이디어를 얻었을 것이다. 촘촘한 그물을 사용하라. 물고기를 분류하는 일은 나중으로 미루라.

건의기구

트롤 그물 외에 상업적으로 충분한 양의 물고기를 포획하는 또다른 방법으로는 개인적인 '줄 낚싯대' 방법을 변형한 것이 있다. 간격을 두고 미끼를 매단, 1마일 남짓한 길이의 낚싯줄을 물고기 광주리 뒤로 천천히 끌어올려 잡아당긴다. 개인의 낚싯바늘에 미끼를 매단 줄 낚시 방법은 당신 회사의 건의기구에 해당하는 유추이다.

무한한 아이디어

1857년 스메딕의 챈스 브라더즈 사는, 직원들이 생산량을 증대하고 원료를 절감하는 방법을 제안하자 놀라워하다가 아이디어를 전달하는 나무상자를 만들기로 했다. 그 건의체계는 회사와 직원들에게 대단히 가치있는 것으로 입증되었다. 그것은 세계에서 첫 번째 건의기구였던 것이다.

건의기구는 20세기에 들어서야 널리 보급되기 시작했다. 그레이트 웨스턴 철도회사가 1913년에 이를 도입했고, 영국 철도공사가 그것을 이어받았다. 한 예로, 납작한 수압 잭에 스테인레스 스틸 깔판을 덧댄다면 상당한 절감효과가 있으리라고 지적한 어떤 정비공은 상을 받았다. 또 다른 직원은 침대차의 칸막이 객실 선반을 개량된 디자인으로 바꾸도록 제안했다. 건의에 열의가 없었더라면, 60년간 회사에서 근속한 직원이라도 아이디어 기록을 세우기는 어려웠을 것이다. 그 직원은 자신의 근속기간 동안 30,800개 남짓한 아이디어를 제출해서 기네스 북에 올랐다.

미국 해군에는 1918년 도입된 이래 그 역할을 충분히 수행하는 건의기구가 있다. 그러나 이를 뒤따랐던 미국의 회사들은 평화가 계속되자 이 관례를 저버렸다. 제2차 세계대전은 6,000개의 건의 기구를 다시 가동하게 만들었고 이에 따른 비용은 50억 달러로 추산되었다. 미국 육군성의 경우만 보더라도, 18개월에 20,069가지의 아이디어를 직원들로부터 받았고 4,400만 달러를 포상금으로 지불했다.

초기 시절 이후로, 건의기구는 개선되어왔고 이름도 수차례 바뀌었다. 규모가 큰 기업에서는, 아이디어 센터, 브레인 웨이브, 위닝 라인 등 그들만의 이름이 있었다. 이것들은 모두 내부의 아이디어 마케팅에 신선하고 긍정적인 이미지를 주기 위한 것이었다. 그러나 원래의 의미는 변하지 않고 남아 있다. 즉, 개개인에게서 업무와 관련된 새 아이디어를 끌어내고 바람직한 건의자에 대해 상 혹은 상금으로 보상한다는 것이다. 건의기구의 성패는 아래와 같은 인간적인 공식에 달려 있다.

- 모든 아이디어를 환영한다
- 누구나 아이디어를 내놓을 수 있다
- 우리는 모든 아이디어를 경청할 것이다
- 적용되지 않는 아이디어도 있다는 것을 받아들인다
- 그러나 모든 아이디어는 갈채를 받을 만하다
- 아이디어 회의가 유익할 수 있다

이러한 공식은, 경영자가 격려와 기회를 주고 아이디어를 경청하고 보상한다면, 특별한 조직력이 요구되지 않는 많은 중소기업에 성공적으로 적용된다. 그러나 규모가 큰 회사의 건의기구는 적절한 관리가 필요하다. 큰 조직에서 건의기구를 공정하고 효율적으로 운영하기 위해서는 적절한 내부 마케팅, 필요한 문서처리, 세금 정산기구 등과 더불어 시간과 인력을 가진 책임부서가 필요하다 이것은 가능한 한 단순하게 건의기구를 운영한다 해도 마찬가지이다. 따라서 어떤 건의기구를 도입하거나 갱신하려 할 때 계산되는 비용/이익 판단이 분명히 있을 것이다. 새로운 건의기구를 도입하거나 기존의 건의기구를 혁신하기로 했다면 그 기구가 일관성있는 전략의 일부임을 확실히 하라.

예를 들어, 상금에 대한 문제를 생각해보자. 현대 사회에서(1857년에는 그렇지 않았다) 고용주와 고용인 사이의 심리적인 계약은, 고용인인 당신이 혁신을 포함한 업무 수행의 대가로 정당한 보수를 받기로 하는 것이다. 그러니까 당신이 받는 포상 패키지는 — 주로 월급이 되겠지만 — 혁신을 포함해 회사에 기여한 모든 행위에 대한 보상이 되어야 한다. 영국에서는 다음 두 가지에 한해서 상금을 받거나 보수를 받을 때 세금이 면제된다. (1) 건의자 자신이 시간을 들여 어떤 제품을 개발한 경우 (2) 건의자의 업무 책임을 벗어난 영역일 경우.

이쯤에서 어떤 딜레마에 빠질 수도 있다. 새로운 아이디어란 통상 개인의 정신 속에서 움트는 것인데도 불구하고 의식적이든 무의식적이든 다른 사람들이 그 아이디어가 형태를 갖추기 전과 도중, 그 후에까지 상당 부분 관여한다는 것이다. 예를 들어 팀 토론을 토대로 하루나 이틀 후 한 개인이 아이디어를 떠올릴 수도 있다. 팀워크를 활성화시키고, 이를 촉진하는 구조를 만들려는 어떤 기업에서, 건의기구가 잘못됐다면 개인에 대한 보상신호는 전혀 엉뚱한 메시지를 보낼 수도 있다. 당신이 조성하려 했던 바로 그 팀워크를 망칠 수도 있다는 것이다.

보상하는 방법에는, 돈 말고도 다른 것이 있다는 것을 항상 명심하라. 알고 있겠지만, 자신의 프로젝트에 열중할 시간과 자유를 준다는 것은 창의적인 사람들에게 아주 매력적인 요소이다. 3M사의 최고 경영진은, 기술 분야의 직원들에게 업무시간의 15%는 자신의 개인 프로젝트에 쓰도록 장려하고 있다. 다시 말해서 회사가 직원들 자신이 애지중지하는 아이디어에 몰두할 시간을 보장해주는 것이다. 적어도 그들은 경영진의 승인을 기다리지 않고서도 어떤 일인가를 할 수 있는 것이다.

그러나 보상기구의 한 형태로서 과거 건의함도 여전히 효과가 있다. 포상에 대한 지침과 더불어, 성공적인 보상기구의 장점과 특성은 〈효율적인 동기부여 Effective Motivation〉(1996)에 잘 설명되어 있다. 세계적 수준의 과학 연구소 가운데 그룹 지향적인 연구소에서도, 여전히 몇몇 개인만이 노벨상 후보로 발탁된다. 건의기구는, 전체 발전에 커다란 기여를 한 개인을 **인정해주는** 조직의 전략에서 중대한 역할을 한다. 그런 기여에 대한 가치는 동료에 의해서 가장 잘 평가받는다. 이것이 심사위원회의 원칙이다. 어떤 새 아이디어라도 아래 열거한 바와 같이 용인된 기준을 참고로 적절한 심사위원회에서가치를 평가할 수 있다.

- 독창적인 사고
- 고객의 이점
- 과외 사업의 가능성
- 품질개선
- 실행의 용이성
- 실행비용
- 비용절감

새로운 아이디어나 제안에 대해서는 신속한 반응이 필요하다. 결과를 알면 의욕적이 되기 마련이다. 반대로, 기발한 아이디어에 대해 어떤 평가가 내려졌는지 몇 달이고 계속해서 알지 못한다면, 극도로 의욕이 저하되고 사기가 떨어질 것이다. 회사는 참가자들이 낸 아이디어를 실행할 것인지 실행하지 않을 것인지, 아니면 보류중인지 그 결과를 신속하게 통보해주어야 한다.

　만약 아이디어를 채택하지 않는다면, 그 이유를 자세히 설명해주는 것이 매우 중요하다. 개인 앞으로 편지를 보내거나, 가급적이면 잠깐 만나서 설명해주는 것이 좋다. 사람들은 자신의 아이디어가 채택되지 않았더라도 그 이유가 분명하고 설득력있는 설명이 있다면 의욕을 잃지 않는다는 연구 결과가 있다. 두말할 필요 없이, 우리 모두는 자신의 아이디어가 거절되었을 때 재치와 수완이 필요하다.

　"자긍심이 가장 우선하는 것이다. 돈은 그 다음 문제이다. 영국항공과 같은 회사로부터 인정받는다는 것은 정말 대단한 일이다." 국가 주최 아이디어 공모전에서 착륙장치 받침대 내부의 부식을 제거하는 방법을 제안해 영국항공으로부터 상을 받은 한 수상자가 소감을 묻자 이렇게 답변했다. 다시 강조하지만, 새 아이디어를 생산하는 데 돈이 제1의 촉진제가 아니라는 것은 누구나 인정하는 사실이다. 다른 사람에게 인정받는다는 것, 그리고 자신이 해냈다는 성취감이 더 우선적인 요소이다. 그러나 그렇다고 해서, 회사의 포상제도가 필요 없다는 뜻은 아니다. 그것은 채택된 아이디어의 가치를 인정한다는 표시로서 또한 다른 사람들에 대한 자극제로서 꼭 필요하다.

　건의기구가 성공적으로 실행되려면, 내부적인 마케팅이 필요하다. 특별한 이벤트, 광고, 회보, 지역 신문이나 라디오, 강렬하고 설득적인 홍보용 소책자 등은 모두 내부 마케팅 시스템을 활력있게 만드는 요소들이다. 건의기구를 관리, 수정, 격려하지 않고도 잘 굴러가리라고 기대하지 말라.

마지막으로, 건의기구를 가능한 한 단순하게 유지하라. 그리고 즐겁게 만들라. 노엘 카워드가 한번은 이런 말을 했다. "일이 놀이보다 훨씬 더 재미있다." 적어도 이 정도는 돼야 한다! 관리가 적절히 이루어진다면 그런 기구는 전 종업원들 사이에서 창의적인 사고를 북돋는 소중한 도구가 될 수 있다.

아이디어 가려내기

건의기구에서 평가 표준의 다음 단계는 아이디어 가려내기이다. 즉 체로 치는 것이다. 체가 있으면 왕겨에서 밀을 가려낼 수 있다. 체가 있으면 사금(砂金)을 가려낼 수 있다. 체로 치는 작업은 평가를 실행하는 것이다.

아이디어는 적시에 엄밀하게 평가받아야 한다. 어떤 아이디어나 제안이 들어왔을 때 헨리 포드는 세 가지 질문을 이용했다.

• 반드시 필요한가?
• 실용적인가?
• 상품가치가 있는가?

이 질문들은 상업과 영리를 목적으로 하는 조직이라면 반드시 염두에 두어야 한다. 그러나 알다시피 창의적인 과정에는 조급하게 이 질문들을 적용해서는 안 된다. 때때로 아이디어들은 실용적이고 상업적인 용도를 부각시키기에 앞서, 상당한 정도까지 진척될 필요가 있다. 그러나 아이디어의 각 성장 단계마다 다른 사람의 검증을 받아야 한다. 훌륭한 아이디어라면 비평의 장애물을 뛰어넘을 수 있다.

다른 사람들의 새 아이디어를 검증하고 비판하는 일, 그리고 그런 것을 받아들이는 일이 그리 유쾌한 일은 아니다. 당하는 사람은 즉시 사기가 저하될 수도 있다. 우리는 자신의 견해를 완곡하게 표현하는 기지와 수완을 배워야 한다.

말도 안된다고?

"……우표가 인쇄될 만한 크기의 종이 뒷면에 풀을 발라놓아 발송인이 약간의 수분을 더하여 그것을 편지 뒷면에 붙이도록 한다……." 이것은 우표 발명가, 롤랜드 힐의 건의문에서 발췌한 내용이다. 당시 체신국장은 이 말을 듣고 폭소를 터뜨렸다. "이렇게 터무니없고 허무맹랑한 제안은 듣지도 보지도 못했어. 말도 안 되는 얘기야!"

체로 치는 일과 필터로 거르는 일은 구별되어야 한다. 분석적으로 추론하는 경향이 있거나 섣불리 판단하는 중간 관리자들은 훌륭한 아이디어가 내부 시장에 등장하기도 전에 걸러내버리기도 한다. 중간 매체 없이 사람들과 직접 접촉해야 하는 이유 중 하나는 그것이 때로 이런 부정적인 필터를 제거할 수 있기 때문이다. 빛이 나는 금반지를 찾는 것이 아니다. 곧바로 시장에 내놓을 수 있는 아이디어를 찾겠다는 기대를 버리라.

덧붙여 말하자면, 법조계의 경우 판사는 자신이 연루된 사건을 맡지 못하게 되어 있다. 당신 자신의 아이디어는 다른 사람들의 비평적인 판단에 내맡겨질 필요가 있다. 프랭클린 D. 루즈벨트는 이렇게 말했다. "새 아이디어는 좋을 수도 나쁠 수도 있으며 과거 아이디어와 똑같은 것일 수도 있다." 사회와 마찬가지로 기업도, 당신의 생각이 포함된 불필요한 혁신에대해 스스로를 보호할 필요가 있다.

체로 치는 과정은 구매자와 판매자가 분주히 움직이는 혼잡한 거래소와 같다. 당신은 자신의 아이디어를 효율적으로 제시함으로써 그 아이디어를 팔 수 있어야 한다. 그러나 당신은 그 시장에서 구매자이기도 한다. 중요한 것은 아이디어의 본질적인 가치이다. 당신이 구매자라면 안경을 쓰고 다이아몬드를 검사하듯이 새 아이디어의 색상, 크기, 결함 등을 살펴라. 거기에 많은 비용이 들어갈 수도 있다. 그러나 그래야만 회사의 앞날에 그것이 어떤 역할을 할지 정확하게 볼 수 있을 것이다.

아이디어 팔기

광고업계의 거물, 데이비드 M. 오길비는 말한다.
"오늘날과 같은 판매 위주의 사회에서, 당신이 만든 것을 팔 수 없다면 창의적이고 독창적인 사람이 될 필요가 없다. 능력있는 세일즈맨이 추천하지 않는 아이디어는 경영진으로부터 훌륭한 아이디어로 인정받기 어렵다."

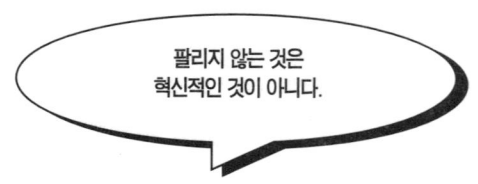

팔리지 않는 것은
혁신적인 것이 아니다.

다시 말해서, 제안된 변화가 좋은 것임을 설득할 책임은 바로 당신에게 있다. 헨리 포드의 질문 세 가지를 기억하라. 반드시 필요한가? 실용적인가? 상품가치가 있는가? 돈이란 사업의 언어이기 때문에, 새 아이디어나 혁신이 비용을 줄여줄 뿐 아니라 정당한 수익을 보장해준다는 것을 보일 수 있어야 한다. 아이디어 구매자가 외부 고객이건 내부의 구성원이건, 구매자에게 돌아갈 이익을 지적해준다면 최상의 가격에 아이디어를 팔

수있다.

  팀의 창의력이 발휘되는 혁신적인 기업이라면 당신을 비평하는 사람도 열린 마음을 가지게 될 것이다. 그들은 당신의 제안 가운데 긍정적인 요소가 있음을 파악할 것이다. 그들은 당신의 아이디어를 시험해볼 것이며, 거절해야 할 경우에는 요령있게 처리할 것이다. 아니면 그 아이디어를 받아들여 보완함으로 혁신 과정을 계속 진행시켜나갈 수도 있다. 당신이 개인이나 그룹에게 아이디어를 기술적으로 제시한다면, 그들이 아이디어의 가치를 파악하도록 도울 수 있다.

  당신이 기발한 아이디어를 생각해냈다면, 그것을 끈질기게 팔도록 하라. 나이 쉰 무렵에 퇴직당한 콜로넬 샌더스는 단 하나 중요한 자산을 갖

왜 쉽지 않은가

사람에게는 자신이 생각해낸 것이 아니면 반대하는 본능이 있다.

반스 윌리스

고 있었는데, 그것은 자기 고향의 별미 요리법이었다. 그는 자신의 아이디어를 팔기 위해 1,100군데나 전화를 했지만 1,100번 거절당했다. 당신이라면 포기하지 않았을까? 그러나 샌더스는 아이디어에 대한 신념에서 불굴의 인내를 발휘했다. 1101번째 회사가 그의 아이디어를 받아들였고, 그래서 캔터키 프라이드 치킨이 탄생했다.

  그러나 인간의 타고난 본성 가운데 하나인 인내는, 사업가일 경우는 물론, 사내 기업가, 회사 내부의 혁신가의 경우에도 중요하다. 판매의 성공은 주로 관심을 끌어내는 데 달려 있다. 꽁꽁 언 땅에 씨를 뿌리는 농부는 없다. 변화를 위한 길을 먼저 닦아야 한다. 기존 것에 대한 불만을 깨닫지 못한다면, 변화 의지도 없다. 변화에서 만족은 두려움보다도 더 강한 적이다.

EXE연습CISE

아래 칸에 당신 회사에서 실행되었으면 하는 아이디어를 적어라. 그리고 밑에는 그 아이디어를 지지하는 세력과 반대하는 세력을 적어보라.

반대세력	지지세력
⇨	⇦

이제 당신이 이 세력들을 축소시킬 수 있는 방법을 적어보라.	어떻게 하면 아이디어의 지지세력을 더 확보할 수 있겠는가?

그러나 당신이 경쟁업체에게 단시간에 횡재를 안겨준 좋은 아이디어를 회사 내에서 거절당했다고 회사 연감에 기록할 사람이 아님을 분명히 하라. 여성을 기다리게 하는 것이 예의에 어긋난다면, 좋은 아이디어를 기다리게 하는 것은 사업 원리에 어긋나는 것이다. 건식복사기 제록스를 발명한 체스터 칼슨을 기억하라. 그는 자신의 복사기가 판매되기까지 30년을 기다려야 했다. 오늘날에도 당신 회사의 혁신가가 그렇게 긴 시간을 기다려줄까?

클라이브 싱클레어가 원대한 포부를 지닌 발명가에게 한 충고를 새겨

둘 필요가 있다.

"발명가는, 자신이 좋은 아이디어를 내놓을 수 없으면 누군가가 그것을 이용하기를 기대할 수도 없다는 사실을 아쉽지만 깨달아야 한다. 당신에게 좋은 아이디어가 있다는 것만으로 세상이 당신 앞길을 열어주지 않는다. 스스로 시장에 이르는 길을 닦을 각오를 해야 한다."

프로젝트 팀

어떤 팀이 일단 새로운 아이디어를 채택하거나, 그 아이디어를 탐구하고 진척시키기 위한 조직이 구성되면, 시장을 향한 길로 들어선 것이다. 실제로 팀은 시장 분석, 신제품이나 서비스의 개선이나 발매 등과 같은 마지막 단계에서 개입될 수도 있다. 프로젝트 팀이라는 개념은 그 자체만으로도 회사 내에서 반드시 필요한 혁신이다.

그러나 그 전에 프로젝트 지원책까지 확보해두어야 한다. 그것은 결코 쉬운 일이 아니다. 왜냐하면 당신이 좋다고 생각하더라도, 그 아이디어는 아직 시도되지 않은 것이기 때문이다. 당신은 지적인 전투에서 승리했을지 모르나, 고객의 얼굴에서 만족한 미소를 보기까지 당신과 팀의 앞길에는 수많은 장애물이 놓여 있다. 다음에 장애물을 극복하는 세 가지 방법을 제시한다.

• 프로젝트 후원자를 찾으라
• 조정 실험을 제안하라
• 혁신을 증대시키라

창의적인 사람들 가운데 기업의 정치적 덤불을 통과하는 길을 찾는 데 매우 정통한 사람이 있는가 하면, 아이디어를 제시한 뒤 그 아이디어를 받아들이게 만들고, 필요한 지원을 확보하는 일에 서투른 사람이 있다. 프로젝트 후원 시스템은 바로 이런 문제를 돕기 위해서 도입된 것이다. 혁신가나 '제품 개발자'가 재정 지원을 이용하도록 돕고, 높은 직급에 있는 사람이 후원자로 임명되어 문제가 있을 때 프로젝트를 보호한다. 루이스 W. 레어가 쓴 바와 같이, 3M사와 같은 혁신적인 기업에서조차 그것은 쉬운 과제가 아니다.

> 시도되지 않은 프로젝트의 후원자로 활동하는 것은 쉬운 일이 아니다. 확신하건대 대부분의 후원자들은 제품보다는 사람에게 돈을 투자하는 경향이 있다. 우리 3M사에는 다음과 같은 격언이 있다. '책임자들은 피가 날 때까지 자신의 혀를 깨문다.' 이것은 그들이 프로젝트에서 손을 떼고 있어야 한다는 것을 의미한다. 후원자의 첫 번째 미덕은 신뢰이다. 두 번째는 인내이고, 세 번째는 일시적인 난관과 지속적인 문제 사이의 차이점을 이해하는 것이다.
>
> 후원자가 이러한 수준에 있다면 혁신의 씨앗을 심을 기회가 있다. 최고 경영자로 하여금, 업무의 세세한 부분까지도 후원하도록 만들라. 경영자들은 평가 단계에서 자신들이 후원하는 새로운 프로젝트에 관해 질문을 받게 된다. 프로젝트의 경제성이 먼저 문제가 되지는 않는다. 그보다는 스트레스, 재정지출 전망 등이 문제가 된다.

창조성이나 혁신능력이 떨어지는 기업, 그리고 새 아이디어의 대부(代父)가 될 후원자를 임명하지 않은 기업에서는, 추진 과정의 효율성이 상당히 떨어지며 관련된 사람들의 고통은 훨씬 더 심하다. 윌리엄 제임스는 그런 경우의 전형적인 순서를 다음과 같이 요약했다. "우선 첫째로, 새로운 이론은 터무니없는 공격을 받는다. 두 번째는, 진실하지만 뻔하고 대수롭지 않은 것으로 여겨진다. 마지막에는, 너무 중요하게 보인 나머지 반대하는 자들까지도 자신들이 그것을 발견했다고 주장하기에 이른다."

의심이 들면 시험해보라. 에릭 호퍼가 〈변화의 시련 The Ordeal of Change〉(1964)이라는 책에 쓴 것처럼, '우리는 자신이 하는 일이 이치에 맞지 않을 때, 시도해보지 않은 것을 시험할 각오를 한층 더 새롭게 한다. 그러므로 많은 발명품들이 처음에는 장난감으로 등장했다는 놀라운 사실을 기억하라.'

사람들은 새로운 것은 경험해본 뒤에야 믿는 경향이 있다. 그런데, 당신의 프로젝트 팀은 어째서 실험을 하지 않는가? 어떤 것이 시험과 검증을 거쳐 기존의 것과 경쟁할 수 있다면, 훨씬 더 쉽게 받아들여질 수 있다.

실험에는 그다지 커다란 책임이 따르지 않는다. 그래서 사람들은 실험을 편하게 여긴다. 하지만 그 결과에 대한 공정하고 타당한 평가가 있어야만 실험은 의미가 있다. 실험에는 격렬한 논쟁이 따르기도 한다. 왜냐하면 그 결과는 여러 가지 해석이 가능하며, 중요한 것은 문제의 진실에 도달하는 것이기 때문이다.

혁신의 전략 가운데, 보수적인 사람들이 받아들일 수 있도록 기업의 한 부문만을 실험 대상으로 하는 방법도 있다. 이 방법의 한 가지 흠이라면 그 시험에 가외의 시간을 이용해야 하는 결점이 있다. 사실 이러한 제안은 '변화에 대한 의지나 의도'가 없는 사람들이 지연 수단으로 이용할 수도 있다. 그러나 가장 훌륭한 동기는 다른 사람들에게 있다고 생각하는 것이 항상 현명하다. 한 교장 선생님이 내게 이런 말을 했다. "자네가 사람들을 신뢰해도, 그들이 자네를 실망시킬 수 있네. 하지만 자네가 그들을 신뢰하지 않는다면 그들은 자네를 반드시 실망시키려 들 걸세." 예를 들어 포드나 도요타 같은 대형 자동차 회사는 소위 '홍보용 자동차'라는 것을 만든다. 이 자동차들은 한번 생산되고 나면 더 이상 만들지 않는데, 디자인 부서는 이 차들이 10년 혹은 20년 후의 차처럼 보이도록 해야 한다고 생각한다. 홍보용 자동차를 만드는 실제 목적은, 미래의 투자 안목에 대한 증거 자료로서 최고 경영진을 설득하기 위한 것이다. 오늘의 창의적 장난감 속에는 내일의 대량생산 제품이 숨어 있다.

머리를 땅에 처박고 변화를 거부하는 기업은, 경쟁기업을 따라잡고 살아남기 위해 갑작스럽고도 엄청난 변화를 겪어야 한다는 사실을 깨달았을 것이다. 이러한 위기관리 형태는 반드시 피해야 한다. 그것은 변화 하나하나에 대한 걱정과 두려움을 과도하게 유발시킨다. 점진적인 변화가 훨씬 더 낫다. 앞에서 보았듯이, 혁신은 혁명을 통해서보다는 진화를 통해 이루어져야 한다. 점진적으로 변화해나가면, 위험은 훨씬 줄어든다.

트리플 아이(I³) 조직

성공과 효율성을 위한 새로운 공식으로 I^3 = AV라는 것이 있다. 여기서 I란 지식(Intelligence), 정보(Information), 아이디어(Ideas)를 뜻하고 AV란 돈이나 품질에 덧붙여지는 부가가치(Added Value)를 의미한다. 정보 사회에서는 자기의 두뇌 역량만으로는 충분치가 않다. 지식을 통해 어떤 가치를 창출하고자 한다면, 지식과 더불어 훌륭한 정보를 입수하고 그것을 토대로 아이디어를 개발해야 한다.

물론 우리가 논의의 대상으로 삼는 것은 기업의 핵심, 즉 중심 부서이다. 이런 기업에서도 여전히 평범한 업무들이 계속될 것이다. 우편물 개봉, 수많은 손님 접대, 사무실 청소, 전구 갈아 끼우기, 빈번한 회의 등. 이런 일들은 결코 자동화되지 않을 것이며 그런 일에 번득이는 천재성 역시 필요치 않을 것이다. 그러나 경영 핵심부가 '트리플 아이' 체제로 운영되지 않는다면, 결국 지원 업무에 대어줄 부가가치는 생겨나지 않을 것이다.

트리플 아이 조직은 무언가 다르다. 이들 조직에는 군대나 공장식의 조직 개념이나 정부의 관료주의가 없다. 오히려 지식을 우선시하고 근육보다는 두뇌가 중시되는 곳을 항상 지향하고 있다.

찰스 핸디, 〈비이성의 시대 The Age of UnReason〉(1989)

주요 혁신은 변화하는 환경에 적응하는 **연속적 과정**의 일부로서, 점진적인 단계에 따라 계획이 수립되어야 한다. 다시 말해 과거에 변화의 요구를 수용하지 못했거나 반응하지 않았기 때문에 지금 마주친 변화에 대해 돌발적으로 반응해서는 안 된다. 변화와 실험, 검토의 필요성에 관한 대화에 시간을 신중히 이용하라. '일을 빨리 성사시키겠다는 욕심은 오히려 일을 그르친다'는 것이 공자(孔子)의 생각이었다. 혁신의 경우, 천천히 서두르는 것이 최선책이다. 변화를 삼키려면 먼저 손으로 집어들어야 한다.

혁신가들의 개인적 특성

- 성취하고 싶은 결과에 명확한 전망을 가진다. 비록 초기에는 그것을 성취할 방법이 명확하지 않다 할지라도.

- 제기된 프로젝트의 세부 목적을 규정하고 그 이익을 따져본다.

- 혁신을 위해 타당하고 설득력있게 사례를 제시한다.

- 상급자들뿐만 아니라 동료나 부하 직원들로부터도 지지를 얻는다. 모두가 자신이 가치있는 프로젝트에 참여하고 있다는 확신이 들도록 연대감을 조성할 필요가 있다.

- 난관에 부딪쳤을 때, 계산된 위험을 감수하고 방해 요인에 대항하는 용기를 갖고 있다.

• 사람들을 격려하고 북돋아, 모든 사람이 프로젝트에 충분히 기여하고 필요한 결정에 참여할 수 있도록 한다.

• 일을 성사시키기 위해 지원과 인력을 동원하는 데 영향력을 발휘한다.

• 사소한 비판, 일의 지연, 집단의 의욕 부족, 프로젝트에 배당된 시간이나 인력에 대한 요구나 논란 등 프로젝트에 간섭하는 상황에 대처하는 능력이 있다.

• 프로젝트에 대한 초기 의욕이 쇠퇴하고 추진 과정에서 팀이 과도한 업무에 시달릴지라도, 추진력을 유지하는 능력을 갖고 있다.

• 팀 전체가 성공에 대한 보상을 충분히, 그리고 공정하게 나누는지 확인한다.

점검항목	아이디어 팔기

	예	아니오
회사 내에 숨어있는 혁신적인 아이디어를 발굴하기 위해 효율적인 내부 시장을 운영하고 있는가?	☐	☐
모든 팀이 회의에서 아이디어를 수확하고 체로 가려내기 위한 시간을 따로 마련하고 있는가?	☐	☐
지난 12개월 동안 프로젝트 진행 과정을 점검하고 앞으로의 계획을 건설적이고 창의적으로 전망해보기 위해 24시간 동안 당신의 팀과 떠난 적이 있는가?	☐	☐
혁신의 전 과정에 고객과 부품 제조업자들을 참여시키는가?	☐	☐

눈에 띄게 혁신적인 팀이나 부서 하나를 골라보라.
그 팀(부서)이 성공하게 된 세 가지 주된 원인을 아래에 적어보라.

1. _____
2. _____
3. _____

	예	아니오
회사의 건의기구가 직원으로부터 아이디어를 수확하는 당신의 전략과 조화를 이루면서 효율적이고 공정하게 운영되고 있는가?	☐	☐
제품이나 서비스가 상품화되었을 때, 그것들이 전체 프로젝트를 관장한 팀과 함께 적절한 인정을 받는가?	☐	☐
회사에서 가끔씩 훌륭한 아이디어가 효율적으로 제기되지 못했다는 이유로 사장되어 버리는가?	☐	☐
혁신 외에도 지속적이고 내적인 수익 신장을 도모할 방법이 있을 수 있다고 생각하는가?	☐	☐

- 혁신은 새로운 아이디어를 갖는 것 이상이다. 혁신은 아이디어를 성공적으로 도입하거나 새로운 방식으로 제품을 만드는 과정을 포함하며, 아이디어를 실제적이면서도 상업적인 제품이나 서비스로 바꾸는 것이다.

- 혁신에 성공한 기업은 아이디어를 수확하는 그물을 갖고 있다. 건의기구를 지원할 뿐만 아니라 그런 목적을 위해 팀별로 특별한 모임을 갖는 노력들이 그것이다. 아이디어는 직원뿐만 아니라 경쟁업체, 고객, 시장 조사 등 여러 자료에서도 나올 수 있다.

- 예비 선발이나 평가를 거친 좋은 제안이라 하더라도, 회사 내부의 아이디어 시장에서 팔릴 수 있어야 한다. 당신은 아이디어의 훌륭한 '판매자'가 되어야 하는 동시에, 동료의 아이디어를 사려는 개방된 마음을 가진 열정적인 '구매자'도 되어야 한다.

- 프로젝트 팀에 효율적인 리더를 선정하는 것은, 혁신의 중요한 과정 가운데 핵심 단계이다. 사내 기업가나 '아이디어 제공자' 역시 주로 팀과 제휴하여 중요한 역할을 하기도 한다.

- 본래 변화를 싫어하고, 특정한 아이디어의 가치에 관심이 없는 기업의 타성을 극복하려면, 다음의 검증된 세 가지 전략을 기억하는 것이 좋을 것이다. 높은 직급의 후원자를 확보하고, 시험 프로젝트나 실험을 건의하며, 혁신을 이익 증대의 한 방편으로 제시한다.

• 훌륭한 리더십을 갖추고 있지 않으면, 바람직한 변화가 제때에 이루어지지 않는다. 리더가 의사 결정과 변화의 처리 과정에 사람들을 참여시키기 위해서는, 뛰어난 열정과 같은 개인적 자질과 전문적 기술을 모두 필요로 한다.

> *사람들은 제작에 기여할 수 있는 것을 후원한다.*
> *무명씨*

SUMMARY 요약

창의성을 장려하는 분위기
↓
창의적인 사람들
증거로 제시된 일곱 가지 습관
↓
생각하는 시간
↓
새로운 아이디어
↓
아이디어를 수확하고 체로 치기
↓
팀워크
지지자와 후원자
↓
성공적인 혁신

성공적인 혁신을 통해 얻은 최종 결과는 다음과 같다.
활기에 찬 팀 구성원
만족한 고객
수익 증대

모험하지 않으면 아무것도 얻을 수 없다.
영국 속담

280

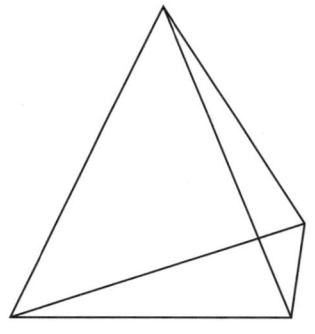

APPENDIX 부록

문제와 해답

성냥개비 여섯 개를 이용한 수수께끼의 해답

다시 한번, 이 문제를 풀지 못한 이유를 자신에게 물어보라. 당신은 이 퍼즐 문제를 반드시 2차원적으로 풀어야 한다는 가정에서 벗어나지 못한 것은 아닌가? 3차원적으로 생각하면 멋진 해답을 얻을 수 있다.

다른 해결책으로는 ―

성냥을 각각의 위에 놓는다고 생각할 경우 2차원적 사고에서 어느 정도 빠져나올 수 있다.

이 수수께끼는 1924년 카를 덩크너라는 독일 심리학자가 고안한 것이다.

1. 누가 얼룩말을 기르나?

노르웨이인이 물을 마신다.

일본인이 얼룩말의 주인이다.

내용을 정리해보면 다음과 같다.

현관문	**노랑**	파랑	빨강	아이보리	초록
거주자	**노르웨이인**	우크라이나인	영국인	스페인인	일본인
애완동물	**여우**	말	달팽이	개	**얼룩말**
음료수	**물**	차	우유	오렌지 주스	커피
아이스크림	**바닐라**	딸기	초콜릿	나무딸기	바나나

2. 수영장
점선은 기존 수영장보다 크기가 두 배인 수영장을 나타내고 있다.

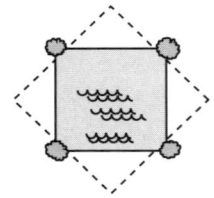

3. 식당에서의 식사
여성 가운데 한 명은 할머니이고, 그녀의 두 딸은 다른 네 딸의 어머니들이다. 따라서 모두 일곱 명이다.

4. 친척
런던에 사는 의사는 여의사이다. 따라서 그녀는 맨체스터에 사는 변호사의 누나이지 형이 아니다.

5. 병 속의 동전
코르크 마개를 병 속으로 밀어 넣은 다음, 흔들어서 동전을 꺼낸다.

6. 농부의 선택

농부는 열두 개의 긴 가로장을 여섯 개의 삼각형 모양이 되도록 배열한다. 그런 다음 짧은 가로장 여섯 개를 이용해 아래 그림처럼 각각의 삼각형을 분할한다.

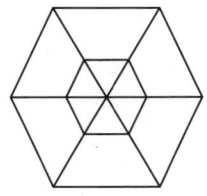

7. 죄수의 탈출

해리는 파낸 흙을 천장의 채광창에 닿을 때까지 쌓아올린다.

8. 물잔

물이 가득 담긴 세 개의 잔에서 가운데 잔을 집어 가운데 빈 잔에다 쏟아붓고, 그 잔은 본래 위치에 놓는다. 이 문제는 정신의 유연성을 평가하는 데 도움이 될 것이다. 자신에게 주어진 선택권을 분류(밀고, 당기고, 들어올리고, 움직이고, 쏟는 등의 행위)하는 능력도 알아볼 수 있다.

9. 자전거와 파리

자전거는 시속 10마일로 달린다. 따라서 두 자전거는 정확히 한 시간 후에 20마일의 중간 지점에서 만날 것이다. 파리는 시속 15마일의 속도로 날기 때문에 한 시간 후에 파리는 15마일 되는 지점을 날고 있을 것이다.

많은 사람들이 이 문제를 어렵게 풀려고 한다. 그들은 파리가 두 자전거 사이에서 처음 비행한 거리를 계산한 뒤, 파리가 되돌아 온 거리를 또 계산하고, 그런 식으로 계속해서 짧아지는 거리를 계산하려고 한다. 그러나 그것은 소위 적분이라 불리는 매우 복잡하고 어려운 수학이다.

10. 세 개의 넥타이

브라운 씨는 검은 넥타이를, 블랙 씨는 초록 넥타이를, 그린 씨는 갈색 넥타이를 맸다. 브라운 씨는 갈색이 자기 이름을 뜻하기 때문에 갈색 넥타이를 매지 않았다. 또한 그는 초록색 넥타이도 매지 않았는데, 초록색 넥타이는 그에게 질문한 사람이 매고 있었기 때문이다. 따라서 브라운 씨의 넥타이는 검은색이다. 결국 초록색 및 갈색 넥타이는 각각 블랙 씨와 그린 씨가 매게 되는 것이다.

본문 74쪽

조각가
코르크 나무 숲을 여행하던 여행가
음악가
장의사
언론인
수의사
텔레비전 기술자

본문 117쪽

1. 카워딘이라는 젊은 영국인 디자이너가 1930년대 초반에 허버트 테리라는 회사에 들어왔다. 그가 내놓은 제안은 사람의 팔에서 볼 수 있는 항상 긴장된 관절의 원리를 이용한 책상용 전등을 만드는 것이었다. 회사는 그 제안을 받아들였고, 그 결과 구부러지는 스탠드 전등이 만

들어졌다. 곧바로 이 스탠드는 대량생산에 들어갔으며 몇몇 사소한 부분을 제외하곤 아직까지도 원래 형태에서 바뀐 것이 거의 없다.

2. 고양이 눈에서 힌트를 얻은 도로의 야간 반사 장치.

3. 스피트파이어(제2차 세계대전 때의 영국 전투기).

4. 클래런스 버즈아이는 캐나다에서 휴가를 보내던 중, 얼음 속에서 저절로 얼었다가 녹는 연어들을 보았다. 그 연어로 요리를 해보았더니 고기가 매우 신선했다. 그는 이 아이디어를 차용했고 냉동식품 산업이 탄생했다.

5. 독립적으로 매달리는 원리를 제안했을 것이다.

6. 지렁이가 땅 속에서 움직이는 것에서 착안해 새로운 채광법(採鑛法)이 고안되었다.

7. 영국 에든버러 식물원에는 수정궁 설계에 영감을 준 어떤 꽃을 기념하는 액자가 걸려 있다.

8. 코벤트리 성당의 건축가인 바질 스펜스 경은 자연사 잡지를 뒤적거리다가 파리의 눈을 크게 확대한 사진을 보고 성당 천장을 어떻게 설계할 것인지에 관한 영감을 얻었다.

9. 리니어 모터(추진력을 직선에 생기게 하는 전동기).

10. 볼앤드 소켓 조인트(전구와 소켓을 연결하는 이음쇠).

11. 돋보기.

12. 아치. 에스키모들이 얼음집을 짓는 과정에서 최초로 아치를 이용했을 것이다.

13. 속이 빈 강철 기둥.

14. 지레(레버).

15. 백파이프.

16. 관악기.

창의력으로 자신을 차별화하라

초판 발행 | 1998년 7월 30일
4쇄 발행 | 2002년 3월 30일

지은이 | 존 어데어
옮긴이 | 유은영
펴낸이 | 이응녕

펴낸곳 | 한국능률협회출판(주)
등록번호 | 1978년 5월 15일 등록(제13-19호)

주소 | 서울 마포구 도화동 544 고려빌딩 3층
전화 | (02)719-1424   팩시밀리 | (02)715-7807
이 메 일 | mail@kmabook.com
홈페이지 | www.kmabook.com

값 7,000원

ISBN 89-7277-155-4   03320